Mudras
Sellos Del Yoga

Por el mismo autor:

Ashtanga Yoga: Practice and Philosophy

Ashtanga Yoga: The Intermediate Series

Pranayama The Breath of Yoga

Yoga Meditation: Through Mantra, Chakras and Kundalini to Spiritual Freedom

Samadhi The Great Freedom

How To Find Your Life's Divine Purpose – Brain Software For A New Civilization

Chakras, Drugs and Evolution – A Map of Transformative States

Bhakti – The Yoga of Love

Mudras
Sellos Del Yoga

Gregor Maehle

Traducción

Marta Sanchez Carril
Christian Orgaz Alonso

Publicado por Kaivalya Publications PO Box 181
Crabbes Creek, NSW 2483 Australia

© Gregor Maehle 2022

Este libro está protegido por derechos de autor. Aparte de cualquier trato justo para el estudio privado, la investigación, la crítica o la revisión, según lo permitido por la Ley de Derechos de Autor, ninguna parte puede ser reproducida por ningún proceso sin el permiso escrito del autor.

Primera publicación 2022
Maehle, Gregor
Mudras: Seals of Yoga/by Gregor Maehle;
ISBN (pbk.) 978-0-6488932-5-7

Hatha yoga

Se ha hecho todo lo posible por contactar con los titulares de los derechos de autor del material citado, pero no ha sido posible en todos los casos.

Primera edición en español publicada en 2024
ISBN 978-0-6488932-9-5

Traducción
Marta Sanchez Carril
Christian Orgaz Alonso

Dedicatoria

A los antiguos sabios de India que abrieron un camino que aún hoy se puede rastrear.

Descargo De Responsabilidad

Este libro no constituye un consejo médico. Contacte con un médico para determinar si está en condiciones de practicar estos ejercicios de yoga.

NOTAS

Si no se indica lo contrario, las citas del *Hatha Yoga Pradipika* se refieren a la edición estándar de 4 capítulos, en lugar de la edición de 10 capítulos. Del mismo modo, si no se indica lo contrario, las citas del *Gheranda Samhita* son de la traducción de R. B. S. Chandra Vasu.

Agradecimientos

Mi gratitud a Shri B. N. S. Iyengar, quien con su instrucción en los *mudras* del *Gheranda Samhita*, que él mismo había recibido de Shri T. Krishnamacharya, despertó mi interés e investigación. Mi gratitud a mi esposa Mónica, quien continúa apoyándome en mi extravagante estilo de vida, en el que pocas cosas pasan fuera del yoga. A mis curiosos alumnos, que me obligan a desarrollarme más.

A las divisiones literarias del Kaivalyadhama y del Instituto Lonavla de Yoga, por su esfuerzo continuo en hacer los *shastras* accesibles, particularmente al Dr. M. L. Gharote y a su hijo Dr. M. M. Gharote.

Prefacio

Aquí estoy presentando el octavo volumen de mi serie de libros de texto de yoga, *"Mudras-Sellos del Yoga"*. Empecé a escribir este libro hace once años, e iba a ser el primer volumen de una trilogía de *Mudras, Pranayama y Meditación*. En vez de eso, cambié de rumbo y me centré en *Pranayama, The Breath of Yoga*, y subsiguientemente, en *Yoga Meditation - Through Mantra, Chakras and Kundalini to Spiritual Freedom*. Aunque en gran medida apoyado e informado por el material de los *mudras*, los métodos de estos dos volúmenes resultaron ser tan potentes que abandoné el proyecto original. Después de mi quinto volumen *Samadhi, The Great Freedom*, creció el interés en mi trabajo y pasé más y más tiempo presentando mi material al público de todo el mundo. Siendo por naturaleza una persona introvertida a nivel de reclusión, tuve que cambiar mi personalidad para estar a la altura de ese reto. Durante un número de años, tuve el privilegio de relacionarme con alumnos de todo el mundo y de ver cómo se transformaban a través de su trabajo. En el lado negativo, esto llevó a que mi escritura se quedara en el camino. Mientras que más volúmenes se condensaban en mi cabeza, me preguntaba cómo podría alguna vez encontrar el tiempo, la introversión y la musa para escribirlos.

Esta oportunidad llegó durante la pandemia del COVID. Con Australia cerrando sus fronteras durante casi dos años, completé dos importantes proyectos de larga duración, *How To Find Your Life´s Divine Purpose*, que contiene mis enseñanzas en los procesos yóguicos de *sankalpa* (afirmación, resolución) y *bhavana* (cultivo de los procesos de pensamiento en alineación con la Divinidad), y *Chakras, Drugs and Evolution - A Map of Transformative States*, mi respuesta al reinicio actual de la revolución psicodélica, incluyendo una topografía de las experiencias místicas. Después de haber completado ambos, el camino estaba ahora libre para volver al largamente abandonado "*Mudras-sellos del yoga*". Este proyecto seguía rondando por mi mente porque la meditación *chakra-Kundalini* descrita en *Yoga Meditation* es un método exigente y complejo, que exige una cierta preparación de la mente. Esta preparación es a menudo alcanzada a través de una práctica a largo plazo de *asana* y *pranayama*, pero todavía puede ser un proceso agotador a pesar de ésta. Aparte de otros temas importantes, este volumen describe cómo los *mudras* pueden potenciar y acelerar los *asanas*, el *pranayama* y la meditación, de tal modo que el éxito en la meditación *chakra-Kundalini* se alcance más rápidamente. ¡Que los *mudras* te lleven rápido al éxito!

Contenido

Dedicatoria v
Descargo De Responsabilidad vii
Agradecimientos ix
Prefacio xi
Contenido xiii
Listado de Shastras consultados en este texto xv

Introducción 1
    Qué Es Un Mudra 1
    Listado De *Mudras* 3
    Objetivos De Los *Mudras* 7
    Cuándo Practicar *Mudras* 9
    Orden Y Categorías De Los *Mudras* 12
    Cómo Practicar Los *Mudras* 16
    ¿Por Qué Un Análisis De Los *Shastras*? 17

Sección 1: Asana mudras 19
    Capítulo 1: Tadaga Mudra (el Sello del Tanque) 21
    Capítulo 2: Viparita Karani Mudra (Sello de la
               acción invertida) 31
    Capítulo 3: Vajroni Mudra (Sello del Rayo) 57
    Capítulo 4: Yoga Mudra (Sello del Yoga) 71
    Capítulo 5: Nabho Mudra (Sello del Cielo) 83
    Capítulo 6: Matsyendra Mudra (Sello de Matsyendra) 91
    Capítulo 7: Bhujangi Mudra (Sello de la Cobra) 95
    Capítulo 8: Manduka Mudra (Sello de la Rana) 101
    Capítulo 9: Matanga Mudra (Sello del Elefante) 103

Sección 2: Pranayama Mudras 107
    Capítulo 10: Mula Bandha (Cierre Raíz) 115
    Capítulo 11: Uddiyana Bandha (Cierre del Vuelo) 125

Capítulo 12: Jalandhara Bandha (Estirando el Cierre del Cerebro) 143
Capítulo 13: Shanka Mudra (El Sello de la Concha) 157
Capítulo 14: Kaki mudra (Sello del Cuervo) 163

Sección 3: Pratyahara Mudras 171
Capítulo 15: Jihva Bandha (Cierre de la Lengua) 179
Capítulo 16: Shambhavi Mudra (Sello de Parvati) 187
Capítulo 17: Jnana Mudra (Sello del Conocimiento) 197
Capítulo 18: Akasha Mudra (Sello del Espacio) 201
Capítulo 19: Agochari Mudra (Sello Imperceptible) 203
Capítulo 20: Dhyana Mudra (Sello de la Meditación) 207

Sección 4: Dharana Mudras 209
Capítulo 21: Maha Mudra (Gran Sello) 241
Capítulo 22: Maha Bandha Mudra (Gran Sello de la Cerradura) 251
Capítulo 23: Maha Vedha Mudra (Gran Sello Perforador) 259
Capítulo 24: Ashvini Mudra (Sello del Caballo) 273
Capítulo 25: Vajroli Mudra (Sello del Rayo) 279
Capítulo 26: Pashini Mudra (Sello del Lazo) 291
Capítulo 27: Shakti Chalana Mudra (Sello de Conducción del Poder) 297

Sección 5: Samadhi Mudras 347
Capítulo 28: Bhramari Mudra (Sello de la Abeja Negra) 351
Capítulo 29: Shanmukhi Mudra (Sello de las Seis Cabezas) . 357
Capítulo 30: Jyoti Mudra (Sello de la Luz) 367
Capítulo 31: Khechari Mudra (Sello del Movimiento Espacial) 371

Epílogo 391
Bibliography 393
Información sobre el autor 399

Listado de Shastras consultados en este texto

Amanaska Yogah
Amrita Nada Upanishad
Aparokshanubhuti of Shankaracharya
Bhagavad Gita
Brhad Aranyaka Upanishad
Brhadyogi Yajnavalkya Smrti
Chandogya Upanishad
Dattatreya's Yogashastra
Dhyanabindu Upanishad
Gheranda Samhita
Goraksha Shataka
Hatha Ratnavali of Shrinivasayogi
Hatha Yoga Pradipika (10-chapter edition)
Hatha Yoga Pradipika (4-chapter edition)
Hatha Yoga Pradipika with the Commentary Jyotsna of Brahmananda
Hatharatnavali of Shrinivasayogi
Hathatatva Kaumudi of Sundaradeva
Hathayoga Manjari of Sahajananda
Jogapradipyaka of Jayatarama
Kapalakurantaka's Hathabhyasa-Paddhati
Khechari Vidya of Adinatha
Kumbhaka Paddhati of Raghuvira
Maitri Upanishad
Mandala Brahmana Upanishad
Nadabindu Upanishad

Nathamuni's Yoga Rahasya
Ramayana
Shandilya Upanishad
Shiva Samhita
Siddha Siddhanta Paddhati
Trishikhi Brahmana Upanishad
Vasishta Samhita
Yoga Bhashya
Yoga Chudamani Upanishad
Yoga Kundalini Upanishad
Yoga Makaranda
Yoga Rahasya
Yoga Sutra
Yoga Taravali
Yoga Yajnavalkya
Yoga Tattva Upanishad
Yuktabhavadeva of Bhavadeva Mishra

Introducción

QUÉ ES UN MUDRA

Escribir sobre *asana, pranayama,* meditación o *samadhi* es relativamente sencillo. Son ramas secuenciales del yoga con claras demarcaciones. Incluso dentro de esas demarcaciones hay reglas razonablemente claras sobre en qué orden, por ejemplo, las técnicas de *pranayama o samadhis* son practicadas. Son normalmente realizadas en orden ascendente de dificultad. Escribir sobre *mudras* es un reto más complejo. *Mudra* no es uno de los ocho pasos del yoga, que, de acuerdo con el Yoga Sutra II. 28 son restricciones, observancias, posturas, extensión de la respiración, independencia de los estímulos externos, concentración, meditación y revelación. Así que ¿qué son los *mudras* si no son una rama del yoga? ¿No son sólo posiciones elegantes de las manos?

Los *mudras* de las manos, llamados *hasta mudras,* son una característica del budismo tántrico y de la danza clásica india, pero en yoga realmente son sólo una pequeña parte del tema de los *mudras*. Aunque el término *mudra* no es específicamente mencionado en los *Yoga Sutra*, los textos medievales Hatha[1] normalmente dedican un capítulo entero a ellos. El término *mudra* se traduce como sello en el sentido de sello pránico[2] o sello energético. Un *mudra* generalmente

---

[1] El término *Hatha* se refiere al yoga que es principalmente (pero no sólo) físico en su naturaleza y está compuesto principalmente de *asana* y *pranayama*. *Hatha Yoga* no es un fin en sí mismo, sino que es un medio para preparar el superior *Raja Yoga*. Así dice el *Hatha Yoga Pradipika*: "este *Hatha Yoga* es una escalera para los que quieren subir a las alturas del *Raja Yoga*".

[2] El término *prana* se refiere principalmente a la fuerza vital sutil que no es perceptible con los sentidos, y que sólo secundariamente se refiere a la

implica una postura concreta, la aplicación de *bandhas*[3] y la retención regular de la respiración (*kumbhaka*) para lograr un resultado pránico concreto. El *Siddha Siddhanta Paddhati* afirma que la raíz *mud* significa deleitar, mientras que la raíz *ra* significa aportar[4]. Este *shastra* (escritura), por lo tanto, define *mudra* como aquello que aporta deleite. El deleite, sin embargo, el *Paddhati* no lo encuentra en los estímulos sensoriales o estéticos, sino en la realización de la unión del ser individual con el ser cósmico. Entonces, *mudra* es lo que nos conduce a la autorrealización o, para usar un término más trascendental, a la consciencia cósmica. La estrofa VI. 30 del *Siddha Siddhanta Paddhati* se pone aún más exultante diciendo que el *mudra* provoca deleite a la multitud de dioses y causa terror en las hordas de demonios. Interpreto los términos shástricos "dioses" y "demonios" metafóricamente como los aspectos luminosos y oscuros de nuestra propia psique, respectivamente. Si aplicamos esa lectura, entonces *mudra* es aquello que nos permite abrazar los aspectos más elevados de nosotros mismos, y a no rendirnos nunca más a nuestro lado oscuro. Aunque, como primera impresión, esto parece una definición muy vaga, a medida que vayas profundizando en este libro, llegarás eventualmente a percibir que esta definición es bastante precisa.

El último erudito *tántrico*[5] Sir John Woodroffe describe *mudra* como lo que aporta fortaleza al cuerpo, crea salud, protege del daño

---

respiración. La respiración es la herramienta principal para influir en esta fuerza vital para mejorarla.

3 Los *bandhas* son una subcategoría dentro de los *mudras*. Son cierres musculares con los que la fuerza pránica dirigida al exterior vuelve al cuerpo para prevenir la pérdida del *prana*.

4 *Siddha Siddhanta Paddhati* VI. 29.

5 *Tantra* es un término extremadamente complejo, pero, de acuerdo con la propia definición de Arthur Avalon, significa la reinterpretación y aplicación del conocimiento Védico en la sociedad crecientemente materialista y

de los elementos y desbloquea la Kundalini[6] (en la Sección 4 de este libro, se trata extensamente el complejo término Kundalini). Otros efectos de los *mudras* incluyen la reorientación del *prana* hacia el cuerpo, que normalmente se perdería, permitiendo así *pratyahara*[7]. Swami Niranjanananda Saraswati confirma[8] que los *mudras* redirigen el *prana* y lo almacenan bloqueando el flujo en determinadas áreas[9]. El *Dattatreya´s Yogashastra*, en las estrofas 31-32 da un listado de los *mudras*, y los llama "prácticas *Hatha*[10]". Los *mudras* incluso encontraron entrada en los elevados *Upanishads*[11]. Así describe el *Mandala Brahmana Upanishad* en la estrofa II. i. 9 el *Shambhavi Mudra* y su poder de aportar estabilidad[12] a la mente y al intelecto.

LISTADO DE *MUDRAS*

Mientras que la mayoría de los textos medievales de *Hatha* contienen un listado de *mudras*, los más influyentes son los del

---

tecnológica durante los últimos 1000 años.

6 Sir John Woodroffe, *The Serpent Power*, Ganesh & CO, Madrás, 1995, p. 206.

7 *Pratyahara* es la quinta rama del yoga. Representa la independencia frente a los estímulos sensoriales.

8 Swami Niranjanananda Saraswati, *Prana y Pranayama*, Yoga Publications Trust, Munger, 2009, p. 325.

9 Swami Niranjanananda Saraswati, *Yoga Darshan*, Yoga Publications Trust, Munger, 2009, p. 420.

10 Dr. M. M. Gharote (ed.), *Dattatreyayogasastram*, Instituto Lonavla de Yoga, Lonavla, 2015, p. 17.

11 Los antiguos *Upanishads* contienen las doctrinas místicas de los Vedas y en el Hinduismo son consideradas escrituras reveladas por la Divinidad.

12 Dr. M. M. Gharote (ed.), *Mandalabrahmanopanisad and Nadabindupanisad*, Instituto Lonavla de Yoga, Lonavla, 2012, p. 92ff.

Goraksha Shataka, el *Hatha Yoga Pradipika* y el *Gheranda Samhita*. Ni un solo *mudra* de mano entró en ninguna de esas tres listas.

1. El *Goraksha Shataka*, el más antiguo de los tres textos, en la estrofa 32 enumera cinco mudras: *Maha Mudra, Nabho Mudra, Uddiyana-, Jalandhara-y Mula Bandhas*[13].
2. El *Hatha Yoga Pradipika*, probablemente el texto de yoga más influyente después de los *Yoga Sutra* y de la *Bhagavad Gita*, tiene uno de sus cuatro capítulos dedicado a los *mudras*. En la estrofa III. 6-7 nos da una lista ampliada de diez *mudras*: *Maha Mudra, Maha Bandha Mudra, Maha Vedha Mudra, Khechari Mudra, Uddiyana Bandha, Mula Bandha, Jalandhara Bandha, Viparita Karani Mudra, Vajroli Mudra, y Shakti Chalana Mudra*[14].
3. El *Gheranda Samhita*, el más nuevo de los tres textos, pero no menos importante, amplia esto en las estrofas III. 1-3 a veinte *mudras*[15]: *Maha Mudra, Nabho Mudra, los tres bandhas, Maha Bandha-, Maha Vedha-, Khechari-, Viparita Karani-, Yoni-, Vajroli-, Shakti Chalana-, Tadaga-, Manduka-, Shambhavi-, Ashvini-, Pashini-, Kaki-, Matangi-, y Bhujangini Mudras.*

Podemos ver a partir esta lista que ninguno de los *mudras* ha sido abandonado, sino que la lista ha sido gradualmente ampliada. Se podría consultar otras listas, pero constituyen

---

13 Swami Kuvalayananda (ed.), *Goraksasatakam*, Kaivalyadhama, Lonavia, 2006, p. 40.

14 Pancham Sinh (traducción), *Hatha Yoga Pradipika*, Sri Satguru Publications, Delhi, 1991, p. 28-29.

15 James Mallinson, *The Gheranda Samhita*, YogaVidya.com, Woodstock, 2004, p. 60.

principalmente copias de estas tres listas principales. El *Yoga Tattva Upanishad*, por ejemplo, lista en las estrofas 26-27 *Maha Mudra, Mahabandha-, Khechari-, y Vajroli Mudras y Jalandhara-, Uddiyana-, y Mula Bandhas*. Estos son todos los *mudras* del *Hatha Yoga Pradipika*, pero faltan tres en la lista. Podríamos suponer que esta lista es una etapa intermedia ente la de *Goraksha Shataka* y la del *Pradipika*. El *Shiva Samhita* en la estrofa IV. 15 también ensalza una lista de 10 *mudras*, que afirma son los mejores, pero simplemente copia la lista del *Pradipika* sólo con el orden cambiado[16]. Como una nota peculiar al margen, antes de este pasaje, el *Shiva Samhita* alaba el extraordinario poder de *Yoni Mudra*, pero luego no lo incluye en su lista. Esta tendencia la encontramos replicada en otros textos también, es decir, la tendencia a que en lugares extraños se describan *mudras* como muy importantes que no se reflejan en la lista principal. Parece que los autores de los *shastras*[17] y los escribanos escogían a veces simplemente un número elegante como 5, 10 ó 20, pero en el texto real no se sentían limitados por los *mudras* contenidos en ese número. El *Jogapradipyaka* de *Jayatarama* ofrece finalmente 24 *mudras*[18]. Es difícil analizar la lista de Jayatarama porque uno de sus momentos pasados fue el de cambiar los nombres de los *mudras* y hacer descripciones opacas. Sin embargo, vemos un cierto solapamiento con la lista del *Gheranda Samhita*.

---

16 R. B. S. Chandra Vasu, (traducción), *The Shiva Samhita*, Sri Satguru Publications, Delhi, 184, p. 44.

17 El término *shastra* traducido directamente significa camino a la verdad, pero como única palabra, la palabra española "escrituras" capta mejor el significado. Los *Yoga shastras* son la clase de escritos que incluyen todos los textos históricos y autoritativos de yoga.

18 Swami Maheshananda, et al. (edición y traducción), *Jogapradipyaka of Jayatarama*, Kaivalyadhama, Lonavla, 2006, p.110-133.

Los cimientos del presente volumen fueron erigidos en 1996 cuando tomé un curso de dos meses con B. N. S. Iyengar (no confundir con B. K. S. Iyengar), que trataba exclusivamente de *mudras*. Iyengar nos enseñó a partir de apuntes que había tomado cuando estudiaba con T. Krishnamacharya durante los años 1940. Me enseñó las notas en diversas ocasiones y, hasta donde puedo recordar, estas clases tuvieron lugar en Mysore de 1945 a 1948. El curso estaba basado estrictamente en la lista del *Gheranda Samhita*, con la excepción de las cinco *dharanas* que están también en esta lista, que, de acuerdo con T. Krishnamacharya eran *dharanas* (ejercicios de concentración) y no *mudras* (técnicas de desviación del *prana*). He añadido 11 *mudras* comunes, que dan un total de 31. Los *mudras* añadidos son *Yoga Mudra*, un muy común pero poco comprendido *asana mudra*, hasta *mudras* incluyendo *Shanka-, Akasha-, y Jnana mudras*, y, finalmente, *mudras* que aparecen en los *shastras* pero no están en las listas comunes como *Jihva Bandha, Agochari-, Matsyendra-, Jyoti-, Dhyana-, y Bhramari Mudras*. La ambigüedad es, a veces, difícil de evitar, pero he explicado mi razonamiento tan claramente como ha sido posible de por qué un *mudra* concreto aparece en la lista. *Vajroni Mudra* es una técnica distinta de *Vajroli Mudra*, pero a veces ambos son enumerados como variaciones de *Vajroli Mudra*, lo que no tiene mucho sentido, ya que ambas versiones no tienen que ver nada la una con la otra. Los he enumerado como métodos diferentes. he enumerado *Bhramari Mudra* como un mudra, aunque a menudo es considerado como un método de *pranayama*. Si es practicado sin *kumbhaka* (retención de la respiración) es más parecido a un *mudra*. *Yoni Mudra y Shanmukhi Mudra*, finalmente, son exactamente la misma técnica bajo dos nombres diferentes; por lo tanto, es enumerada aquí sólo bajo un nombre, *Shanmukhi Mudra*.

INTRODUCCIÓN

OBJETIVOS DE LOS *MUDRAS*

En esta sección, describiré los múltiples propósitos de los *mudras*. Son mucho más diversos que los propósitos de las ramas yóguicas de *asana, pranayama* o meditación, que se prestan a ser clasificadas en categorías descriptivas. En la siguiente sección se explicará por qué es este el caso. El *Hathatatva Kaumudi de* Sundaradeva afirma que, si el yogui practica *mudras*, supera el miedo a la muerte[19].

Este es porque los *mudras* apoyan la realización del propio ser como el inmortal y eterno, es decir, la consciencia (*purusha*), como es llamada en yoga, o el ser (*atman*), como dicen los *Upanishads*. Pero el *Kaumudi* también dice que, sin *mudras*, el *prana* (la fuerza vital) no entra en el *Sushumna*[20] (el canal central de la energía)[21]. Esto es confirmado por el *Yuktabhavadeva* de Bhavadeva Mishra, que afirma que, para desbloquear la Kundalini, deben practicarse *mudras*[22]. La edición de diez capítulos del *Hatha Yoga Pradipika* sostiene[23] que la Kundalini forma el auténtico fundamento de toda la ciencia del yoga, y que el yogui necesita poner todo el esfuerzo en la práctica de *mudras* para desbloquear la Kundalini[24].

---

19 Dr. M. L. Gharote et al (edición y traducción), *Hathatatvakaumudi*, Instituto Lonavla de Yoga, Lonavla, 2007, p. 18.

20 Uno de los objetivos principales del yoga físico es llevar la fuerza vital dentro del canal central de la energía, donde esta fuerza potencia la revelación espiritual y las experiencias cumbre, en lugar de esparcir el *prana* en actividades extrovertidas.

21 M. L. Gharote et al (edición y traducción), *Hathatatvakaumudi*, Instituto Lonavla de Yoga, Lonavla, 2007, p. 141.

22 *Yuktabhavadeva* of *Bhavadeva Misra*, Lxxiv.

23 Dr. M. L. Gharote et al (edición y traducción), *Hathapradipika* of *Svatmarama (10 chapters)*, Instituto Lonavla de Yoga, 2006, p. 98.

24 Dr. M. L. Gharote et al (edición y traducción), *Hathapradipika* of

Mientras que el *Pradipika* pone el foco de los *mudras* en el desbloqueo de la Kundalini, el *Gheranda Samhita* ve su objetivo como *sthirata*, es decir, fortaleza[25]. T. Krishnamacharya, siendo un Vaisnavite[26], estaba principalmente interesado en este aspecto del *mudra*, mientras que confiaba en el *pranayama* como el medio principal para desbloquear la Kundalini. El Dr. M. L. Gharote, traductor y editor de muchos textos de yoga, explica que, en los *mudras*, uno intenta controlar los músculos semi voluntarios (como el esfínter anal, el diafragma torácico, los músculos oculares, etc.) con el objetivo de integrar el sistema nervioso central y el sistema nervioso autónomo[27]. Últimamente veo los *mudras*, particularmente los de la sección *dharana mudra*, como una alternativa para los que rehúyen los *pranayamas* extensos y la meditación en los *chakras*. Por favor, nótese el término extenso en la frase anterior. Los *mudras*

Svatmarama (10 chapters), Instituto Lonavla de Yoga, 2006, p. 101.

[25] Las diferentes perspectivas de estos dos importantes textos están basadas en las diferencias en su teología subyacente. Mientras que ambos textos pertenecen en un sentido más amplio a la categoría de *tantras*, la teología subyacente del *Gheranda Samhita* es el Vaisnavismo, con su tendencia fijada en la piedad y el puritanismo. El *Hatha Yoga Pradipika*, por otra parte, se construye dentro de un *tantrismo* Shaivite más radical, con sus propios conjuntos posibles de problemas, como el libertinaje y el ocultismo. Esto no significa que un texto sea inferior al otro. Ambos textos deben tomarse en serio por los yoguis modernos, teniendo en cuenta sus entornos culturales y sus problemas. Hay que navegar por ellos con precaución, sin caer en los extremos. El lector entenderá este principio cuando estudie el texto actual.

[26] El Vaisnavismo es un movimiento religioso dentro del Hinduismo, que coloca a Vishnu en el lugar principal. Sus características son muy diferentes del Shaivismo, que gira en torno a Shiva. El *Hatha Yoga Pradipika* es un texto Shaivite.

[27] M. L. Gharote et al (edición y traducción), *Hathapradipika* of *Svatmarama (10 capítulos)*, Instituto Lonavla de Yoga, 2006, p. xxi.

pueden reducir el tiempo necesario invertido en esas prácticas, pero no pueden sustituirlas completamente. El compromiso a largo plazo con la meditación en los *chakras* parece fácil para los que tienen una orientación más visual y auditiva, pero puede ser muy retador para los que tienen una inclinación más cinestésica. Con el enfoque del *mudra*, una vía satisface en mayor medida las necesidades de los que son de inclinación más cinestésica, es decir, que tienen la necesidad de sentir las sensaciones del cuerpo como una confirmación de que algo está pasando espiritualmente.

CUÁNDO PRACTICAR *MUDRAS*

Ahora volvemos a la pregunta de cuándo, en relación con otras prácticas yóguicas, deben practicarse los *mudras*. Esto significa que estamos discutiendo cuándo deben ser aprendidas e integradas en la práctica de uno, si antes o después del *pranayama*. Parece un punto prematuro para abordar una cuestión tan detallada, pero como veremos, la respuesta tiene repercusiones de largo alcance que deben ser abordadas en esta fase de nuestro estudio. T. Krishnamacharya afirmó que los *mudras* preparan para el *pranayama*, por lo tanto, deben practicarse antes[28]. Encontramos este punto de vista apoyado también en el *Yoga Rahasya*, transmitido a través del linaje familiar de Krishnamacharya. El *Yoga Rahasya* asigna ambos, *asana* y *mudra* al primer *ashrama* (etapa Védica de la vida), llamado *brahmachari*, mientras que asigna *pranayama* al segundo estado de la vida, llamado *grhasta*. Este orden de técnicas es también corroborado por el Acharya Bhagwan Dev, que opinaba que el *pranayama* debe seguir a los *mudras*[29]. Sin embargo, el autor de *shastras*

---

[28] T. Krishnamacharya, *Yoga Makaranda*, Media Garuda, Chennai, 2011, p. 111.
[29] Acharya Bhagwan Dev, *Pranayama, Kundalini y Hatha Yoga*, Diamond Books, Nueva Delhi, 2008, p.34.

Jayatarama argumenta que el *pranayama* facilita los *mudras*, por lo tanto, el *pranayama* debe practicarse primero[30]. Esta es también la orden expuesta por el *Hatha Yoga Pradipika*, que dice que la secuencia de las prácticas yóguicas es *asana, kumbhakas* (los textos *Hatha* generalmente se refieren al *pranayama* con el término *kumbhakas*-retenciones de la respiración), *mudras* y *nadanusandhana* (escucha del sonido interior, la vía *Hatha* principal hacia *samadhi*)[31]. Pero el *Goraksha Shataka*, la madre de todos los textos *Hatha*, describe primero los *mudras*, y sólo después el *pranayama*[32]. Resumiendo, decimos que, aunque las autoridades se sienten obligadas a hacer afirmaciones sobre el orden de estas técnicas, no han podido llegar a un acuerdo.

Vamos a analizar algunos de los fundamentos para ver si es posible una visión concluyente. El *mudra* se define normalmente como una combinación de *asana, bandha* y respiración. En esta visión del *mudra*, es un modo de introducir lentamente *kumbhaka* (retención de la respiración). La mayoría de los *mudras* contienen retenciones respiratorias. La razón de que estas retenciones respiratorias no constituyan propiamente *pranayama* es porque falta la cuenta, es decir, la longitud de cada retención no está medida de forma precisa. Las retenciones respiratorias durante los *mudras* son siempre sostenidas "según capacidad", más que siguiendo una cuenta determinada. Adicionalmente, hay pocas repeticiones y rondas, mientras que una vez que se ha entrado en la práctica

---

[30] Swami Maheshananda, et al. (edición y traducción), *Jogapradipyaka of Jayatarama*, Kaivalyadhama, Lonavla, 2006, p. 98.

[31] Dr. M. L. Gharote, *Yogic Techniques*, Instituto Lonavla de Yoga, Lonavla, 2006, p. 92.

[32] Swami Kuvalayananda, (edición), *Goraksasatakam*, Kaivalyadhama, Lonavla, 2006, p. 40.

formal de contaje en el *pranayama*, la proporción (la relación entre la longitud de la inhalación, la exhalación y el *kumbhaka* entre sí), y el número de repeticiones se convierten en primordiales.

Los *mudras* suelen hacerse una vez o repetirse varias veces, pero no se suele practicar un mismo *mudra* durante toda una sesión de práctica, como ocurre con el *pranayama*. Otro aspecto importante del *pranayama* es el *bandha*.

Una vez que las retenciones de la respiración han comenzado, se necesita un nivel alto de dominio de *bandhas*. Este dominio se aprende a través del *mudra*, combinando *asana*, *bandha* y *kumbhaka* en la ausencia de contaje. La ausencia de contaje nos permite enfocarnos en los entresijos de los *bandhas*, lo que prepara para practicar adecuadamente *pranayama* (es decir, *kumbhakas* con contaje) más adelante en el camino. El tipo de *mudras* abordados hasta ahora debería realizarse durante o justo después de nuestra práctica de *asana*. Algunos, como veremos, tienen lugar dentro de *asanas* relativamente avanzadas, y, por lo tanto, es necesario estar preparado y calentar. Si no calentamos adecuadamente, podemos lesionarnos fácilmente en *mudras* como *Vajroni-*, *Pashini-*, *Maha-*, o *Viparita Karani Mudras*.

Por otro lado, sin embargo, como revelará este texto, hay claramente muchos *mudras* que constituyen elementos avanzados de meditación o incluso *samadhi*, como *Khechari Mudra* o *Shakti Chalana Mudra*. No tendría sentido, e incluso sería contraproducente, practicar *mudras* como éstos antes de alcanzar el dominio del *pranayama*. Cuando miramos a las afirmaciones anteriores de los *shastras* y las autoridades con respecto a cuándo practicar *mudras*, el problema es que cualquier respuesta tratará a los *mudras* como si fueran una categoría uniforme, como con *asanas* o *pranayama*. Sin embargo, los *mudras* no son eso en absoluto. Analizaremos esto más de cerca en la sección siguiente.

ORDEN Y CATEGORÍAS DE LOS *MUDRAS*

En los *shastras*, los *mudras* son habitualmente enumerados sin un orden concreto, lo que hace difícil la comprensión de toda la categoría de *mudra*. Ha habido intentos de definir grupos de *mudras* según la localización donde se aplican, como las manos, la cabeza, posturales, pélvicas, etc. Trabajé durante un tiempo con este método y lo encontré muy insatisfactorio porque la localización no dice mucho sobre su función. Luego busqué el orden de los *mudras* según la función. Esto nos conduce a los grupos de *bandhas* (cierres energéticos), *mudras* que son combinaciones de postura, *bandhas* y *kumbhaka*, *mudras* que generan longevidad, aquellos asociados con un incremento de la fuerza, *mudras* diseñados para desbloquear la Kundalini, y *mudras* diseñados para provocar *samadhi*. El orden sería así:

1. Bandhas: *Mula Bandha, Uddiyana Bandha, Jalandhara Bandha, Jihva Bandha, Maha Bandha.*
2. *Mudras* que son combinaciones de postura, *bandha* y *kumbhaka*: *Yoga Mudra, Tadagi Mudra, Maha Mudra, Maha Bandha Mudra, Maha Vedha Mudra, Kaki Mudra, Vajroni Mudra, Shanmukhi Mudra, Shakti Chalana Mudra, Matsyendra Mudra.*
3. *Mudras* que promueven la longevidad: *Tadaga Mudra, Viparita Karani Mudra, Ashvini Mudra, Manduka Mudra, Bhujangi Mudra, Vajroli Mudra, Matanga Mudra, Maha Mudra, Kaki Mudra.*
4. *Mudras* para desbloquear la Kundalini: *Khechari Mudra, Pashini Mudra, Ashvini Mudra, Bhujangi Mudra, Vajroni Mudra, Vajroli Mudra, Shakti Chalana Mudra.*
5. *Mudras* que generan fuerza: *Matangi Mudra, Pashini Mudra, Vajroni Mudra.*

INTRODUCCIÓN

6. *Mudras* de meditación y *samadhi mudras*: Shambhavi Mudra, Shanmukhi Mudra, Jyoti Mudra, Bhramari Mudra, Khechari Mudra.

El problema de este enfoque es que hace que los *mudras* de un grupo carezcan de conexión entre sí. Las categorías de fuerza, longevidad, meditación, *bandhas*, y sus combinaciones, son de distintos niveles de jerarquía estructural. Muchos *mudras* deberían aparecer en varias categorías, lo que hace que la tabla anterior sea burda. Para encontrar una solución a la sistematización de los *mudras*, necesitamos volver a los *Yoga Sutra*. Patanjali, el autor de los *Sutras*, ordenó las ramas según la función y el resultado. Y esto es exactamente por lo que no trató a los *mudras* como una rama separada. La función y el resultado de los *mudras* ya están explicados según su asociación con las ramas. Hay *mudras* relacionados principalmente con *asana, pranayama, pratyahara, dharana y samadhi*. Significa principalmente que pueden tener aspectos relacionados con varias de las otras ramas, pero, generalmente, la función primaria del *mudra* es fácilmente discernible. Esta primera función fácilmente discernible determinó el orden en el que he presentado los *mudras* aquí. El punto de vista de que los *mudras* están asignados a determinadas ramas es corroborado por el *Hatha Yoga Samhita*, que afirma que los *mudras* son técnicas que apoyan las prácticas de *pranayama, pratyahara, dharana, dhyana y samadhi*[33]. Estas son las categorías en las que he ordenado los *mudras*, omitiendo *dhyana* porque sólo he podido encontrar un *mudra* relacionado principalmente con *dhyana*, y no muy claramente.

---

33 Dr. M. L. Gharote, *Yoga Techniques*, Instituto Lonavla de Yoga, Lonavla, 2006, p. 91.

Aquí están las categorías y los *mudras* asignados:

1. Asana Mudras:

Estos *mudras* son principalmente modificaciones *pránicas* (este término españolizado significa energía o su fuerza vital relacionada) de los *asanas*, y están insertadas en la práctica existente de *asana*. Los *mudras* de este grupo incluyen *Tadaga-, Viparita Karani-, Vajroni-, y Yoga Mudras*. Alternativamente, son técnicas cuyo objetivo, igual que el de *asana*, es principalmente fortalecer el cuerpo e incrementar la salud y la longevidad, como *Nabho-, Matsyendra-, Bhujangi-, Manduka-, y Matangi Mudras*. El propósito de este grupo es la *sthirata* (fortaleza) del *Gheranda Samhita*, que era también el enfoque de T. Krishnamacharya. Las autoridades que creían que este tipo de *mudras* era la quintaesencia, concluyeron que estos *mudras* deben ser practicados antes del *pranayama*.

2. Pranayama Mudras:

En este grupo encontraremos *mudras* asociados principalmente con la rama del *pranayama*, o que son auxiliares del *pranayama*. Estos son *Mula-, Uddiyana-, y Jalandhara Bandhas*, así como *Shanka-, y Kaki Mudras*.

3. Pratyahara Mudras:

Pratyahara, la quinta rama del yoga, es normalmente traducido como abstracción de los sentidos, pero es mejor comprendido como independencia de los estímulos (sensoriales) externos. Los *mudras* de este grupo están principalmente diseñados para proyectar el *prana* sensorial (el *prana* que potencia los diversos sentidos, como el auditivo, el visual, etc.) de regreso al interior del cuerpo, y, por lo tanto, nos hace independientes de los estímulos sensoriales[34]. Estos incluyen *Jihva Bandha, Shambhavi-, Akasha-, Jnana-, Agochari-, y Dhyana Mudras*. *Shambhavi Mudra* también se merecería estar en la lista de los *samadhi mudras*, pero es tan importante como *pratyahara mudra*, que lo he incluido en esta categoría. *Dhyana Mudra* merecería una categoría independiente de *mudras* de meditación, pero como este *mudra* es una especie de anticlímax, y ha sido tratado como un huérfano por los *shastras,* he reconsiderado este paso y lo he incluido en la presente sección. Por favor, nótese también que el término español "meditación" es ambigüo. Es, a veces, usado para traducir el término sánscrito *dhyana,* pero en yoga, es el proceso combinado de *pratyahara, dharana* y *dhyana* (ramas yóguicas de la quinta a la séptima).

4. *Dharana Mudras:*

Esta es, de lejos, la sección más importante de *mudras*[35]. Todos son *mudras* diseñados para desbloquear la Kundalini. En su texto seminal de 1905, *The Serpent Power*, Sir John Woodroffe afirma que los *mudras* son llaves para abrir la puerta a la Kundalini[36]. La conexión entre el término *dharana* (la sexta rama del yoga, a menudo traducido como concentración) y la Kundalini es tal que con la Kundalini levantada, el éxito en *dharana* está garantizado. Con la Kundalini enroscada, el éxito

---

[34] El sabio Vyasa argumenta en el *Yoga Bhashya*, comentario de *los Yoga Sutra*, que la mente se establece en lo que los sentidos se establecen. La libertad mental es, por lo tanto, dependiente de la libertad sensorial.

[35] A vista de pájaro, esto puede verse como una afirmación tendenciosa, ya que revela que este autor está más interesado en el desbloqueo de la Kundalini que en *sthirata* (fortaleza).

[36] Sir John Woodroffe, *The Serpent Power*, Ganesh & CO, Madras, 1995, p. 206.

en *dharana* es difícil de alcanzar. Los *mudras* de esta sección son *Maha-, Maha Bhanda-, Maha Vedha-, Ashvini-, Vajroli-, Pashini-, y Shakti Chalana Mudras*. Estos *mudras* representan el principal enfoque del *Hatha Yoga Pradipika*, es decir, el desbloqueo de la Kundalini. Las autoridades que creían que este grupo de *mudras* eran la quintaesencia, concluyeron necesariamente que los *mudras* deberían practicarse después del *pranayama*.

5. *Samadhi Mudras*:

Son *mudras* diseñados para desencadenar *samadhi* (éxtasis revelador, la octava rama del yoga). No pueden provocar *samadhi* por ellas mismas, pero sí desencadenarlo en una mente que ya gravita hacia *samadhi*. Tal gravitación es provocada por la práctica a largo plazo de *asana, pranayama* y meditación yóguica. Esta categoría de *mudras* incluye *Bhramari-, Shanmukhi-, Jyoti-, y Khechari Mudras*. Como se afirmó anteriormente, *Shambhavi Mudra* podría haber estado también incluido en esta categoría, pero su presencia en la categoría de *pratyahara* es también importante y no quería enumerar dos veces los *mudras*.

CÓMO PRACTICAR LOS *MUDRAS*

Sir John Woodroffe en *The Serpent Power* explica que no todos los *mudras* deben ejercitarse por todas las personas, sino sólo los que se requieran en cada caso particular[37]. Con el orden de categorías creado en la sección anterior, podemos fácilmente analizar ahora a qué categoría se aplican las afirmaciones de Woodroffe. Se aplican a las categorías 1 *asana mudras*, 4 *dharana mudras*, y 5 *samadhi mudras*. De estos tres grupos, podemos escoger y añadir tantos *mudras* como necesitemos para alcanzar nuestro objetivo

---

37 Sir John Woodroffe, *The Serpent Power*, Ganesh & CO, Madrás, 1995, p. 206.

respectivo. No los aprenderemos simultáneamente, sino que nos enfocaremos en cada uno durante 14 ó 28 días antes de añadir el siguiente[38]. Si aprendemos demasiado de los *mudras* de estos grupos simultáneamente, crearemos confusión. Un ejemplo típico sería *Maha Mudra, Maha Bandha Mudra* y *Maha Vedha Mudra*. Durante el periodo de aprendizaje, nos enfocaremos en cada *mudra* individualmente y sólo eventualmente, una vez integrados, los ejecutaríamos todos secuencialmente. La situación con los *asanas mudra* es similar.

Diferente a esto es el caso de los *mudras* en las clases 2 *pranayama*, y 3 *pratyahara*. De estos, la mayoría son practicados simultáneamente como auxiliares del *pranayama* y la meditación (el término meditación aquí de nuevo se usa de una forma general para la composición de *pratyahara, dharana* y *dhyana*). Esto significa que estos *mudras* deben ser integrados como auxiliares en nuestra práctica de *pranayama* y meditación sin añadirles mucho tiempo extra. Un ejemplo de ello es el grupo de *bandhas*. Los *bandhas* son todos ejecutados como una composición durante nuestra práctica de *kumbhaka*; la aplicación de todos los *bandhas* durante *kumbhaka* es parte de la definición de *kumbhaka*. Aparte de alguna sesión experimental inicial y alguna clase no habrá un espacio de tiempo dedicado a los *bandhas* en nuestra práctica.

¿POR QUÉ UN ANÁLISIS DE LOS *SHASTRAS*?

Igual que mi libro sobre *pranayama*, así también este presente texto se basa en investigación de las escrituras.

Cuando era joven y viajaba a través de India buscando maestros, yo, como la mayoría de los jóvenes buscadores hacían,

---

[38] Como enseñó B. N. S. Iyengar, el periodo de 28 días se refiere a un mandala completo, porque refleja un ciclo lunar completo.

esperaba encontrar al único y gran maestro que me revelaría todos los secretos. Esta persona nunca apareció. Aunque estoy en deuda con varios maestros (cuando se trata del tema de los *mudras*, principalmente a B. N. S. Iyengar), no encontré una sola persona que hubiera dominado exhaustivamente este tema. Posiblemente T. Krishnamacharya fue la última persona que lo hacía. Theos Bernard se enfrentó a una situación parecida unas pocas décadas antes que yo. Cuando siguió preguntando a su profesor, al que llamaba Maharishi, por más detalles sobre una gran variedad de temas yóguicos, el Maharishi finalmente le señaló que el yoga estaba en declive en la India desde hacía 500 años, y que muchos detalles sólo los encontraría en los *shastras*. Por esta razón, ya desde el principio, me embarqué en una revisión comprensiva de los *shastras*, y durante décadas, esto fue una buena parte de mi trabajo. Muchos detalles de las técnicas yóguicas sólo pudieron ser desenterrados y reconstruidos a través del análisis shástrico[39]. Debido a que nos aferramos a esta esperanza un tanto ingenua de encontrar a ese elusivo *maha-yogui* (gran yogui), muchos métodos yóguicos se enseñan hoy en día de forma diluida e impotente. Se podría alcanzar una gran mejoría si la voz de los *shastras* se escuchara más.

---

39 Término españolizado que significa "perteneciente a los *shastra*".

Sección 1:

ASANA MUDRAS

Este grupo de *mudras* está formado por los que predominantemente tratan con el cuerpo. Algunos son *asanas* modificadas que preparan para el *pranayama*, es decir, que crean las condiciones para que el *pranayama* tenga éxito. También ayudan en la transición de una práctica que sólo se basa en *asana* a una que esté formada por *asana* y *pranayama*. Este es un aspecto muy importante de los *asana mudras*. Otro subgrupo de esta categoría incluye *mudras* que prolongan la esperanza de vida y aumentan la salud y la fuerza.

Por diversas razones, algunos estudiantes están estancados en una práctica exclusiva de *asana*. Los *asana mudras* disminuyen el umbral para comenzar la transición hacia un acercamiento más integrado y holístico del yoga, comenzando la gradación de *asana* a una composición de práctica de *asana/pranayama*. Los *asana mudras* forman en gran medida una etapa intermedia, en ese sentido, la retención de la respiración es a menudo involucrada, pero se aplica aquí sin contar. El *kumbhaka* en el *pranayama* propiamente dicho se cuenta, es decir, cada retención de la respiración tiene una duración prescrita. Esto puede hacer la entrada en el *pranayama* muy exigente para los que los que no están acostumbrados a este régimen. Los *asana mudras*, involucrando *kumbhaka* pero sin contar el tiempo, disminuyen el umbral para introducir *kumbhaka,* de forma similar a como lo hace *Nauli*[40].

Una excepción aquí es *Viparita Karani Mudra,* que no implica *kumbhaka*. El efecto principal de este *mudra* es, no obstante, de naturaleza pránica, ya que arresta o fija el *prana* en el *chakra* de la garganta (en el caso de la postura sobre los hombros) y en el *chakra* del tercer ojo (en el caso de la postura sobre la cabeza) respectivamente. De este modo, establece los prerrequisitos para *pranayama* y *meditación*. Los *mudras* descritos en esta sección son:

1. *Tadaga Mudra*
2. *Viparita Karani Mudra*
3. *Vajroni Mudra*
4. *Yoga Mudra*
5. *Nabho Mudra*
6. *Matsyendra Mudra*
7. *Bhujangi Mudra*
8. *Manduka Mudra*
9. *Matangi Mudra*

---

40 *Nauli* es un *kriya*, una técnica de purificación que tiene lugar durante el *kumbhaka* externo, es decir, la retención de la respiración después de la exhalación, aunque sin contar. Uno de los efectos secundarios de *Nauli* es que gradualmente construye resiliencia y tolerancia en el estado de *kumbhaka* externo (retención de la respiración después de la exhalación). Esto se debe al hecho de que, debido a la ausencia de cuenta, podemos abortar el *kumbhaka* siempre que lo necesitemos.

Capítulo 1
TADAGA MUDRA
(el Sello del Tanque)

Tadaga Mudra (alternativamente llamado *Tadagi Mudra*) significa Mudra del Tanque, y se llama así porque durante este *mudra*, el abdomen se ahueca, o adopta forma de cuenco, como un receptáculo para agua. El término *Tadaga Mudra* se usa también coloquialmente en Ashtanga Yoga para las diez respiraciones en las que estás tumbado en el suelo, después de la secuencia de extensiones hacia atrás (back-bending), y antes de la secuencia de enfriamiento. Las diez respiraciones son utilizadas para separar las series vigorosas de posturas, durante las que la respiración es más rápida, de los *asanas* de cierre, durante los que la respiración es lentamente calmada. Sin embargo, aquí el término *mudra* sólo está justificado cuando se añade *kumbhaka*. La secuencia completa de enfriamiento se supone que es de naturaleza múdrica[41], que ese *prana* movilizado durante las series vigorosas es ahora sellado dentro del cuerpo. Para que este efecto suceda en posición supina, es necesario *kumbhaka*. *Tadaga Mudra* está colocado en una posición muy estratégica en las series y se supone que señaliza que todas las posturas después de este punto deben hacerse múdricas, es decir, ser usadas como sellos pránicos.

Vamos a echar un vistazo a la evidencia de por qué el *kumbhaka* externo es necesario aquí. *Tadaga Mudra* ha sido clasificado por

---

41 Españolización, significa "de naturaleza de mudra".

M. V. Bhole M. D., uno de los investigadores clave del Instituto Kaivalyadhama, como una forma de *Uddiyana Bhanda*[42]. Dr. Bole especifica que hay cinco tipos de *Uddiyana*, de los que yo he descrito cuatro en *Pranayama, The Breath of Yoga*, es decir, *Uddiyana Bandha* de inhalación, *Uddiyana Bandha* con *kumbhaka* interno, *Uddiyana Bhanda* de exhalación, y *Uddiyana Bandha* con *kumbhaka* externo[43]. Este último *bandha* es un *bandha* atípico con respecto a que no constituye una contracción muscular desde la que la fuerza pránica rebota y es proyectada de vuelta al interior del cuerpo. En lugar de eso, la succión es utilizada para succionar el *prana* en la dirección deseada. Debido a su atipicidad, esta técnica es simplemente a menudo llamada *Bahya Uddiyana* (*Uddiyana* con *kumbhaka* externo o más coloquialmente *Uddiyana*-externo), dejando fuera el término *bandha*. Debido a su posición supina, *Tadaga Mudra* aporta la plataforma ideal para integrar lentamente el *Uddiyana*-externo y la retención externa de la respiración en la práctica de cada uno.

La retención externa de la respiración (exhalar y luego retener la respiración fuera) debería ir siempre acompañada por *Uddiyana*-externo. La razón para esto es que la exhalación incrementa *tamas*[44] en la mente, y al final de la exhalación, la mente ha alcanzado el pico de *tamas*. Sostener la respiración al final de la exhalación (es decir, hacer retención externa de la respiración/*kumbhaka*) significa mantener la mente en su máximo tamásico, de por sí un estado muy negativo. Sin embargo, esto puede darse

---

[42] Yoga Mimamsa-A Quarterly Research Journal, Kaivalyadhama, Lonavla, 1924-2004, 15.2.
[43] Gregor Mahele, *Pranayama The Breath of Yoga*, Publicaciones Kaivalya, Crabbes Creek, 2012, p. 146-172.
[44] Una de las tres partículas elementales (*gunas*) de la naturaleza (*prakriti*). Se traduce mejor como partícula de masa o inercia.

la vuelta enganchando el *Uddiyana*-externo-*kumbhaka*. La técnica funciona así: exhala completamente y cierra la garganta. Esto se consigue tragando saliva y sosteniendo el agarre de los músculos de la garganta provocado por el reflejo de tragar. Una vez que se alcanza la contracción permanente de la garganta, haz una inhalación falsa. Esto significa que mientras mantienes la garganta contraída, activas los músculos secundarios respiratorios como si inhalases, es decir, levantando y expandiendo la caja torácica. Se crea así un vacío en el tórax, lo que succiona el diafragma y con él los contenidos abdominales hacia arriba en la cavidad torácica, creando el ahuecamiento, la apariencia de tanque en el abdomen.

Los músculos abdominales deben mantenerse relajados. Si están contraídos, esto afectará a la habilidad de succionar los contenidos abdominales dentro de la cavidad torácica. Los estudiantes de yoga a menudo confunden la razón de por qué la técnica es a veces llamada *Uddiyana Bandha* y otras veces sólo *Uddiyana*. Incluso los *shastras* raramente detallan la diferencia porque esto estaba considerado una parte de la instrucción oral individual. Shirinivasayogi, el autor del *Hatha Ratnavali*[45], hasta donde yo sé, inició la tradición de etiquetar el tipo de succión pasivo *Uddiyana*-externo como *Bahya Uddiyana*. Este texto fue probablemente establecido durante el siglo diecisiete, y su autor era bien consciente de la necesidad de quitar ambigüedad al *Uddiyana*-externo del *Uddiyana Bandha*.

CONTRAINDICACIONES DE LAS *KUMBHAKAS* EXTERNAS

El *Uddiyana*-externo ejerce una poderosa succión en el cerebro y en el fluido cerebroespinal. El *Uddiyana*-externo debe aprenderse lentamente durante *Nauli, Tadaga Mudra* y *Yoga*

---

45 *Hatha Ratnavali of Shrinivasayogi*, II. 56.

Mudra. Los principiantes deben inicialmente realizar no más de 2 ó 3 repeticiones al día, y luego lentamente aumentar la ratio durante semanas y meses. Debido al intenso intercambio de presión, el *Uddiyana*-externo, como *Nauli*, no debe practicarse por las mujeres que deseen concebir, durante la menstruación o el embarazo. Sin embargo, es muy beneficioso para el sistema reproductor femenino en cualquier otro momento.

La práctica de *kumbhaka* es raramente aconsejada para los que sufren de hipertensión o de enfermedad cardiaca. Lo mismo se debe decir de las úlceras pépticas. No debe tampoco ser practicada si hay hiperacidez ni durante las primeras seis semanas después de haber dado a luz. La práctica de *kumbhaka* nunca debe combinarse con drogas psicodélicas. Existen inhibidores en nuestros sistemas nervioso y endocrino que evitan la alteración de nuestra respiración y nuestro ritmo cardiaco. A través de años de práctica experta, el yogui aprende a suspender algunos de estos inhibidores y a aventurarse en áreas no accesibles para una persona sin entrenamiento. Hay razones por las que estas áreas son inaccesibles para el no entrenado. Sin embargo, estos mismos inhibidores pueden ser suspendidos por algunas drogas psicodélicas, y cualquier cosa puede pasar si practicas *pranayama* bajo su influencia. Estas contraindicaciones se aplican para todas los *kumbhakas* externos, independientemente del *mudra* en el que sucedan.

Tadaga Mudra es también a veces practicado en *Pashimottanasana*, se combina con la retención externa de la respiración y el *Uddiyana*-externo. Así dice T. Krishnamacharya en el *Yoga Makaranda* que *Tadaga Mudra* es empujar el estómago hacia atrás como para ahuecarlo en *Pashimottanasana*[46]. Pero un

---

[46] T. Krishnamacharya, *Yoga Makaranda*, Media Garuda, Chennai, 2011, p. 109.

CAPÍTULO 1

video bien conocido representa a T. Krishnamacharya durante los años 1940 mostrándose tumbado sobre su espalda practicando el *mudra* con *kumbhaka* externo. Estaba familiarizado con ambas versiones. La variación en *Pashimottanasana* es más avanzada, ya que demanda competencia en las flexiones hacia delante y un fuerte apoyo de la espalda baja.

Algunos maestros han malinterpretado el nombre *Mudra del Tanque* sugiriendo que el abdomen se expanda como un tanque, es decir, empujándolo hacia fuera[47]. Esto es una descripción errónea. Ni en el *kumbhaka* externo ni el interno los yoguis empujan el vientre hacia fuera. Particularmente, en *Pashimottanasana* esto desestabilizaría la espalda baja, especialmente si estas instrucciones, como se observa a veces, van acompañadas de la sugerencia de que se suelten al mismo tiempo los *bandhas*. Esta instrucción debe, por lo tanto, ser ignorada.

El *Yoga Rahasya* de Nathamuni habla de *Tadaga Mudra* en el verso II. 13 y lo muestra reclinándose sobre la espalda[48]. El *Yoga Rahasya* también afirma que este *mudra* debe ser practicado por *brahmacharis* (estudiantes, el primer *ashrama*/etapa Védica de la vida). Esto hace que este *mudra*, con la mayoría de los *asanas* sea una preparación para el *pranayama*. El *pranayama*, de acuerdo con el *Yoga Rahasya*, es una práctica *grhasta* (para el cabeza de familia, el segundo *ashrama* Védico o etapa de la vida). De acuerdo con la enseñanza Védica, las prácticas del *brahmachari*

---

[47] Swami Satyananda, *Asana, Pranayama, Mudra and Bandha*, Yoga Publications Trust, Munger, 1969, p.450.
[48] T. K. V. Desikachar (traducción), *Nathamuni's Yoga Rahasya*, Krishnamacharya Yoga Mandiram, Chennai, 1998, p. 102.

(estudiante) están integradas en la vida de uno antes de abordar las prácticas de los cabeza de familia (*grhasta*).

El *Gheranda Samhita*, en la estrofa III. 50, enumera este *mudra* con la escritura alternativa de *Tadagi Mudra*, y confirma la apariencia de estanque que se alcanza metiendo el vientre y elevándolo (es decir, lo que se produce con el Uddiyana-externo)[49]. El sabio *Gheranda* afirma además que el *mudra* destruye la decrepitud y la muerte. La traducción de Bahadur Chandra Vasu del *Gheranda Samhita* tiene esta estrofa en la II. 61, pero también confirma que se debe ahuecar el estómago como un tanque, más que empujarlo hacia afuera[50]. Los *shastras* eran manuscritos en los días pasados, y las traducciones modernas están frecuentemente basadas en manuscritos que a veces difieren en su orden o número de estrofas.

El *Yoga Chudamani Upanishad* describe el *Uddiyana Bandha* en las estrofas 48-49[51]. Sin embargo, después de citar inicial y literalmente el *Hatha Yoga Pradipika*, el *Upanishad* dice luego que el hundimiento hacia la columna vertebral por debajo del ombligo en *Pashimottanasana* es llamado *Uddiyana Bandha*. Este es un error en el manuscrito (porque este tipo de *Uddiyana Bandha* es típicamente practicado cuando se practica *pranayama* en una postura sentada), o se refiere al *Tadaga Mudra* sin mencionar su nombre. Si este fuera el caso, este hecho alimentaría la afirmación

---

[49] Swami Digambarji et al (edición y traducción), *The Gheranda Samhita*, Kaivalyadhama, Lonavla, 1978, p. 88, también traducción de James Mallison, p. 77.

[50] R. B. S. Chandra Vasu, (traducción), *The Gheranda Samhita*, Sri Satguru Publications, Delhi, 1986, p. 29.

[51] Sw. Satyadharma (traducción), *Yoga Chudamani Upanishad*, Yoga Publications Trust, Munger, 2003, p.121.

del Dr. Bhole de que *Tadaga Mudra* debe verse realmente como la quinta categoría o tipo de *Uddiyana Bandha*.

TÉCNICA

Después de haber completado la secuencia de flexiones hacia atrás (back- bending), túmbate sobre tu espalda para practicar *Tadaga Mudra*. Exhala completamente y luego contrae y bloquea tu garganta. Ahora realiza una inhalación falsa expandiendo tu pecho. Una inhalación falsa significa ejecutar las acciones físicas para inhalar. Debido a la garganta contraída y bloqueada, sin embargo, el aire no entra a los pulmones. Se crea un vacío, y este vacío succionará ahora los contenidos abdominales dentro de la cavidad torácica. Estás ahora en el estado de *kumbhaka* externo con *Uddiyana*-externo. Sostén este estado hasta el máximo de tu capacidad, es decir, hasta que te sientas cómodo. Luego suelta tu garganta e inhala intensamente. Hazlo antes de que la retención respiratoria se convierta en incómoda. Puedes repetir esto varias veces, pero para alguien con dominio sobre *kumbhaka* externo, una o dos veces es suficiente.

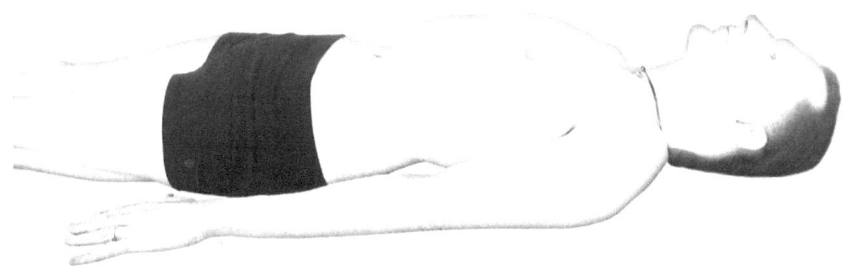

Tadaga Mudra, **supina**

Una vez que estés cómodo con la versión supina de *Tadaga Mudra*, hazlo en *Pashimottanasana* también. En el método de

Ashtanga, debes hacerlo sólo en tu segundo *Pashimottanasana*, que tiene lugar después de tu secuencia de flexiones hacia atrás (back-bending). *Tadaga Mudra* no se practica durante el primer *Pashimottanasana* pronto en la Primera Serie, ya que no estamos todavía suficientemente calientes. Cuando practiques *Tadaga Mudra* en *Pashimottanasana*, debes haber progresado bien en las flexiones hacia delante (es decir, ser razonablemente flexible), y tu espalda baja ha debido ganar fuerza de apoyo. Esto es así porque durante las flexiones hacia delante debes contraer tus músculos abdominales para sostener tu espalda baja. Estás usando tus músculos abdominales transversos para meter el abdomen hacia dentro, hacia la columna vertebral. Ya que la cavidad abdominal llena de fluido no puede ser comprimida, compensará alargando en dirección longitudinal, separando tus vértebras lumbares unas de otras, protegiendo así los discos intra vertebrales de la espina lumbar. Aunque suena complicado, es lo que cualquier levantador de peso competente o atleta haría automáticamente.

Durante la versión *Pashimottanasana* de *Tadaga Mudra* no podemos contraer los abdominales transversos. No podemos hacer esto porque deben estar relajados para permitir la acción de vacío de *Bahya Uddiyana*, que succiona los contenidos abdominales en la cavidad torácica. La versión *Pashimottanasana* de *Tadaga Mudra* es, por lo tanto, no apta para principiantes, sino sólo para aquellos que ya son muy competentes en las flexiones hacia delante. Si experimentas cualquier tensión en tu espalda baja, deshaz la postura.

Una vez que sostienes el *kumbhaka* externo en *Pashimottanasana* hasta el límite de tu capacidad, suelta la contracción de tu garganta e inhala intensamente. No jadees en busca de aire, sino que debes soltar la retención de la respiración antes de que aparezca la necesidad de jadear. En cualquier caso, estés practicando *Tadaga Mudra* supino o en *Pashimottanasana*, es una señal para el cuerpo que indica que, ahora, la fase de *mudra* de tu práctica de *asana* ha comenzado. De *Tadaga Mudra* en adelante, todas las restantes posturas, es decir, las de enfriamiento o secuencia de cierre, deben hacerse múdricas. Este es el tema de enlace de las descripciones de los tres siguientes *mudras*.

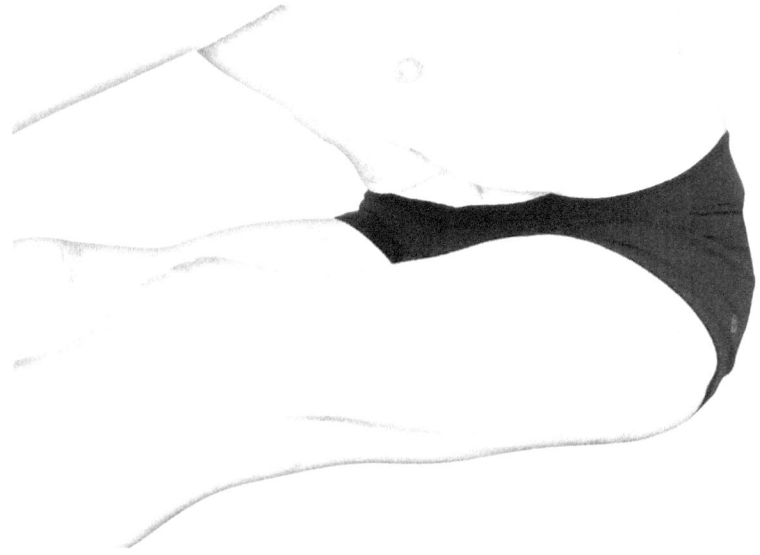

Tadaga Mudra, en *Pashimottanasana*

Capítulo 2
VIPARITA KARANI MUDRA
(Sello de la acción invertida)

Por la razón que sea empezó la moda de enseñar *Viparita Karani Mudra* como una versión diluida y suave de la postura sobre los hombros. Esto es un error. *Viparita Karani* significa conferir a todas las inversiones una naturaleza múdrica, es decir, convertirlas en sellos energéticos. El *siddha* Gorakhnath explica en el *Yoga Gorakshataka*, estrofa 55, que *pratyahara* (la quinta rama del yoga, la independencia de los estímulos externos) se alcanza colocando el sol en el ombligo por encima de la luna, que está debajo del paladar. Esto así llamado "luna", un almacén de *prana* en el centro del cráneo, es el repositorio del así llamado *prana* lunar, el *prana* que potencia la introversión y todo lo que viene con ella. En el orden normal de cosas del día a día, el ombligo (sitio del fuego gástrico) está debajo de la luna, así *amrita* (otro nombre para el *prana* lunar), rezumando desde la luna, es quemado en el sol. Salvar este néctar de la luna de ser quemado por el sol es, de acuerdo con el Gorakhnath, *pratyahara*[52], y *Viparita Karani* es cómo alcanzarla[53]. El *Gheranda Samhita*, en las estrofas III. 33-35, confirma que la luna debe ser colocada por debajo del sol (invirtiendo el cuerpo) y que esto se llama *Viparita Karani*

---

52 Swami Kuvalayananda (edición), *Goraksasatakam*, Kaivalyadhama, Lonavla, 2006, p. 42.
53 *Goraksha Shataka*, estrofa 59.

Mudra. De acuerdo con el sabio Gheranda, se hace colocando la cabeza en el suelo sujetándola con las manos, y luego levantando las piernas mientras que permaneces estable, es decir, realizando la postura sobre la cabeza[54].

De forma similar, en el *Yoga Makaranda*, T. Krishnamacharya describe este *mudra* colocando la cabeza en el suelo y levantando las piernas en una posición invertida[55]. Enfatiza que el cuerpo debe estar completamente recto, es decir, la columna vertebral perfectamente alineada contra la gravitación, para que el *mudra* sea digno de este nombre. Aquí estamos recibiendo una imagen de *Viparita Karani Mudra* como una postura sobre la cabeza de alto nivel, una comprensión de este *mudra* radicalmente diferente de la que suele enseñarse, la diluida, media inversión o postura con las piernas en la pared. A. G. Mohan confirma[56] que T. Krishnamacharya enseñó que la postura sobre la cabeza (*Shirshasana*) no era sólo un *asana*, sino un *mudra*, y para hacer justicia a ese nombre, la respiración debe ser sustancialmente ralentizada, idealmente a sólo dos respiraciones por minuto[57].

---

[54] R. B. S. Chandra Vasu (traducción), *The Gheranda Samhita*, Sri Satguru Publications, Delhi, 1984, p. 25, traducción de Kuvalayanada y J. Mallison en la estrofa III. 31, aunque Mallinson la acompaña con una imagen de *Sarvangasana* (postura sobre los hombros).

[55] T. Krishnamacharya, *Yoga Makaranda*, Media Garuda, Chennai, 2011, p. 107.

[56] A. G. Mohan, *Krishnamacharya: His Life and Teachings*, Shambala, Boston y London, 2002, p. 27.

[57] Esto convertiría la media de la postura sobre la cabeza de Ashtanga de 25 respiraciones en los asombrosos 12 minutos de duración. Por favor, nótese que cuando estoy sugiriendo aspirar a la postura sobre la cabeza de 70 a 80 respiraciones, estoy aplicando una ratio de respiración mucho más rápida. 12 minutos me parece el límite superior de la postura sobre la cabeza razonable. Incluso una práctica tal sería médicamente correcta sólo

CAPÍTULO 2

El notable pionero del yoga en Occidente, Theos Bernard, en su publicación *Hatha Yoga* de 1950 coincide en que *Shirshasana* no es un verdadero *asana*, sino que es el *mudra* conocido como *Viparita Karani Mudra*[58].

Otros textos afirman con razón que *Shirshasana* (postura sobre la cabeza) y *Sarvangasana* (postura sobre los hombros) constituyen *Viparita Karani*. Esto significa que ambas inversiones, la postura sobre la cabeza y la postura sobre los hombros, deben ser transformados en *mudras*. Así afirma Brahmananda en el comentario *Jyotsna* del *Hatha Yoga Pradipika* en la estrofa 6, que antes de practicar *kumbhaka* (retención de la respiración) hay que realizar *Viparita Karani Mudra* de tal modo que *Jalandhara Bandha* pueda ejecutarse adecuadamente[59]. *Jalandhara Bhanda* (que será descrito con minucioso detalle más adelante) constituye una flexión extrema del cuello, para la que el cuello debe estar caliente y preparado usando la postura sobre los hombros. T. Krishnamacharya aceptaba que la práctica dla postura sobre los hombros debía preceder a la ejecución de *kumbhakas*, siendo aquí el razonamiento que un adecuado *kumbhaka* debe estar acomodado por *Jalandhara Bhanda*. El *Hathayoga Manjari* afirma que se debe entrar en *Viparita Karani Mudra* desde la posición supina y elevar las piernas verticalmente. Los brazos son así usados para sujetar el torso, elevado hasta que el pecho toca la barbilla[60]. Si hiciera falta más claridad, este pasaje deja claro

---

si eres capaz de colocar muy poco peso en la cabeza durante el periodo completo. Una verdadera hazaña.

58 Theos Bernard, *Hatha Yoga*, Rider, Londres, 1950, p. 29.

59 Pancham Sinh (traducción), *The Hatha Yoga Pradipika*, Sri Satguru Publications, Delhi, 1991, p. 22.

60 O. P. Tiwari (publicación), *Hathayoga Manjari of Sahajananda*,

que *Viparita Karani Mudra* puede tener lugar en la postura sobre los hombros también. Sahajananda sigue esta idea con una descripción de la postura sobre la cabeza, al que también considera *Viparita Karani Mudra*.

El *Jogapradipyaka* de Jayatarama trata de *Viparita Karani Mudra* en las estrofas de 561 a 577[61]. El *shastra* sugiere que los hombros y la cabeza se coloquen en el suelo, elevando las piernas hacia el cielo y colocando la barbilla en la escotadura yugular. Claramente se refiere a la parada de hombros y no al postura sobre la cabeza). Jayatarama considera importante la mirada en el ombligo, lo que sólo es posible en la postura sobre los hombros y no en la postura sobre la cabeza. Yogeshvaranand Paramahansa argumenta en *First Steps To Higher Yoga* que tanto *Shirshasana* como *Sarvangasana* constituyen *Viparita Karani*[62]. Este punto de vista puede tomarse del *Hatha Yoga Pradipika*, un *shastra Shaivite*, que afirma que el concepto de *Viparita Karani* puede extenderse a cualquier inversión[63]. Encontramos este punto de vista de que *Viparita Karani* es un principio aplicable a todas las inversiones también en el *Yogashastra Dattatreya*, un texto *Vaishnavite*[64].

Esta postura de que *Viparita Karani* es un principio, es también expuesta aquí en este libro. El principio de *Viparita*

Kaivayadhama, Lonavla, 2006, p. 51.

61 Sw. Maheshananda et al. (edición y traducción), *Jogapradipyaka de Jayatarama*, Kaivayadhama, Lonavla, 2006, p. 116.

62 Yogeshvaranand Paramahansa, *First Steps to Higher Yoga*, Yoga Niketan Trust, Nueva Delhi, 2001, p. 382.

63 Dr M. L. Gharote et al. (edición y traducción), *Hathapradipika of Svatmarama (10 chapters)*, Instituto Lonavla de Yoga, Lonavla, 2006, p. 148.

64 Dr M. M. Gharote (edición), *Dattatreyayogasastram*, Instituto Lonavla de Yoga, Lonavla, 2015, p. 71-73.

Karani también puede extenderse a la postura sobre las manos. Esta, sin embargo, siguiendo la convención establecida por el sabio Gheranda, la he descrito bajo el nombre de *Vajroni Mudra*.

DURACIÓN DE *VIPARITA KARANI*

Brahmananda, en su comentario *Jyotsna* del *Hatha Yoga Pradipika*, afirma que *Viparita Karani* debe practicarse antes de los *kumbhakas*[65]. T. Krishnamacharya también mantuvo este punto de vista. Todo ávido yogui puede fácilmente comprobar que las inversiones extendidas incrementan la tasa de retención pránica, es decir, hacen que las retenciones de la respiración sean más fáciles de manejar y su duración más fácil de ampliar. Muchos textos yóguicos hacen hincapié en la duración del tiempo que se debe permanecer en *Viparita Karani*. El *Hatha Yoga Pradipika* mantiene que el tiempo de práctica de este *mudra* debe ser incrementado diariamente hasta poder sostenerlo durante tres horas[66]. El comentario *Jyotsna* del mismo texto sugiere que se mantenga sólo durante un momento el primer día, y que luego se vaya aumentando diariamente[67]. El *Hathatatva Kaumudi* está de acuerdo con que se debe empezar lentamente y trabajar hasta llegar a las tres horas[68]. El *Kaumudi* promete que, usando tal práctica durante seis meses,

---

[65] Kunjunni Raja (edición), *The Hathayogapradipika of Svatmarama with the Commentary Jyotsna of Brahmananda*, The Adyar Library, Madrás, 1972, p. 31.
[66] Dr M. L. Gharote et al (edición y traducción), *Hathapradipika of Svatmarama (10 chapters)*, Instituto Lonavla de Yoga, Lonavla, 2006, p. 148.
[67] Kunjunni Raja (edición), The *Hathayogapradipika of Svatmarama with the Commentary Jyotsna of Brahmananda*, The Adyar Library, Madrás, 1972, p. 52.
[68] Dr M. L. Gharote et al (edición y traducción), *Hathatatvakaumudi*, Instituto Lonavla de Yoga, Lonavla, 2007, p. 158.

uno superará la muerte. El *Hatharatnavali* lo apoya sugiriendo que tres horas al día previene la muerte prematura[69]. El *Shiva Samhita*, en la estrofa IV. 46, va incluso más allá, prometiendo no sólo la conquista de la muerte, sino manteniendo que el *mudra* durante tres horas diarias te fortalecerá incluso contra el *pralaya* (Armageddon)[70].

Es claramente irracional esperar tales resultados, y su mención en los textos yóguicos refleja simplemente la tendencia a la exageración (*stuti*). Los autores de los textos yóguicos solían exagerar los efectos positivos de las técnicas yóguicas para hacer más probable que los estudiantes practicaran. Desafortunadamente, la exageración también se coló en las descripciones de las técnicas, a menudo un *shastrakara* (autor de escrituras) copiaba el texto anterior y luego lo exageraba incluso más. Sostener una inversión durante un tiempo tan largo es más probable que conduzca al glaucoma, a aneurismas en el cerebro, al drenaje de los riñones o a artritis en los discos cervicales, más que llevarnos a la inmortalidad. No considero médicamente adecuado realizar prácticas tan extremas. Sin embargo, las inversiones sostenidas durante 5 ó 10 minutos o incluso algo más, tienen grandes beneficios, especialmente como apoyo al *pranayama* y la meditación, siempre y cuando la técnica se ejecute con excelencia. Por favor, recordad esto. Si la técnica es descuidada, el detrimento excede los beneficios de la práctica de *Viparita Karani Mudra*. No puedo insistir lo suficiente en este punto. Si estás contento con creer y aceptar que la postura sobre la cabeza significa simplemente balancearte en tu cabeza y

---

[69] Dr M. L. Gharote et al (edición y traducción), *Hatharatnavali of Shrinivasayogi*, Instituto Lonavla de Yoga, Lonavla, 2006, p. 69.
[70] *Shiva Samhita* IV. 46.

colocar todo tu peso en ella, entonces ningún tiempo empleado en la postura está a salvo del detrimento. ¡Pero la postura sobre la cabeza no es eso!

OBSTÁCULOS POSIBLES

En años recientes he visto con frecuencia mala publicidad de las inversiones como LA postura sobre los hombros y sobre la cabeza. La mayor parte de esa mala publicidad engloba a la artritis de los discos cervicales, que puede acumularse en ambas posturas, mientras que la postura sobre la cabeza es adicionalmente señalado por el demérito incurrido en el aumento de la presión en la cabeza. Estos efectos tan demeritorios pueden evitarse realizando las posturas con un alto nivel de exigencia. Esto significa que, en la postura sobre los hombros, cualquier presión o peso en las vértebras cervicales debe ser evitado, y en la postura sobre la cabeza se debe minimizar la presión en la cabeza hasta el punto de que sea prácticamente inexistente. Tengo artículos en varios libros y también en artículos de blogs anteriores en los que describo cómo hacer esto en ambas posturas. El problema parece ser persistente. Leí recientemente un artículo describiendo las posturas sobre los hombros y sobre la cabeza como posturas de equilibrio, en las que sólo importa la alineación y no se debe sentir ningún esfuerzo. Esto es un consejo peligroso, y demasiados estudiantes de yoga todavía caen en la trampa. Para evitar lo negativo, es esencial mirar a ambas posturas como posturas de fuerza. Antes de que describa este enfoque, dejadme recapitular rápidamente por qué realizamos inversiones, y porquè preferiblemente incluso las mantenemos durante más tiempo.

MUDRAS SELLOS DEL YOGA

VIPARITA KARANI MUDRA COMO UN CAMINO A *PRATYAHARA*

Uno de los textos fundamentales de yoga es el *Goraksha Shataka*, traducido como "*Los cien versos del Goraknath*". En este fino texto, el *siddha*[71] dedica el 10% de las estrofas ensalzando las virtudes de las inversiones. Las considera el camino más directo para alcanzar *pratyahara*, la quinta rama del yoga. El objetivo de *pratyahara* es ganar independencia de los estímulos sensoriales externos. Mientras que uno depende de los estímulos sensoriales, el éxito en la práctica de la meditación es difícil de alcanzar. La relación de las inversiones con *pratyahara* es la siguiente: en el *Yoga Yajnavalkya*, vemos que la imagen del cuerpo pránico (cuerpo sutil) es como un aura que durante el descanso se extiende 12 *angulas* (aproximadamente 25 cm o 10 pulgadas) más allá de la superficie del cuerpo burdo[72]. Particularmente durante cualquier forma de agitación, las protuberancias pránicas se extienden mucho más lejos y se adhieren a los objetos sensoriales. Tan pronto como el *prana* se ha unido a un objeto sensorial, la mente lo interpreta como "sólo quiero tenerlo". El *Hatha Yoga Pradipika* describe la relación entre el pensamiento y el *prana* así, "donde va el *prana*, allí va *vrtti* (el pensamiento) y donde va *vrtti* allí va el *prana*. Igual que la leche y el agua una vez mezcladas son difíciles de separar, así la mente y la respiración no pueden mantenerse separadas"[73]. Debido a esta interconexión entre la mente y la respiración, cualquier enfoque sofisticado del crec-

---

71 Un *siddha* es un antiguo maestro tántrico de yoga. Los *Siddhas* eran de ambos sexos. Yuxtapuesto a estos están los *rishis*, maestros *Védicos*. De acuerdo con la ortodoxia *Védica*, los *rishis* eran todos hombres.
72 *Yoga Yajnavalkya* IV. 6-8.
73 *Hatha Yoga Pradipika (edición de cuatro capítulos)* IV. 24.

imiento espiritual incluirá el entrenamiento mental de la meditación, y el entrenamiento respiratorio del *pranayama*. Hay un tercer estrato, el cuerpo, que también necesita ser tratado. En yoga, esto se hace mediante *asana*.

Una vez que el cuerpo pránico ha tomado contacto con el objeto sensorial, la mente puede interpretar ese contacto como "necesito tenerlo" (o, al revés, "necesito evitarlo"). Podría tratarse de una persona a la que, en un momento dado, deseas intensamente, sólo para preguntarte tras una agria ruptura matrimonial años después: "¿en qué estaría yo pensando?". También podría ser un negocio inicialmente prometedor que termina desastrosamente, o la decisión de invertir fuertemente en una clase de activos en particular, sólo para ver su precio caer precipitadamente. Otro ejemplo común es alguien que comete un crimen violento y cuando es interrogado por los investigadores o por la fiscalía, afirman que no tuvieron otra opción. Hay ejemplos mucho menos dramáticos en los que este mecanismo está funcionando, pero el elemento estructural en todos ellos es la misma aparente falta de elección. ¡Nosotros "sólo teníamos que hacerlo"! ¿Y si algo pudiera interceptar estas protuberancias pránicas que se aferran a los objetos de los sentidos, quitándonos aparentemente la posibilidad de elegir? En este caso, el pensamiento, "simplemente lo quiero", nunca sucedería. Todavía puede haber entonces un impulso, pero nunca se presentará mezclado con una aparente falta de elección.

Las buenas noticias son que esas técnicas yóguicas que restablecen la estructura pránica de apoyo de la elección, están realmente disponibles para nosotros. Se llaman técnicas de *pratyahara*, es decir, las técnicas diseñadas para obtener independencia de los estímulos sensoriales (o externos). Vienen en tres grandes cestas, entre las que están las técnicas de *pranayama* (principales retenciones de la respiración), los métodos de *Raja Yoga* (*mudras* y *bandhas* aplicados durante la meditación) y los métodos del *Hatha Yoga* (en este caso, *asana-mudras*). Idealmente, por supuesto, todos los métodos deben combinarse, ya que no hay uno mejor que el otro. El planteamiento que hace el *Hatha Yoga* sobre *pratyahara* consiste en mantener el *prana* en el *chakra* de la garganta (mediante la postura sobre los hombros) y en el *chakra* del tercer ojo (mediante la postura sobre la cabeza). El método del *Hatha Yoga* es el más fácil de implementar. Sin embargo, sentirás una influencia relativamente pequeña en tu mente si sostienes la postura sobre la cabeza o la postura sobre los hombros durante sólo uno o dos minutos. Las inversiones más largas, es decir, mantenidas durante cinco o diez minutos tienen un efecto centralizador beneficioso en la mente que es sorprendentemente profundo. Esto se debe simplemente a la capacidad de las dos inversiones para fijar el *prana* en los *chakras* mencionados anteriormente. Vamos a ver más claramente cómo funciona esto, y para ello, necesitamos comprender el concepto yóguico de *Amrita Siddhi*.

AMRITA SIDDHI MEDIANTE *VIPARITA KARANI*

Traducido literalmente, *Amrita Siddhi* significa el logro de la inmortalidad. Mientras que algunos consideran esto en referencia a la inmortalidad física, significa que alcanzas lo que no muere, que es la consciencia pura (*purusha*) o el verdadero ser (*atman*). Existe confusión en torno al hábito de los yoguis de usar distintos términos para describir la misma cosa. Cuando se escribieron los tratados antiguos, se consideraba poco elegante y carente de elocuencia usar el mismo término repetidamente,

CAPÍTULO 2

de forma similar a cómo miramos al idioma español a día de hoy. Desde nuestro punto de vista moderno, sin embargo, nos haría la vida más simple que los mismos términos fueran siempre usados para designar los mismos hechos, haciendo a las escrituras de yoga más parecidas a manuales de ingeniería con un desenlace predecible asegurado. Por ejemplo, los términos *prana*, Shakti, Kundalini y *prakrti* describen el fenómeno de la energía, el poder, y la fuerza vital, pero desde ángulos ligeramente diferentes. En el caso de las inversiones, los términos *bindu, amrita, soma* y *chandra* se refieren al mismo fenómeno. Para simplificar, llamo a este fenómeno *prana* lunar, es decir, el *prana* que potencia las funciones lunares. Será explicado con gran detalle cuáles son estas funciones.

Aparte del canal de energía central, el cuerpo tiene dos *nadis* principales, llamados *Ida y Pingala*, los *nadis* lunar y solar. El *nadi* lunar, *Ida*, dirige las señales nerviosas entrantes de la mente y los cinco sentidos (*jnanendriyas*), también llamados las cinco puertas de entrada al ser. El *nadi* solar, *Pingala*, dirige las señales nerviosas salientes, el cuerpo y los órganos de acción (*karmendriyas*), que son las cinco puertas de salida del ser. Cada uno de los dos *nadis* utiliza sus propios reservorios de energía. El almacén del *prana* solar-el *prana* usado para dejar nuestro sello en el mundo, para ser extrovertidos-está localizado en posición adyacente al *Manipura* (ombligo) *Chakra*. El almacén del *prana* lunar, el *prana* que potencia la percepción sensorial y la mente, está localizado en el centro del cráneo, conectado con el *chakra* del tercer ojo. Este área por encima del paladar blando, que incluye el tálamo, el hipotálamo y las glándulas pineal y pituitaria, se centra alrededor del área mayor del tercer ventrículo del cerebro. Este es el almacén del *prana* lunar, o simplemente llamado la luna (*chandra*) en la escritura yóguica.

Por favor, comprended que sólo existe un *prana*, pero que tiene diferentes funciones según donde se almacena o por qué *nadi* fluye. Podríamos comparar esto a la electricidad, que puede dar potencia por igual a tu frigorífico, a un pabellón hospitalario de urgencias, o a una silla eléctrica. La función depende de los conductos por los que se hace fluir, pero la electricidad es similar.

En el centro lunar (tercer ojo o *Ajna Chakra*) está el *amrita*, el también llamado néctar de la inmortalidad. En el área del ombligo se localiza el centro solar del *prana*, o simplemente el sol (*surya*), que representa el fuego gástrico. *Amrita* gravita desde la luna hacia abajo y es quemada por el sol en nuestra posición normal erguida del cuerpo. Cuando el cuerpo se invierte diariamente durante un periodo largo, el *amrita* se almacena/detiene. Esto se puede llevar a la medida del *amrita siddhi*, cuando el *amrita* está permanentemente almacenado, no cae más dentro del fuego gástrico que lo consume. Esta etapa es muy importante para desarrollar la meditación y las ramas superiores, ya que automáticamente mantiene los sentidos enfocados dentro.

Amrita, el *prana* lunar, abandona el cuerpo a través de las puertas lunares, que son los sentidos. Los sentidos perciben los objetos que desean y arrastran a la mente hacia fuera. Una vez que la mente ha perdido su centro, nos proyectamos en el mundo exterior y nos "convertimos" en fenómenos. Nos identificamos con lo que sucede en nuestras vidas. Sin embargo, como dice el *Maitri Upanishad*[74]: "si el combustible de los sentidos es retenido, la mente se reabsorbe dentro del corazón". Esta es una metáfora para decir que habitamos en nuestra verdadera

---

[74] *Maitri Upanishad* VI. 35

naturaleza o consciencia. Muchas técnicas yóguicas evitan la extensión exterior de los sentidos. Una vez que los sentidos salen y nos identificamos con el mundo, somos empujados como una carroza arrastrada por caballos incontrolables. Este alcance exterior de los sentidos está relacionado con *amrita* (el *prana* lunar) filtrándose fuera del tercer ojo o *Ajna Chakra*, el *chakra* lunar en el centro de la cabeza. El camino más directo para evitar que los sentidos hagan esto no es mediante la meditación, sino deteniendo este *prana* mediante inversiones, es decir, practicando *Viparita Karani Mudra*.

Las posturas sobre la cabeza y sobre los hombros tienen una forma ligeramente distinta de prevenir la pérdida del *prana* lunar, por eso deben practicarse ambas para completar *Viparita Karani Mudra*. Con la postura sobre los hombros, el *amrita* aún se filtra desde la "luna" (*Ajna Chackra*), pero es atrapado en el *Vishuddha Chakra* (el *chakra* de la garganta). Para lograr este propósito, es esencial usar *Jihva Bandha* (el cierre de la lengua): la lengua se dobla sobre sí misma y se inserta lo más posible dentro del orificio nasofaríngeo. Este método está descrito más exhaustivamente en la Sección 3, *Mudra* 15.

Durante la postura sobre la cabeza, sin embargo, el *prana* lunar es detenido en su localización original, el *Ajna Chakra*. Si se alcanza cualquiera de estos dos estados, se consigue una personalidad centrada, independiente de los estímulos externos y la gratificación. La motivación personal no es ya tampoco buscar el estímulo de otras personas u obtener su respeto o amistad. Porque quien ha obtenido *Amrita Siddhi* ya no se relaciona con los demás desde una posición de necesidad, por primera vez es capaz de servir desinteresadamente a los demás y amarlos incondicionalmente.

TÉCNICA

Ya hemos comprendido la importancia de prolongar nuestras inversiones, las posturas sobre la cabeza y sobre los hombros. Ahora vamos a profundizar en los detalles técnicos y en las pautas para extender el tiempo pasado en las inversiones de tal modo que podamos hacerlas con seguridad. Este proceso requiere ser emprendido lenta y gradualmente durante muchos años, ya que un incremento súbito en el tiempo empleado en estas posturas puede resultar contraproducente. Debemos proceder con precaución y prudentemente. Cuando se aumenta el tiempo emprendido en las inversiones, una posible vía a seguir es ralentizar la respiración todo lo que sea posible. La idea de T. Krishnamacharya de las posturas sobre la cabeza era tomar sólo dos respiraciones por minuto. Esto debe ser considerado como una forma extrema de práctica, que debe ser realizada sabia y lentamente, si es que se engendra. Sin embargo, se puede respirar algo más rápido y tomar más respiraciones en total. Ralentiza tu respiración gradualmente a lo largo de los meses y, si es necesario, durante años, mejor que súbitamente.

En las inversiones, la presión sanguínea aumenta inicialmente, particularmente en la cabeza, para bajar de nuevo después de unos pocos minutos. Si tienes hipertensión, hay que reducirla antes de practicar inversiones. La presión sanguínea puede reducirse mediante meditación y/o cambios en la dieta. Si cambias tu dieta para reducir la presión sanguínea mientras que estás con medicación antihipertensiva, debes estar en contacto con tu médico para ajustar regularmente tu medicación ya que, de otro modo, es fácil que baje demasiado.

Una vez que se ha logrado una tasa respiratoria muy lenta en las inversiones, añade respiraciones, quizá una cada pocos días (una al día es mucho). Sé sensible y deja de añadirlas antes de que experimentes síntomas adversos. Si experimentas síntomas como dolor de cabeza, irritabilidad, dolor de cuello, dolor de oídos, zumbidos en los oídos, presión en la cabeza o sensación de confusión, has ido demasiado lejos y debes disminuir el tiempo. Por favor, sé consciente de que los dolores de cabeza u otros síntomas pueden no surgir inmediatamente. Si practicas una postura sobre la cabeza durante mucho tiempo por la mañana y sientes dolor de cabeza durante la tarde, las dos cosas pueden estar unidas. No seas ambicioso y consigue el consejo de un maestro cualificado.

Trabaja simultáneamente en aumentar el tiempo tanto en la postura sobre los hombros como en la postura sobre la cabeza, ya que ambas tienen un beneficio, aunque su efecto sea diferente. En ambas posturas, cuanto más vertical y perfectamente alineado esté tu cuerpo, más efectiva se convierte la postura. En todas las inversiones, debes mantener el cuerpo entero activo y todos los grandes grupos musculares involucrados para prevenir que la sangre drene dentro de la cabeza. Esto es especialmente importante para los músculos de las piernas y de los glúteos, que podrían relajarse porque no soportan ningún peso. Sin embargo, deben mantenerse activados para mantener la presión intracraneal sin que se eleve. Debemos ver cómo prolongar las inversiones con seguridad de 5 a 10 minutos, suficiente para obtener la mayoría de sus efectos beneficiosos.

POSTURA SOBRE LOS HOMBROS

En la postura sobre los hombros, debes mantener las vértebras cervicales fuera del suelo. No es una postura sobre el cuello. Esto quiere decir que debes llevar tu peso a la parte de atrás de la cabeza, los hombros y los codos, pero no al cuello. Empuja estas tres áreas suavemente contra el suelo para elevar las vértebras cervicales por encima del suelo. Si, incluso después de este esfuerzo, aún tocan el suelo, debes usar una manta colocada bajo tus hombros (no bajo tu cabeza). Esto creará espacio adicional para prevenir el bloqueo de las vértebras cervicales.

El otro punto importante sobre la postura sobre los hombros es que debe ser practicado con un cuello corto, tirando de la cabeza hacia dentro de la cavidad torácica, como una tortuga retirando su cuello en el interior de su caparazón. Mientras que en todas las demás posturas intentamos mantener el cuello lo más largo posible (bajando los omóplatos hacia la espalda, involucrando tanto el músculo dorsal ancho como el trapecio inferior), en la postura sobre los hombros se realiza la acción opuesta. A este respecto, es similar a *Jalandhara Bhanda*, el cierre de la barbilla, descrito en detalle en la Sección 2, *Mudra* 12. Este *bandha* es ejercitado particularmente durante la retención interna de la respiración (*antara kumbhaka*). Antes de colocar la barbilla en el pecho, el pecho es elevado hacia arriba. Este movimiento causa el mismo acortamiento del cuello como si presionases los hombros en el suelo durante la postura sobre los hombros. Durante la postura sobre los hombros, el esternón debe presionar firmemente contra la barbilla. Esta presión es luego extendida presionando la parte de atrás de la cabeza, lo que eleva las vértebras cervicales del suelo.

CAPÍTULO 2

Los alumnos habitualmente se preguntan si deben presionar la parte posterior de la cabeza contra el suelo o la barbilla contra el pecho (como haríamos durante un *Jalandhara Bhanda*). La respuesta es "ambas". Ambas acciones pueden realizarse simultáneamente retirando el cuello tanto como sea posible hacia la cavidad torácica, como haría una tortuga cuando quiere retirar su cabeza. Esto es parecido al movimiento que harías si en una posición erguida intentaras encorvar los hombros alrededor de las orejas. Puedes pensar en ello también como si intentaras tocar el techo con los pulgares de tus pies. También puedes pensar en ello como si succionaras tu columna vertebral entera hacia arriba y lejos del suelo. En todos estos ejemplos, el efecto es que la parte posterior de las vértebras cervicales es elevada del suelo. Si no puedes levantarlas del suelo, debes usar una manta o dos para colocar bien tus hombros, con tu cabeza colocada en el suelo. Si intentas sostener la postura sobre los hombros por más tiempo, te sugiero en todos los casos usar mantas como accesorios. El criterio para mantener la postura sobre los hombros debería ser tu habilidad para presionar simultáneamente la parte posterior de la cabeza contra el suelo y la barbilla dentro del pecho. Esto debe ser un esfuerzo continuo, y, si en algún momento te estás cansando de ello, debes salir de la postura.

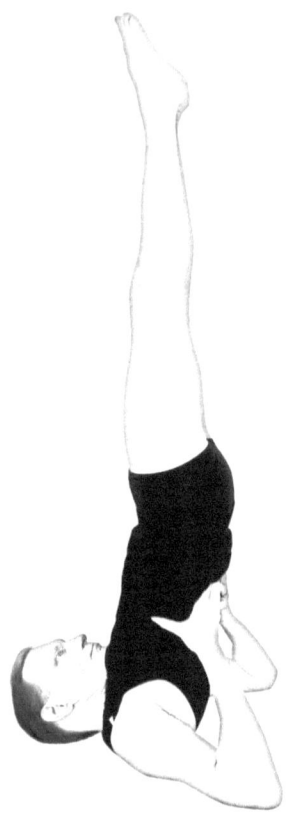

Viparita Karani Mudra en *Sarvangasana*

POSTURA SOBRE LA CABEZA

Este artículo no es una descripción completa de la postura sobre la cabeza, sino sólo cómo prolongarlo. Asumo que tienes ya una postura sobre la cabeza y una práctica regular de *asana*. He explicado la postura sobre los hombros y la postura sobre la cabeza en más detalle, con imágenes fotográficas en *Ashtanga Yoga: Practice and Philosophy*[75].

Visualiza ahora la diferencia de tamaño de tus vértebras cervicales y tus vértebras lumbares. Las vértebras lumbares son enormes, de tal modo que muchos músculos grandes pueden unirse a ellas y soportar tu espalda baja. Las propias vértebras deben ser increíblemente fuertes para soportar las muchas fuerzas opuestas de los músculos que están unidos a ellas, especialmente si estás levantando un peso pesado o estás haciendo un movimiento rápido con carga. Las vértebras cervicales son diferentes. Comparadas con las vértebras lumbares, son diminutas. Esto es así porque están diseñadas para sostener y llevar sólo el peso de tu cabeza. La cabeza representa, de media, entre el 7 y el 9% de todo tu peso corporal. Si se tiene en cuenta que la cabeza descansa en el suelo durante la postura sobre la cabeza y no es necesario cargarla, los brazos y los hombros deben soportar aproximadamente el 80% del peso del cuerpo para que no se supere la carga media normal de las vértebras cervicales. Esto hace que los brazos y los hombros se ejerciten seriamente. Debemos sentir que estas partes del cuerpo soportan la mayor parte de nuestro peso. No te relajes en la postura equilibrándote simplemente sobre la cabeza. Si en algún momento no sientes que estás soportando un peso enorme en tus brazos, sal simplemente de la postura y descansa en *Balasana* (la postura del niño). La fuerza para sostener tu peso aumenta sólo gradualmente. El aumento puede acelerarse enfatizando el movimiento del *vinyasa*[76] y con otras posturas

---

75 Gregor Maehle, *Ashtanga Yoga: Practice and Philosophy*, New World Library, Novato, 2007, p. 117-124.

76 El movimiento secuencial que conecta las posturas de sentado, es decir,

de fuerza como los equilibrios en los antebrazos. Sentirás que, si vas desarrollando fuerza y quitando peso de tu cabeza y de tus discos cervicales en ambas inversiones, disfrutarás de sus beneficios y evitarás sus efectos negativos.

El punto más importante a tener en cuenta cuando prolongas tu postura sobre la cabeza es soportar la mayor parte de tu peso sobre tus brazos y hombros y no en tu cerebro. Si permites "tirar" todo el peso en tu cabeza y usar tus brazos sólo para el equilibrio, la presión intracraneal se elevará mucho. Por esto es importante ser cautelosos al prolongar el tiempo que pasas en la postura sobre la cabeza. Para la mayoría de los alumnos, tiene sentido permanecer un tiempo ligeramente mayor en la postura sobre los hombros, que es menos impositivo. Gradualmente, sin embargo, debemos intentar aumentar la duración de la postura sobre la cabeza para estar a la altura del tiempo transcurrido en la postura sobre los hombros.

A continuación, vamos a ver las dos posiciones distintas de los brazos que podemos asumir para ejecutar la postura sobre la cabeza. Para determinar cuál es la adecuada para ti, dobla uno de tus brazos y extiende tu codo flexionado hacia el techo. Si el codo llega más arriba de la coronilla, entonces tu húmero (el hueso del brazo) es más largo que la distancia que hay entre la coronilla y la base de tu cuello. Puedes, por lo tanto, usar la postura larga o posición estándar para la postura sobre la cabeza. Para asumirla, coloca los codos en la esterilla. Revisa que la distancia entre tus codos sea la correcta envolviéndolos con tus manos: en la distancia correcta, los nudillos quedarán en la parte exterior de los codos. Sin cambiar la posición de los codos, suelta el agarre de las manos y entrelaza tus dedos.

---

el salto hacia atrás y el salto hacia delante.

Coloca ambos dedos meñiques en el suelo - no uno encima del otro-y separa las muñecas. Mantén las manos y las muñecas en posición vertical (perpendicular al suelo), sin rodar sobre el dorso de las manos. Esto forma un fuerte trípode para el apoyo y el equilibrio. Mantén los hombros amplios y el cuello largo y presiona el suelo con tus antebrazos. Esta es la acción de enraizamiento necesaria en *Shirshasana*. La parte inferior de las muñecas es el punto de equilibrio. La estabilidad en la postura sobre la cabeza depende de la distancia entre los dedos y el punto central entre los codos. Cuanto más se abran los codos hacia los lados, más corta se hace la distancia, y la postura sobre la cabeza se vuelve menos estable. Deberías ahora, desde esta posición, elevarte en la postura sobre la cabeza.

Si, cuando extiendes el codo hacia el techo no llega más arriba de la coronilla, entonces tu húmero (hueso del brazo) es más corto que la distancia entre la base del cuello y la coronilla. En este caso, no es recomendable usar la posición estándar larga, ya que se comprimiría el cuello. Si es así, presiona los talones de las manos uno contra otro y deja que los codos se separen. De este modo, la cabeza estará más centrada en el triángulo y los húmeros estarán perpendiculares al suelo. Esto acomoda mejor la longitud de la parte superior de los brazos, pero acorta la distancia desde el punto central entre los codos a los dedos. Esto hace esta posición de los brazos menos estable y más retadora.

Cualquier posición que estemos usando, estamos ahora intentando colocar el punto más alto de la cabeza en la esterilla con la nuca descansando contra nuestras palmas de las manos. Si, por el contrario, te equilibras sobre tu frente, inducirás una excesiva curvatura cervical y probablemente comprimas las vértebras del cuello. Para llegar a la posición invertida, estira las piernas y camina con los pies hacia la cabeza. Mantén el enraizamiento del trípode mientras que caminas lo más cerca posible hacia los pies mientras que extiendes tus isquiones hacia el techo. Los isquiones se desplazarán hacia atrás, más allá de la cabeza, para que la espalda esté ligeramente en extensión. Ahora, lleva todo el peso de tu cuerpo sobre los brazos: la cabeza sólo debe tocar ligeramente el suelo.

Si somos nuevos en la postura sobre la cabeza, debemos asegurarnos primero de nuestro nivel de fuerza, en vez de subir a la postura. Esto se hace del siguiente modo: estando en la posición previa de la postura sobre la cabeza que acabamos de describir, con los pies lo más cerca posible de los codos y las piernas estiradas, levantaremos la cabeza del suelo sólo medio centímetro o un quinto de pulgada. Mantendremos esta posición durante 25 respiraciones. Si podemos mantener la cabeza fuera del suelo durante este tiempo con relativa facilidad, estamos listos para subir a la postura sobre la cabeza, si no, no. En éste, también llamado calentamiento para la postura sobre la cabeza, sólo estamos sujetando el peso del torso, con las piernas aún apoyadas en el suelo. Si levantas también las piernas, la carga en los brazos aumentará considerablemente. Por lo tanto, si ya estás luchando con mantener sólo el torso fuera del suelo, no tiene sentido ir más allá. En este caso, sigue ejercitando este calentamiento de la postura sobre la cabeza diariamente hasta que lo puedas hacer con facilidad.

Si puedes mantener el peso del torso durante 25 respiraciones, podemos aventurarnos más. Inhalando, eleva lentamente las piernas rectas hacia el techo, extendiendo las articulaciones de la cadera involucrando al glúteo mayor. Respira lentamente y mantén firme la parte inferior del abdomen. La respiración rápida, especialmente en el abdomen, desestabiliza todas las inversiones. Mantén las manos relajadas hasta el punto de poder mover los dedos. Si los dedos se aprietan entre sí para mantener la postura, lo que suele suceder es que se coloca demasiado peso en los codos y los codos están muy abiertos. Para equilibrar, presiona las muñecas contra el suelo y distribuye equilibradamente el peso de tu cuerpo entre los codos y las manos.

Da anchura a los omóplatos mediante la abducción de las escápulas, enganchando el serrato anterior. A continuación, lleva las escápulas hacia las caderas mediante la contracción del dorsal ancho. Inicialmente, este movimiento puede ser difícil sin colocar más peso en la cabeza, ya que requiere un músculo dorsal ancho desarrollado. Para abrir el pecho, lleva las axilas hacia la pared que tienes enfrente. Esto eliminará la joroba que pueda existir en la parte superior de la espalda alrededor de la T6. El tronco entero y las piernas se mantienen activas y alcanzan el techo. Los pies están en punta (en flexión plantar). Puedes mantener la postura hasta que sientas que eres incapaz de sostener aproximadamente el 80% de tu peso corporal en los brazos, es decir, la mayor parte de él. Una vez que sucede esto, deshaz inmediatamente la postura y baja.

Viparita Karani Mudra en *Shirshasana*

Tu edad y tu estado general determinan la cuestión de la rapidez con la que puedes prolongar el tiempo de las inversiones. Si eres joven, atlético y de salud impecable, puedes ir añadiendo respiraciones bastante rápido, mientras que una persona más mayor o alguien con una condición crónica de salud deberían hacerlo muy, muy despacio. Por supuesto, debes considerar cuánto tiempo puedes dedicar en total al yoga. Mi impresión general es que los estudiantes modernos emplean demasiado tiempo en adquirir una práctica de *asana* atlética, flexible y elegante. Sugiero limitar esos objetivos a un máximo de 90 minutos al día y dedicar más tiempo a las ramas superiores. Así llegarías a un programa más holístico de métodos de yoga en lugar de poner todos los huevos en la cesta de los *asanas* elegantes.

Sin embargo, por mucha energía que pongas en tus inversiones, por sí mismas no pueden desencadenar estados yóguicos. Es parecido a lo que sucede con la mayoría de las otras técnicas yóguicas, como el vegetarianismo y la práctica regular de *asana*. Sólo combinándolas con otros métodos como el *pranayama*, los *kriyas* y la meditación yóguica alcanzan un gran poder. Si aumentas lentamente y de forma orgánica la duración de tus inversiones a largo plazo, descubrirás que potencian tu meditación y tu *pranayama*, pero también te enseñarán a dejar pasar las muchas llamadas "oportunidades" de la vida en las que sería mejor no involucrarse.

Capítulo 3
VAJRONI MUDRA
(Sello del Rayo)

En la traducción de R. B. S. Chandra Vasu del *Gheranda Samhita*, encontramos a *Vajroni Mudra* descrito en los versos III. 45 a III. 48[77]. Uno es colocar las manos en el suelo y elevar las piernas en el aire sin dejar que la cabeza toque el suelo. El *mudra* es, así, una forma de postura sobre las manos. El *Gheranda* sugiere este *Vajroni Mudra* para despertar a Shakti, otro nombre para la Kundalini, y para aumentar la longevidad. También dice que crea libertad, empoderamiento (*siddhi*), y preserva el *bindu*, comprendido habitualmente como la esencia del fluido reproductor. La edición Kaivalyadhama[78] y la traducción de James Mallison[79] del *Gheranda Samhita* hablan ambos de este *mudra* en la estrofa III. 39 con la misma técnica, pero ambas ediciones llaman al *mudra Vajroli Mudra*. T. Krishnamacharya en el *Yoga Makaranda* confirma que la versión del *Raja Yoga* sobre el *Vajroli Mudra* es la postura sobre la cabeza modificado con la adición

---

[77] R. B. S. Chandra Vasu (traducción), *The Gheranda Samhita*, Sri Satguru Publications, Delhi, 1984, p. 27.
[78] Swami Digambarji et al (edición y traducción), *The Gheranda Samhita*, Kaivalyadhama, Lonavla, 1978, p. 84.
[79] James Mallison, *The Gheranda Samhita*, YogaVidya. com, Woodstock, 2004, p. 73.

de un *kumbhaka* interno[80]. El *kumbhaka* interno significa retener el aire dentro, es decir, después de la inhalación. El notable erudito de yoga Dr. M. L. Gharote está de acuerdo en su texto *Yoga Techniques* que el *Vajroli Mudra* de Gheranda es una forma de postura sobre las manos y que concede *bindu siddhi*[81]. Aprendí este *mudra* de BNS Iyengar, y él lo llamaba *Vajroni Mudra*. ¿Cómo es entonces que tenemos dos nombres diferentes, pero, sin embargo, similares, para este *mudra*?

El *Vajroli Mudra* en el *Hatha Yoga Pradipika* está descrito en un lenguaje tan ambiguo, que puede ser confundido con una forma de practicar la promiscuidad (y en este caso particular, una potencial explotación sexual) en el camino al éxito yóguico. Algunos comentaristas creen que se trata de un lenguaje crepuscular (*sandhya*, es decir, palabras que tienen un significado más profundo contrario al significado superficial). Es probable que, inicialmente, esta fuera la intención del *Hatha Yoga Pradipika*, pero fue comprendido literalmente por muchos textos que vinieron después del *Pradipika*. Para contrarrestar esta tendencia hacia la decadencia y el desenfreno, el sabio Gheranda ofreció en su texto un método diferente de *Vajroli Mudra*, que, de acuerdo con Krishnamacharya, fue el método original del *Raja Yoga*. Para mantener ambos métodos separados en la mente del lector y practicante, llamaré a la técnica de la postura sobre las manos *Vajroni Mudra*, y al que involucra la manipulación genital *Vajroli Mudra* (discutido en la sección 4, *mudra* 25). Que la postura sobre las manos tiene realmente un

---

[80] T. Krishnamacharya, *Yoga Makaranda*, Media Garuda, Chennai, 2011, p. 108.

[81] Gharote, Dr. M. L., *Yoga Techniques*, Instituto Lonavla de Yoga, Lonavla, 2006, p. 93.

CAPÍTULO 3

lugar en el yoga, está confirmado en el *Yoga Rahasya*, donde se menciona su capacidad para purificar los siete *chakras*[82].

TÉCNICA

Lo primero, uno debe convertirse en experto en posturas sobre las manos. Una postura sobre las manos no es una postura de principiante y debe intentarse sólo una vez que el alumno ha alcanzado una buena calidad global en su práctica regular de *asana*. La preparación ideal para una postura sobre las manos es la postura del Perro Boca Abajo. Es importante aquí presionar la cintura escapular, que es llevar los omóplatos hacia las caderas. Los hombros no deben estar encorvados alrededor de la cabeza. También se debe considerar que la práctica regular de una postura sobre las manos hace que tu espalda sea más fuerte pero también más rígida. Una práctica regular de postura sobre las manos sólo debe realizarse una vez que se ha alcanzado un cierto progreso en las flexiones hacia atrás (back-bending) (*Urdhva Dhanurasana*). Otro importante precursor de la postura sobre las manos es la habilidad para elevarse, al final de la postura sobre la cabeza, en un equilibrio sobre los antebrazos y sostenerlo con seguridad durante diez respiraciones. Esta postura es significativamente más fácil que una postura sobre las manos y lo recomendado es que los alumnos adquieran dominio en el equilibrio sobre los antebrazos subsiguientemente a la postura sobre la cabeza, antes de aventurarse en una postura sobre las manos.

Cuando los estudiantes aprenden inicialmente a saltar a la postura sobre las manos, necesitan o hacerlo con una pared detrás de ellos o con un maestro/asistente para observarlos. Ser observado por un maestro es la opción preferida, ya que

---

82 *Nathamuni´s Yoga Rahasya*, II. 20.

los alumnos que practican regularmente saltando contra una pared, tienden a no esforzarse en sujetarse y sostener su peso. Normalmente, siguen golpeando la pared con gran impacto ya que saben que pueden confiar en que la pared está ahí. Entonces no hay incentivo para aprender a sostener el peso.

Aprender a saltar a la postura sobre las manos en el medio de una habitación sin asistencia viene con un gran incentivo para aprender rápidamente a prepararse a caer y golpear el suelo. Pero también viene con un gran revés. Aterrizar fuertemente mientras se está en posición invertida a menudo conduce a la espondilolistesis, una condición que comienza con la ruptura de una o varias de las pequeñas articulaciones facetarias entre las vértebras, y termina con el deslizamiento de las vértebras hacia adelante unas sobre otras, una condición que reduce la estabilidad y conduce a otros problemas más adelante. La opción más ventajosa es ser observado por un maestro o un ayudante.

Cuando saltes, hazlo siempre en una inhalación. El primer obstáculo será la incapacidad para saltar lo suficientemente alto. Aprender a hacer una inhalación continua hasta que uno ha llegado arriba del todo en la postura sobre las manos es de gran ayuda aquí. Un error común es inhalar y luego saltar mientras retienes la respiración. Los alumnos que usan este método raramente hacen todo el camino hasta arriba en la postura sobre las manos.

El segundo factor importante en la transición a la postura sobre las manos es el punto focal. Forma un triángulo entre ambas manos y el punto focal de tu esterilla/suelo (es decir, el punto al que se dirige tu mirada). Cuanto más se aleje el punto focal del punto medio entre las manos, más subirás (pero también puedes subir demasiado hasta entrar en una flexión

CAPÍTULO 3

hacia atrás o backbend). Si tienes dificultades para subir, mueve el punto focal más lejos del punto medio entre las manos. Si golpeas fuertemente la pared que tienes detrás o si tu maestro/asistente siente demasiado peso cuando te coge, debes mover tu mirada hacia el punto medio entre tus manos.

Cuando estés en la postura sobre la cabeza mantén el peso cerca de las raíces de los dedos, donde se unen a las manos. Si mantienes el peso demasiado cerca de tus muñecas, te caerás de espaldas hacia tus pies. Sin embargo, los alumnos que practican contra una pared colocan el peso demasiado cerca de las yemas de los dedos, eludiendo así la responsabilidad de llevar todo su peso en las manos. Otro punto importante es respirar lentamente una vez que estés en la postura sobre las manos y llevar la respiración principalmente al pecho. Una respiración abdominal rápida mientras que te esfuerzas en mantener tu peso, desestabiliza los músculos abdominales. Los músculos abdominales son la conexión entre las piernas y los brazos. Sin activarlos fuertemente, es muy probable que oscilemos como un péndulo de un lado a otro en la postura sobre las manos hasta que perdamos el equilibrio. Un error común es empujar el suelo lejos de uno con las manos. Imagínate que estás enseñando a alguien que no sabe a sostenerse sobre sus piernas. ¿Les dirías que empujaran el suelo con los pies? Por supuesto que no, ya que esto haría que se volcaran hacia atrás. Sin embargo, esto es lo que suelen decir los profesores de yoga a sus alumnos en la postura sobre las manos. Una mejor instrucción es hacer que se paren con las manos en el suelo, es decir, que imaginen que sus manos son como raíces que se conectan a la tierra, y que su centro de gravedad (en la postura sobre las manos, el área de su pecho y su corazón) se baja al suelo, en lugar de desconectarse de él.

ETAPA 1 DEL *VAJRONI MUDRA*

Al principio, cuando se está aprendiendo la postura sobre las manos, es útil mantener la cabeza ligeramente levantada para mantener la mirada hacia nuestro punto focal en el suelo. Con el tiempo, la cabeza se deja caer más y más hasta que apunta hacia abajo. En este punto, nos basamos en la propiocepción y en la introspección para mantener la postura, más que en pistas visuales. La desventaja de basarnos en el punto focal del suelo para mantener el equilibrio es el hecho de que para conseguir eso, la cabeza debe mantenerse elevada. Esto conduce a una curvatura cervical aumentada que también repercute en la espalda baja como una lordosis aumentada, llamada a veces coloquialmente una postura sobre las manos tipo "banana". Aunque es más fácil de mantener y útil para conseguir fuerza, la postura sobre las manos "banana" es inútil como *mudra*. Para convertir la postura sobre las manos en un mudra, primero la cabeza debe apuntar recta hacia abajo, y el tronco entero, las piernas y los brazos deben mantenerse en línea recta. Para muchos alumnos, esto requerirá de nuevo que un asistente les mantenga en posición y les anime a meter los músculos abdominales hacia las costillas inferiores, para disminuir la excesiva lordosis lumbar. Esencialmente, transferimos a la postura sobre las manos el principio de *Viparita Karani* de mantener todo el cuerpo en una línea recta perfecta. Algunas autoridades están incluyendo la postura sobre las manos perfectamente vertical en las variaciones de *Viparita Karani*.

Asegúrate de que tu respiración sea lenta y sin esfuerzo. Cuanto más rápido respires, más probable será que te caigas de la postura. Mantén una respiración *Ujjayi* normal (contrayendo ligeramente la glotis para crear un sonido suave y aspirado, como el que se produce al susurrar), y respirar principalmente en tu pecho. Una respiración excesivamente abdominal en cualquier inversión desestabiliza los músculos de la espalda y da como resultado un movimiento pendular de las piernas, haciendo más probable caerse de la postura. La inhabilidad para sostener la postura sobre las manos el tiempo suficiente es, normalmente, no tanto una cuestión de fuerza, sino más bien un punto focal erróneo y un método de respiración inapropiado.

Una vez que la cabeza cae lo suficiente y se logra el mantenimiento de la postura por medio de la introspección, la mirada debería ser ahora desplazada a la nariz (*Nasagrai Drishti*). *Nasagrai Drishti* en la postura sobre las manos induce un estado de tipo trance.

Vajroni Mudra, **etapa 1**

ETAPA 2 DEL *VAJRONI MUDRA*

Una vez que se logra esta primera etapa de *mudra* y se sostiene con poco esfuerzo, añadiremos la retención interna de la respiración (*antara kumbhaka*). Como esto es un *mudra* y no una técnica de *pranayama*, la duración del *kumbhaka* nunca se cuenta, sino que simplemente se mantiene según la capacidad. Algunos maestros sugieren aprender inicialmente el *kumbhaka* cerrando simplemente la garganta, con la cabeza continuamente apuntando recta hacia abajo, es decir, sin activar Jalandhara Bandha. Aquí la razón es introducir el desafío de la posición de *Jalandhara Bandha* sólo una vez que estás cómodo en *kumbhaka* durante la postura sobre las manos. El problema de esta propuesta es que se salta la importante regla de que el *kumbhaka* interno (mantener la respiración dentro después de la inhalación) no debe nunca hacerse sin *Jalandhara Bandha*. El primer propósito de *Jalandhara Bandha* es proteger al cerebro del incremento de la presión sanguínea durante el *kumbhaka* interno. Esto es incluso más importante cuando estás al revés y también cuando estás sosteniendo tu peso con los brazos.

La excepción a la regla de que el *kumbhaka* interno nunca se hace sin *Jalandhara Bandha* es cuando el *kumbhaka* dura menos de diez segundos. En este caso, no se considera propiamente un *kumbhaka*, y la regla no se aplica. En este caso, con la cabeza apuntando hacia abajo, yo sería cauto con la aplicación de *kumbhaka* después de la inhalación sin *Jalandhara Bandha*. Lo haría sólo durante un corto periodo de tiempo, es decir, unos pocos segundos, y sólo si no se genera presión en la cabeza. Otro indicador sería comprobar con un espejo si tu cara se está enrojeciendo, lo que indica un exceso de sangre en la cabeza. Esto también podría ser comprobado por la persona que te está observando. Otros indicadores que nos hacen salir del *kumbhaka* y de la postura sobre las manos serían la presión en los oídos o en los ojos o el zumbido en los oídos.

Sin embargo, el método preferible es practicar el *kumbhaka* interno con *Jalandhara Bandha*. Este *bandha* se describe con gran detalle en la Sección 2, *Mudra* 12. *Jalandhara Bandha* debe aprenderse primero y practicarse en otros *mudras* donde no exista el reto de estar boca abajo y de sostener el peso. Esto convierte a *Vajroni Mudra* en un *mudra* avanzado. Para completar mi descripción del *mudra*, haré un boceto del *bandha* sucintamente, pero debe ser perfeccionado antes de intentarlo en *Vajroni Mudra*. Por favor, date cuenta de que, mientras *Jalandhara Bandha* es esencial durante el *kumbhaka* interno, es un auxiliar durante el *kumbhaka* externo (retención de la respiración después de una exhalación). Durante el *kumbhaka* externo, *Jalandhara Bandha* añade el elemento adicional del estiramiento de la médula espinal y de las meninges, añadiendo así un estímulo extra al cerebro. Sin embargo, no es obligatorio porque durante el *kumbhaka* externo no se genera presión en la cavidad torácica, de la que habría que aislar el cráneo. Por lo tanto, *Jalandhara Bandha* es tratado completamente diferente durante los *kumbhakas* internos y externos.

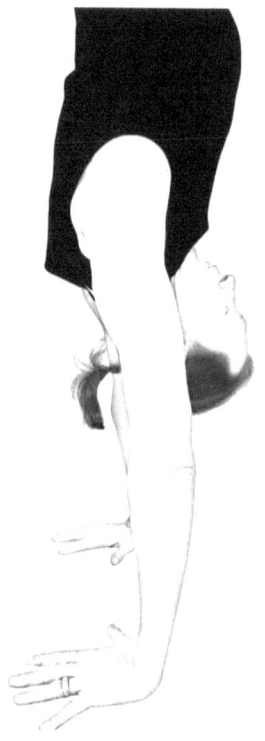

Vajroni Mudra, **etapa 2**

JALANDHARA BANDHA

Para realizar *Jalandhara Bandha*, después de una inhalación profunda en la postura sobre las manos, lleva el esternón hacia la barbilla y la barbilla hacia el pecho. Hay que procurar no limitarse a colocar la barbilla contra la escotadura yugular, lo que da lugar a una cantidad insuficiente de flexión y contracción del cuello. En lugar de esto, coloca firmemente la barbilla contra el esternón preferiblemente a una distancia desde la escotadura yugular hacia la apófisis xifoides (extremo inferior del esternón). Antes de que la barbilla toque el esternón, contrae los músculos de la garganta como si estuvieras tragando saliva. Mantén esta contracción, que constituye el verdadero *bandha*. Comprueba ahora si puede pasar algo de aire a través de la tráquea intentando exhalar e inhalar. Si esto falla, es que el *bandha* está aplicado correctamente. Si todavía puedes respirar, debes tragar repetidamente y contraer la garganta hasta que nada de aire pase a través de ella. Es obvio que esto no es factible en la postura sobre la cabeza, especialmente con la cabeza metida debajo. De nuevo, esto hace que se entienda que *Jalandhara Bandha* debe ser dominado fuera de este *mudra.*

Una vez que se aplica el *bandha*, mantén el *kumbhaka* hasta tu capacidad, es decir, sin contar el tiempo que pasas en él, y observa su duración. Inicialmente, es bueno permanecer en *kumbhaka* sólo durante unos segundos, supervisando si se está generando presión en la cabeza, oídos y ojos. Si es así, interrumpe el *kumbhaka* elevando lentamente la cabeza y exhalando. Es poco probable que se pueda permanecer mucho tiempo en *kumbhaka*, ya que es muy exigente mantener la postura sobre la cabeza con la posición de la cabeza metida hacia abajo y sin poder respirar. Aplica *Nasagrai Drishti*, es decir, mira hacia la punta de la nariz. Durante este *drishti* (punto focal) es importante no ponerse bizco, sino más bien mirar a lo largo de la nariz sin tensión. Si esto es imposible, mira hacia el punto medio entre las cejas (*Bhrumadhya Drishti*).

CONTRAINDICACIONES DEL *KUMBHAKA* INTERNO

Ya que esta es la primera vez que aparece un *kumbhaka* interno en este texto, enumeraré aquí las contraindicaciones de tal práctica. Se aplican cuando se realiza un *kumbhaka* interno, es decir, cuando se suspende la respiración después de inhalar. La práctica de *kumbhaka* raramente es aconsejada durante el embarazo, la menstruación o para cualquiera que sufra de hipertensión o de enfermedad cardiaca. No debe ser practicado si aparece hiperacidez, y no hasta seis semanas después de dar a luz. Y no se debe practicar si se padecen úlceras, hernias o glaucoma. Igual que los *kumbhakas* externos, así también las retenciones internas de la respiración no deben combinarse con drogas psicodélicas. Hay inhibidores en nuestros sistemas nervioso y endocrino que evitan las alteraciones de nuestra respiración y nuestro ritmo cardiaco. A lo largo de años de práctica experta, el yogui aprende a suspender algunos de estos inhibidores y puede aventurarse en áreas que no son accesibles para una persona que no está entrenada. Sin embargo, estos mismos inhibidores pueden ser suspendidos por determinadas drogas psicodélicas, y cualquier cosa puede suceder si practicas kumbhaka bajo su influencia.

En el método de Ashtanga, la postura sobre las manos (si es que lo es) se practica después de la secuencia de flexiones hacia atrás (back-bending) al final de las series del día. La razón de esto es que la postura sobre las manos tiene un efecto de endurecimiento de la espalda y por lo tanto debe ser practicado sólo después de que haya habido una suficiente apertura posterior. La desventaja de esta secuencia es que la postura sobre las manos llega relativamente tarde en la práctica. Por lo tanto, es bueno limitar *Vajroni Mudra* a un máximo de tres intentos o rondas. No fuerces las cosas con intentos repetidos sin fin, lo que únicamente te fatigará y te robará energía de la práctica de *pranayama*, que esperemos que realices después de tu práctica de *asana*. El mejor enfoque es adoptar una visión a largo plazo de este *mudra*, es decir, integrar su práctica durante un largo periodo de tiempo.

VIABILIDAD DE *VAJRONI MUDRA*

Para una persona aprendiendo la postura sobre las manos, no es viable embarcarse en aprender este *mudra*. En este caso, se obtendría un mayor rendimiento del tiempo y la energía invertidos practicando *Nauli* o *pranayama*. Para alguien con talento en la postura sobre las manos pero que está luchando por dar sentido a las complejas prácticas del *pranayama* y la meditación, *Vajroni Mudra* puede ayudar a retener el *prana* y a crear fortaleza (*sthirata*). De forma similar a *Viparita Karani* y a todos los otros *mudras* de esta sección, *Vajroni Mudra* ayuda a retraer y reabsorber de nuevo bajo la piel el *prana* que se dispersa más allá de la superficie del cuerpo. Esta práctica también apoya la retirada de nuestras proyecciones psicológicas, y nos convierte en más independientes de la necesidad constante de estímulos sensoriales. Este *mudra* ayuda a convertirse en una personalidad centrada con un marco de referencia interno.

Capítulo 4
YOGA MUDRA
(Sello del Yoga)

Hay escasa evidencia textual sobre *Yoga Mudra*, pero está en el *First Steps to Higher Yoga* de Paramahansa Yogeshvaranand. Yogeshvaranand afirma que *Yoga Mudra* consiste en sentarse en *Baddha Padmasana* (postura del loto completa con atado), y luego doblarse hacia delante en la exhalación y realizar *bahya kumbhaka* (*kumbhaka* externo) hasta tu capacidad, y luego repetir este ciclo varias veces[83]. Yogeshvaranand atribuye a este *mudra* la mejora de la salud, la purificación de los *nadis*, un aumento del *prana* y progreso en la meditación. Swami Niranjanananda, de forma similar, vincula *Yoga Mudra* con la realización de *kumbhaka* externo[84].

La penúltima postura en el sistema Ashtanga-Vinyasa es *Yogamudrasana*, que se traduce como "la postura en la que el sello del yoga se realiza". La función del *mudra* aquí es sellar una máxima cantidad de *prana* en el cuerpo justo al final de la práctica de *asana*. El *prana* no se crea a través de la práctica, pero la tasa de retención pránica del cuerpo es enormemente aumentada a través de la práctica de *asana*. La fuga del *prana* está relacionada con el hecho de que los sentidos se extiendan

---

[83] *First Steps to Higher Yoga*, Yogeshvaranand Paramahansa, Yoga Niketan Trust, Nueva Delhi, 2001, p. 387.
[84] Swami Niranjanananda Saraswati, *Yoga Darshan*, Yoga Publications Trust, Munger, 2009, p. 391.

hacia fuera y se adhieran a los objetos sensoriales, un mecanismo por el que la mente le sigue y proyecta el sentido del propio ser hacia los fenómenos. Psicológicamente, esto nos conduce a no ver a los demás como son realmente, sino que proyectamos nuestros miedos, deseos y aversiones sobre ellos. En relación con el comportamiento, la proyección lleva a lo que coloquialmente llamamos "estar ahí fuera". Este término se refiere a una persona que actúa, que no es real, y que se opone a descansar en su centro, o, como lo llamamos en yoga, "a vivir con el corazón" (el término corazón (*hrt*) y centro en yoga son sinónimos).

Es importante comprender aquí que el Sello del Yoga (*Yoga Mudra*) no está completo hasta que se le añade un *kumbhaka* externo a la realización de la postura. Para realizar *Yoga Mudra* debemos primero asumir *Padmasana*, en la que la columna vertebral está alineada contra la gravedad. Esta alineación eleva la columna vertebral y el cerebro hacia arriba, produciendo ligereza. Significativamente, en *Padmasana,* las plantas de los pies y las palmas de las manos se rotan hacia arriba, recibiendo energía. Al contrario de esto, cuando estamos sentados en una silla o cuando estamos de pie, hay una descarga automática de energía desde las plantas de los pies hacia la receptiva tierra. Una vez que está dominada, *Padmasana* también facilita un alineamiento natural sin esfuerzo. *Shavasana* (la postura del cadáver, es decir, estar tumbado boca arriba) tampoco requiere esfuerzo, pero de todas las posturas es la que ofrece el área más grande para la fuerza gravitacional hacia abajo. Induce pesadez, mientras que *Padmasana* induce ligereza. *Padmasan*a es la única postura donde la columna vertebral, a través de la milagrosa alineación de los centros de energía en su interior (*chakras*), facilita automáticamente la meditación en la infinitud[85] y la transcendencia sobre la dualidad[86].

Padmasana es alabada en muchas de las escrituras como una de las principales, o la postura de yoga principal. Entre ellas, la eterna favorita de T. Krishnamacharya en el *Yoga Rahasya*[87], pero también el *Goraksha Shataka*[88], el *Gheranda Samhita*[89], el *Yoga Chudamani Upanishad*[90], el *Brhadyogi Yajnavalkya Smrti*[91], el *Yoga Kundalini Upanishad*[92], el *Amrita Nada Upanishad*[93], el *Hatha Tatva Kaumudi*[94], el *Yuktabhavadeva*[95], y el comentario de Brahmananda del *Hatha Yoga Pradipika*[96]. En algunos *shastras*, tales como el *Dattatreya´s Yogashastra*, *Padmasana* es la única postura mencionada[97].

Estos factores aseguran que Padmasana sea la cúspide de las posturas de yoga:

---

[85] *Yoga Sutra* II. 47.
[86] *Yoga Sutra* II. 48.
[87] *Yoga Rahasya* I.103
[88] *Goraksha Shataka* estrofa 41.
[89] *Gheranda Samhita* II. 8
[90] *Yoga Chudamani Upanishad* estrofa 106.
[91] *Brhadyogi Yajnavalkya Smrti* IX. 186-190.
[92] *Yoga Kundalini Upanishad* I. 2
[93] *Amrita Nada Upanishad* 18-20.
[94] *Hatha Tatva Kaumudi* de Sundaradeva XXXVI. 6
[95] *Yuktabhavadeva* de Bhavadeva Mishra, lxvi.
[96] *Brahmananda´s commentary to the Hatha Yoga Pradipika* (edición de 4 capítulos), II. 9.
[97] Dr. M. M. Gharote (edición), *Dattatreyayogasastram*, Instituto Lonavla de Yoga, Lonavla, 2015, p. 19-20 y p. 29.

- Los pies y las manos están alejadas del suelo de tal modo que la tierra no puede absorber el *prana* que se proyecta fuera de ellos. Esto excluye el sentarse en sillas, donde los pies miran hacia abajo.
- Las piernas están posicionadas más alto que el *Muladhara* (*chakra* base) de tal modo que el flujo de *prana* y de sangre es dirigido hacia arriba. De nuevo esto descarta sentarse en sillas y apoyarse contra las paredes.
- La pelvis debe estar inclinada hacia adelante (anteriormente) con la fuerza suficiente para que la curva doble-S de la columna vertebral sea exagerada, y la columna vertebral asuma la forma de una cobra lista para atacar. Esto es un prerrequisito para que se levante el poder de la serpiente (Kundalini).
- Para estimular *Mula Bandha*, el perineo debe o bien presionar en el suelo, que en *Padmasana* se consigue mediante la intensa inclinación hacia delante de la pelvis, o bien ser estimulado con el talón izquierdo, como se da en *Siddhasana*.
- Idealmente, mediante la inclinación hacia delante de la pelvis, los talones deberían presionar el abdomen para estimular *Uddiyana Bandha*. La única postura donde esto es realizable es *Padmasana*.
- La postura debe aportar una base firme que pueda sostenerse naturalmente durante largo tiempo. Debe alinear el cuerpo entero sin esfuerzo contra la fuerza de la gravedad, de tal modo que no haya desplome o encorvamiento. De nuevo, entre todas las posturas, *Padmasana* reina aquí.

Las posturas de meditación como *Padmasana* son normalmente colocadas hacia el final de la práctica general de asanas, cuando el cuerpo, y particularmente las articulaciones de la cadera, están calientes. Si no sabes cómo rotar y mover las articulaciones de las caderas, podrías lesionarte las rodillas cuando intentes hacer *Padmasana* sin preparación. Me llevó 10 años de práctica de *asana* regular tolerar *Padmasana* durante más de unos pocos minutos, pero 20 años de práctica sentarme en ella confortablemente durante largos periodos. He descrito la práctica general de *asana*, incluyendo *Padmasana* en mis dos libros anteriores *"Ashtanga Yoga: Practice and Philosophy"* y *"Ashtanga Yoga: The Intermediate Series"*. En el presente volumen describiré posturas sólo de forma básica, ya que este es un libro sobre *mudras*, pero también porque *asana* es un tema complejo que debe ser tratado en textos independientes. En este volumen, asumo que tienes ya una práctica general de *asana*. Debes tener una cierta base en *asana* para practicar *mudras*.

Padmasana es también la postura principal en *pranayama*. Goraknath, Gheranda y muchas otras antiguas autoridades aceptan sólo que se coloque la pierna derecha primero en loto (y la izquierda sobre ella), pero T. Krishnamacharya permitió el cambio de lados. Sin embargo, sólo se deben alternar los lados si hay una razón, como dificultades con el loto de la pierna derecha debido a una pelvis oblicua. No prolongues de repente el tiempo en *Padmasana*. Añade sólo un minuto, o como mucho unos pocos minutos, a la semana. La postura es poderosa y periodos de una hora de duración deben dejarse para practicantes avanzados. También es importante no sentarse simplemente en *Padmasana*, ya que sentarse no es una práctica en sí misma. *Padmasana* es un laboratorio y, por lo tanto, debe usarse para prácticas como *pranayama* y meditación *chakra-Kundalini*. Esto tiene la ventaja añadida de que la mente se aleja de la posible incomodidad en la postura. Una vez que está acostumbrado a practicar las ramas superiores en *Padmasana*, tu habilidad para permanecer en la postura aumentará más rápido que cuando sólo te sientas en ella esperando a que aparezca la incomodidad.

Para entrar en la postura con seguridad desde una posición con las piernas estiradas, flexiona la articulación de la rodilla derecha completamente llevando primero el talón derecho a la nalga derecha. La inhabilidad para tocar la nalga con el talón indica que el cuádriceps es demasiado corto para entrar en *Padmasana* con seguridad. En este caso, practica intensamente *Virasana* (una postura que he descrito en mi texto anterior sobre *pranayama* y meditación) para elongar el cuádriceps, o bien siéntate con las piernas cruzadas. Idonéamente, deberías acostumbrarte a hacer funciones como comer, trabajar con el ordenador, etc., mientras que estás sentado en una mesa baja en *Virasana* o *Ardha Siddhasana*. Esto aporta una vía más rápida para, con el tiempo, sentarte confortablemente en *Padmasana*.

Si puedes tocar la nalga con el talón, deja que la rodilla derecha caiga hacia el lateral, invirtiendo el pie derecho. Otro modo de hacer lo mismo es sentarse en postura de *Dandasana* y doblar la pierna derecha en *Marichyasana A*, antes de dejarla caer hacia fuera en *Janushirshasana A*. Ahora, lleva el talón derecho a la ingle derecha asegurándote de que la articulación de la rodilla permanece flexionada en esta posición de abducción (la abducción es la acción aquí realizada en la articulación de la cadera). Desde aquí, levanta el talón derecho hacia el ombligo, acercando la rodilla a la línea central. Manteniendo el talón en línea con el ombligo, coloca el metatarso del pie en la ingle opuesta.

Repite estos pasos con la izquierda, como si la pierna derecha estuviera aún recta. Primero, flexiona la articulación de la rodilla completamente hasta que la parte inferior del muslo toque la parte de atrás de la pierna en toda su longitud. Sacando la rodilla hacia la izquierda, coloca primero el tobillo izquierdo bajo el tobillo derecho en el suelo. Desde aquí, levanta el pie izquierdo sobre el tobillo derecho hacia el ombligo, mientras que llevas la rodilla izquierda hacia el lado. No levantes el pie izquierdo sobre la rodilla derecha, ya que esto significaría abrir la articulación de la rodilla izquierda, lo que induciría un movimiento lateral en la rodilla durante la transición. Mantener la articulación de la rodilla izquierda en la transición todo lo doblada que puedas te permitirá mover el fémur (el hueso del muslo) y la tibia (espinilla) como una unidad, sin que haya un hueco entre ellos.

Una vez que la pierna izquierda está en posición, mueve ambos talones el uno hacia el otro para que toquen el área del ombligo. Acerca las dos rodillas de modo que los huesos de los muslos queden casi paralelos (en última instancia, depende de la relación entre la longitud del fémur y la tibia). Ahora, rota los fémures internamente hasta que los bordes delanteros de las tibias apunten hacia abajo y las plantas de los pies y los talones miren hacia arriba. De esta forma, las articulaciones de la rodilla están completamente cerradas y protegidas. No te sientes en *Padmasana* conservando la rotación lateral inicial de los fémures utilizada para entrar en la postura. La clave para dominar *Padmasana* es rotar los fémures internamente cuando estás en la postura. Esto es difícil de aprender sentándote simplemente en la propia *Padmasana* sin estar caliente. Una herramienta ideal para aprender la rotación interna femoral es el patrón de rotación del fémur de la Primera Serie, como se describe en mi libro *Ashtanga Yoga: Practice and Philosophy*.

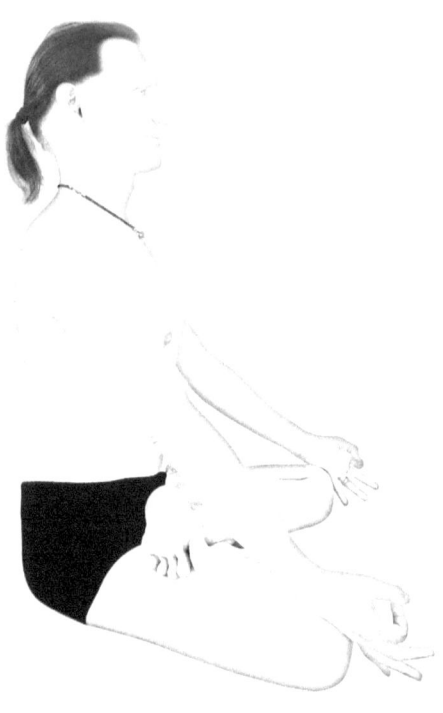

Yoga Mudra, Padmasana

Habiendo llegado con seguridad a *Padmasana*, el siguiente paso es atar el loto para conseguir *Baddha Padmasana* completa. Con el brazo izquierdo, rodea la espalda y coge el dedo gordo del pie izquierdo con la palma de la mano hacia abajo. El pie de arriba es el que se ata primero. Ahora coge el dedo gordo del pie derecho con el brazo derecho, colocando el brazo derecho por encima del izquierdo en la espalda. Esto es *Baddha Padmasana*. Si tienes alguna dificultad en el atado, cruza los brazos por encima de los codos en lugar de los antebrazos. Esto induce una apertura de los hombros y del pecho. El mayor obstáculo aquí es un músculo pectoral menor tenso.

CAPÍTULO 4

Yoga Mudra, Baddha Padmasana

Exhalando, flexiónate hacia delante, colocando la frente en el suelo, y mira hacia la nariz. Una vez que has exhalado completamente, cierra la garganta y haz una inhalación falsa. Como estamos en una flexión hacia delante, no hacemos *Jalandhara Bandha*. Recordemos que *Jalandhara Bandha* no es un requerimiento en el *kumbhaka* externo, sino que es generalmente tratado como un complemento opcional (es, sin embargo, obligatorio, si el *kumbhaka* es interno).

Una inhalación falsa significa que los músculos respiratorios secundarios actúan como si estuvieses inhalando, levantando y expandiendo la caja torácica. Como la garganta está cerrada y contraída, no puede surgir la inhalación. En su lugar, se crea un vacío en la cavidad torácica. Estamos ahora relajando la pared abdominal, de tal modo que los contenidos abdominales son succionados dentro de la cavidad torácica y la pared abdominal es succionada hacia atrás contra la columna vertebral, lo que da al abdomen la apariencia característica de cuchara. Estamos ahora en *Uddiyana*-externo (*Bahya Uddiyana*) en el estado de *Yoga Mudra*. Mantenlo hasta tu capacidad. Puedes tanto mirar hacia la nariz como mirar al tercer ojo, siendo la última opción la variación más avanzada. Te permite flexionarte más hacia delante y llevar el *prana* hacia el tercer ojo. Finalmente, libera la garganta e inhala suavemente. Si tienes dificultades en soltar la garganta, expulsa primero el último aire remanente en los pulmones, lo que abrirá la garganta. Sólo entonces comienza la inhalación.

Yoga Mudra **con** *kumbhaka* **externo**

CAPÍTULO 4

Si ya tienes una práctica de *pranayama,* un único *kumbhaka* (es decir, sólo una ronda de Yoga Mudra) será suficiente. Si usas el *mudra* como un ejercicio de transición desde una simple práctica basada en *asana* hacia una práctica compuesta de *asana* y *pranayama,* haz tres rondas de Yoga Mudra. Yoga Mudra funciona bien si se combina con Tadaga Mudra, en cuyo caso los dos *mudras* forman el punto de inicio y el punto final de la práctica de *mudras,* con las dos variaciones de *Viparita Karani Mudra* (*Sarvangasana y Shirshasana*) en el medio. Nota que, en última instancia, la secuencia completa de enfriamiento debe hacerse múdrica en su naturaleza. Mientras que las posturas de pie y las posturas de sentado están ahí para movilizar el *prana,* el propósito de las posturas de enfriamiento es la absorción del *prana.*

Capítulo 5
NABHO MUDRA
(Sello del Cielo)

DESAMBIGUACIÓN

¿Son *Nabho* y *Khechari Mudra* dos métodos o el mismo? La edición de 10 capítulos del *Hatha Yoga Pradipika* describe en gran medida *Khechari Mudra* en su quinto capítulo desde la estrofa 37 a la 65[98]. Hasta la estrofa 64, la técnica es llamada *Khechari Mudra*, mientras que en la estrofa 65 el nombre de método es repentinamente cambiado a *Nabho Mudra*, discutiendo sólo los efectos y sin un cambio de método[99]. Esto implica claramente que el autor del *shastra* consideró que los dos métodos eran el mismo. Adicionalmente, en la estrofa V. 11, donde se enumeran todos los *mudras*, encontramos el nombre de *Nabho Mudra* en lugar de *Khechari,* aunque el texto después se refiere casi exclusivamente a *Khechari Mudra*[100].

Sucede algo similar en el *Goraksha Shataka*[101]. La estrofa 32 menciona los cinco *mudras* descritos en el texto, *Maha Mudra,*

---

[98] Dr. M. L. Gharote et al (edición y traducción), *Hathapradipika of Svatmarama (10 chapters),* Instituto Lonavla de Yoga, Lonavla, 2006, p. 115-128.

[99] Dr. M. L. Gharote et al (edición y traducción), *Hathapradipika of Svatmarama (10 chapters),* Instituto Lonavla de Yoga, Lonavla, 2006, p. 128.

[100] Dr. M. L. Gharote et al (edición y traducción), *Hathapradipika of Svatmarama (10 chapters),* Instituto Lonavla de Yoga, Lonavla, 2006, p. 103.

[101] Swami Kuvalayanand (edición), *Goraksasatakam,* Kaivalyadhama,

Nabho Mudra, Uddiyana-, Jalandhara-, y Mula Bandhas. Sin embargo, después de describir *Maha Mudra* en la estrofa 33, la estrofa 34 llama luego al siguiente *mudra Khechari*, inicando que el autor, Gorakhnath, consideró los dos nombres como sinónimos. El punto de vista de que *Nabho Mudra* es una variación del nombre de *Khechari Mudra* es apoyado también en el *Jogapraipyaka* de Jayatarama[102].

Sin embargo, el caso se hace más complicado al examinar el *Gheranda Samhita*. En las estrofas III. 1-3, el *Samhita* enumera sus 20 *mudras*[103]. *Nabho Mudra* es el número 2 y *Khechari Mudra* es el número 8, lo que indica que el sabio Gheranda no veía que fuesen el mismo. *Nabho Mudra*, en la estrofa III.9, es descrito subiendo la lengua y reteniendo la respiración[104]. Esto es esencialmente como yo aprendí la técnica en India, y no había asociación del nombre *Nabho Mudra* con la necesidad de alargar la lengua, asociada a menudo con *Khechari Mudra*.

Gheranda se embarca luego en describir *Khechari Mudra* en las estrofas III. 25-32, destacando métodos para alargar la lengua primero y luego usarla para realizar *kumbhaka*, con todos sus efectos milagrosos asociados[105]. Así pues, son claramente dos métodos, *Nabho Mudra* simplemente un *Jihva Bandha* (cierre

---

Lonavla, 2006, p. 40.

102 Swami Maheshananda et al. (edición y traducción), *Jogapradipyaka de Jayatarama*, Kaivayadhama, Lonavla, 2006, p. 129.

103 R. B. S. Chandra Vasu (traducción), *The Gheranda Samhita*, Sri Satguru Publications, Delhi, 1984, p. 20.

104 R. B. S. Chandra Vasu (traducción), *The Gheranda Samhita*, Sri Satguru Publications, Delhi, 1984, p. 21.

105 R. B. S. Chandra Vasu (traducción), *The Gheranda Samhita*, Sri Satguru Publications, Delhi, 1984, p. 25-26.

de la lengua) combinado con *kumbhaka*, y *Khechari Mudra* un ejercicio complejo con la lengua, que no necesariamente implica *kumbhaka*.

El punto de vista del *Gheranda Samhita* es contradicho por Swami Niranjanananda, quien afirma en su *Yoga Darshan* que *Nabho Mudra* es simplemente otro nombre para *Khechari Mudra*[106]. Luego describe el corte del tendón de la lengua sin referirse más al nombre de *Khechari Mudra*. El Swami reitera el punto de vista de que ambos *mudras* son el mismo en su publicación *Prana and Pranayama*[107]. Sin embargo, esta evidencia es debilitada por el hecho de que el autor en las páginas siguientes argumenta que *Shambhavi Mudra* y *Bhrumadhya Drishti* son lo mismo, lo que no es así. *Shambhavi* es una continuación muy avanzada de *Bhrumadhya Drishti*. *Bhrumadhya Drishti* puede ejecutarse en una amplia variedad de posturas de yoga, pero *Shambhavi Mudra* sólo debe usarse cuando estás sentado en un *asana* de meditación. Una página más adelante, Niranjanananda incluso argumenta que *Agochari Mudra* y *Nasagrai Drishti* son lo mismo, cuando no tienen nada que ver el uno con el otro. Por extrapolación, podemos cuestionarnos el testimonio de que *Nabho-*, y *Khechari Mudras* son lo mismo.

Algunos lectores pueden encontrar excesivo mi profundo análisis, pero no podemos simplemente aceptar una opinión sólo porque alguien lo haya dicho y aparezcan como una autoridad. He investigado, practicado y enseñado yoga durante más de 40 años, y la gran mayoría de las opiniones, puntos de vista e instrucciones con las que me he cruzado eran cuestionables.

---

[106] Swami Niranjanananda Saraswati, *Yoga Darshan*, Yoga Publications Trust, Munger, 2009, p. 413.

[107] Swami Niranjanananda Saraswati, *Prana and Pranayama*, Yoga Publications Trust, Munger, 2009, p. 319.

Una parte muy grande de nuestro problema es que muchas afirmaciones pertenecientes al ámbito espiritual son difíciles de verificar, si es que se puede. Un aire de autoridad puede habitualmente ser proyectado simplemente aireando opiniones extremas con gran confianza. Esto es exacerbado porque la audiencia es crédula, y regularmente está contenta creyendo a la primera persona que llega. Más que en otras partes, es imperativo verificar si algo que se ha dicho en el ámbito espiritual es correcto. Hacerlo es normalmente difícil, pero debemos hacer nuestra diligencia debida y simultáneamente emplear la razón, el análisis, la evidencia espiritual, la tradición, los testimonios expertos y la experiencia personal. Si lo hacemos así, la probabilidad de que nuestra práctica sea correcta aumenta dramáticamente.

Acharya Bhagwan Dev en *"Pranayama, Kundalini and Hatha Yoga"* argumenta que subir simplemente la lengua se llama *Nabho Mudra*[108]. Las largas descripciones de las arduas pruebas que implica *Khechari Mudra* no pueden resumirse con "simplemente, sube la lengua". Por lo tanto, debemos considerar los comentarios de Acharya en el sentido de que *Nabho* y *Khechari Mudras* no son idénticos. El *Trishiki Brahmana Upanishad* en las estrofas 94-95[109] y el antiguo *Brhadyogiyajnavalkyasmriti*[110] mencionan ambos que la lengua debe ser retrovertida, sin referirse a los elaborados métodos para alargarla que son necesarios para *Khechari Mudra*. El *Yoga Chudamani Upanishad* trata del *Khechari Mudra* en las

---

[108] Acharya Bhagwan Dev, *Pranayama, Kundalini and Hatha Yoga*, Diamond Books, Nueva Delhi, 2008, p. 34.
[109] Shyam Sundar Goswami, *Laya Yoga*, Inner Traditions, Rochester, 1999, p. 51.
[110] Dr. M. L. Gharote et al (edición y traducción), *Brhadyogiyajnavalkyasmriti*, Kaivalyadhama, Lonavla, 1982, p. 81.

estrofas 50-57. Se habla de colocar la lengua en la cavidad por encima del paladar, pero no de cómo llevar a cabo esta hazaña. Luego discute los aspectos esotéricos del *mudra* y menciona el nombre *Nabho Mudra*, como si ambos *mudras* fuesen el mismo[111].

Sabiendo que el propósito del *Khechari Mudra* avanzado es el acceso a *samadhi* y que el *Jihva Bandha* más introductorio es una técnica auxiliar practicada durante el *pranayama* y la meditación ¿cuál es el propósito de *Nabho Mudra*, colocado en algún lugar entre *Jihva Bandha* y *Khechari Mudra*? En el *Shiva Samhita* aprendemos que colocar la lengua contra el paladar durante *kumbhaka* y beber el néctar de la luna genera libertad de enfermedad[112]. *Jihva Bandha*, como los otros *bandhas*, es una técnica auxiliar. Pero añadiendo *kumbhakas* se convierte en una técnica independiente con un beneficio similar al de las inversiones, la postura sobre la cabeza y la postura sobre los hombros. "Ordeñando la luna y bebiendo su néctar" se refiere a dirigir la lengua hacia arriba en dirección al centro del cráneo. Aquí se localiza el almacén lunar del *prana*, o, para acortar, la luna. El *prana* lunar o *amrita*, como es habitualmente llamado en los textos yóguicos, llovizna en el fuego gástrico, donde se quema. Esto llamada "combustión" es un término metafórico para la pérdida de la vitalidad debida a la proyección del ser hacia fuera, en los fenómenos, es decir, lo que nos hace extrovertidos. *Nabho Mudra* es una técnica independiente diseñada para aumentar *amrita* y retenerlo mediante *kumbhaka*. Su principal objetivo es la fortaleza (*sthirata*). Es diferente de *Khechari Mudra*, en su ámbito y en su dificultad. El principal propósito de *Khechari* es inducir

---

111 Dr. M. M. Gharote et al (edición y traducción), *Critical Edition of Selected Yogopanisads*, Instituto Lonavla de Yoga, Lonavla, 2017, p. 206-209.
112 *The Shiva Samhita*, III. 69-73.

samadhi en una persona cuya mente ya se ha hecho samádica. *Khechari Mudra* implica un periodo prolongado de elongación de la lengua, mientras que *Nabho Mudra*, no. Es esto lo que constituye la diferencia definitoria entre los dos *mudras*. Los pasajes que elaboran métodos para elongar la lengua se refieren directamente a *Khechari Mudra*. Pero aquellos que se refieren a *Nabho Mudra* no lo hacen, sino que hablan de *kumbhaka*. Ahora estamos listos para ver la técnica de *Nabho Mudra*.

TÉCNICA

Un buen momento para practicar *Nabho Mudra* es durante la sección sentada en el final de la práctica de *asana* y antes de *Utpluthi*. Realiza *Jihva Bandha* (el cierre de la lengua) girando hacia arriba la parte inferior de la lengua y presionándola contra el paladar blando. Lleva la lengua hacia arriba y hacia atrás con la succión. Una vez que, sin esfuerzo, has invertido la lengua lo más alto posible, realiza la acción llamada "ordeñar la luna". Esto significa extraer mediante succión la secreción de la zona lisa de la parte alta del paladar blando. A diferencia del *Manduka Mudra*, en el que la lengua se mueve a izquierda y derecha, aquí mantenemos la lengua fija. Una vez que has probado la secreción (*amrita*), inhala, traga la secreción y haz *kumbhaka* interno con *Jalandhara Bandha*, que incluye la contracción de la garganta. *Nabho Mudra* se enseña a veces sin *Jalandhara Bandha*, pero esto sólo es válido si las retenciones de la respiración duran menos de diez segundos.

Durante el *kumbhaka* interno, aplica *Mula-* y *Uddiyana Bandhas* también. Adicionalmente, haz *Bhrumadhya Drishti* (dirigiendo suavemente la mirada hacia el punto medio entre las cejas), o, idealmente, *Shambhavi Mudra* (una versión más avanzada), cubierto en la Sección 3, *Mudra* 16. Mantén la retención respiratoria hasta tu capacidad, levanta luego la cabeza, suelta *Jalandhara Bandha* y exhala. Repítelo varias veces.

EFECTOS

Amrita reduce el apetito y la sed, y hace que el cuerpo se mantenga estable y sano. El néctar de la luna tiene una cualidad refrescante, que tiene fama de prolongar la vida. También reduce la extroversión y te lleva hacia un marco de referencia interno.

Capítulo 6
MATSYENDRA MUDRA
(Sello de Matsyendra)

Hay escasa evidencia textual de este *mudra*. Shyam Sundar Goswami, un practicante y erudito tántrico muy apreciado, lo menciona en su *Laya Yoga*[113]. Goswami no lo llama *mudra*, sino respiración *Matsyendra*. Pero la colocación en su secuencia entre dos *mudras* bien conocidos, *Maha Mudra* y *Bhujangi Mudra*, lo identifica claramente como un *mudra*. Goswami ve los *mudras* como una preparación para el *pranayama*. Su secuencia de pranayama, que sugiere como una preparación para la meditación tiene el siguiente orden:

Maha Mudra
Matsyendra Mudra
Bhujangi Mudra
Bhastrika
Ujjayi

Los tres primeros se discuten aquí en este libro. *Bhastrika y Ujjayi* son ejercicios de *pranayama*, que han sido cubiertos por mi con el típico y nauseabundo detalle de mis libros anteriores. Cubrí *Ujjayi* en *"Ashtanga Yoga Practice and Philosophy"* y *Bhastrika* en *"Pranayama The Breath of Yoga"* (donde adicionalmente también incluí una sección de *Ujjayi*).

---

[113] Shyam Sundar Goswami, *Laya Yoga*, Inner Traditions, Rochester, 1999, p. 307.

TÉCNICA

Para realizar *Matsyendra Mudra*, hay que asumir primero *Matsyendrasana*. Hay dos versiones de las posturas, *Ardha Matsyendrasana* y *Purna Matsyendrasana*, siendo la última una postura muy avanzada, difícilmente compatible con retenciones respiratorias extensas, a no ser que uno desee torcerse las articulaciones sacroilíacas. *Ardha Matsyendrasana* es, por lo tanto, la versión a elegir. Para entrar en *Ardha Matsyendrasana*, siéntate en el suelo con ambas piernas estiradas y rectas. Dobla ambas piernas, levantando las rodillas del suelo. Coloca el pie izquierdo fuera de la nalga derecha y la rodilla izquierda en el suelo en frente de ti de tal modo que la rodilla apunte recta hacia delante. Lleva la cadera derecha hacia atrás, sin desestructurar las caderas. Intenta alinear ambas articulaciones de la cadera con la rodilla izquierda. Pon el pie izquierdo en punta (flexión plantar) y mantén los dedos de los pies cerca de la nalga derecha. Coloca ahora el pie derecho fuera del muslo izquierdo con la rodilla apuntando al techo.

Gira hacia la derecha y coloca el hombro izquierdo fuera de la rodilla derecha. Coge la parte interna del pie derecho y el dedo gordo del pie con la mano izquierda. Rota el húmero (hueso del brazo) internamente para que el codo mire hacia fuera, lejos de la pierna. Si tienes el pliegue del codo hacia fuera habrá mucha presión sobre él, hiperextendiéndolo.

Rodea la espalda con el brazo derecho y agarra el muslo izquierdo. Lleva el isquión derecho hacia el suelo y sigue girando mientras respiras. Lleva los omóplatos hacia la espalda mientras levantas el corazón y la parte posterior de la cabeza hacia el techo. Lleva la parte posterior de la cabeza en línea con la columna vertebral, sin dejar que la barbilla se vaya hacia delante. Alarga la columna vertebral dejando que la parte superior de la cabeza y los isquiones vayan en direcciones opuestas.

CAPÍTULO 6

Toma una inhalación profunda usando *Ujjayi* para que la respiración sea larga. Inhala sólo hasta un máximo del 90-95% de tu capacidad ya que, de otro modo, la presión el tórax te prohibiría ejecutar una retención de la respiración. Al final de tu inhalación, eleva el esternón y coloca la barbilla hacia abajo, en el esternón, en la posición de *Jalandhara Bandha*. Para completar *Jalandhara Bandha*, traga al mismo tiempo para contraer la garganta y mantén la contracción durante el *kumbhaka*. Para una comprensión completa de *Jalandhara Bandha*, por favor, estudia la Sección 3, *Mudra* 12 de este libro. Mantén el *kumbhaka* hasta tu capacidad, es decir, el tiempo que puedas sin esfuerzo. Después levanta la cabeza y exhala suavemente. Repite este ciclo varias veces y luego haz *Ardha Matsyendrasana* hacia el lado izquierdo, ejecutando el mismo número de *kumbhakas* en ese lado.

Matsyendra Mudra con *kumbhaka* interno

EFECTOS

Aporta, como los otros *mudras*, las bases para el *pranayama*.

Capítulo 7

BHUJANGI MUDRA
(Sello de la Cobra)

Bhujangi Mudra está bien documentado, ya que es parte de la lista del *Gheranda Samhita* de 20 *mudras*[114]. También aparece en el *Jogapradipyaka*[115] de Jayatarama, pero allí se refieren a él como *Bhujangi kumbhaka*. Es una característica común de los textos medievales que a veces se refieran a la misma técnica como *pranayama* y como *mudra*. Esto no debería molestarnos. El *Kumbhaka Paddhati* de Raghuvira llama al método *Naga Kumbhaka*[116], siendo *naga* un término más general para las serpientes. Sin embargo, el método descrito por Raghuvira es el mismo que el que fue enumerado por el sabio Gheranda como *Bhujangi Karana*[117], pero lo describe brevemente. Entre los maestros modernos, el *mudra* fue enseñado por Shyam Sundar Goswami[118], Swami Satyananda[119] y T. Krishnamacharya; sin embargo, de todos ellos,

---

114 *Gheranda Samhita* III. 92

115 Maheshananda, Sw. et al. (edición y traducción), *Jogapradipyaka of Jayatarama*, Kaivayadhama, Lonavla, 2006, p. 103.

116 Dr. M. L. Gharote, *Kumbhaka Paddhati of Raghuvira*, Instituto Lonavla de Yoga, Lonavla, 2010, p. 24.

117 *Hatharatnavali of Shrinivasayogi* II. 31.

118 Shyam Sundar Goswami, *Laya Yoga*, Inner Traditions, Rochester, 1999, p. 307.

119 Swami Satyananda, *Asana, Pranayama, Mudra and Bandha*, Yoga Publications Trust, Munger, 1969, p. 439.

a mis ojos, Swami Satyananda no entendió la importancia de incluir la postura de la cobra, que los otros maestros enseñaron correctamente. La omisión de Satyananda se debe, probablemente, a que el sabio Gheranda llama a la técnica *Cobra Mudra*, pero no menciona explícitamente que debe realizarse en la Postura de la Cobra (*Bhujangasana*). Esto hay que deducirlo. Los tratados de yoga son siempre lo más escuetos posible, y omiten gran cantidad de detalles vitales por su brevedad. En una nota al margen, T. Krishnamacharya incluyó *Bhujangasana* en su también llamada secuencia salvavidas[120], que él mismo practicó hasta que murió a la edad de 100 años, y que fue enseñada después de su muerte por su hijo pequeño Shribhashyam[121].

TÉCNICA

Túmbate en posición de decúbito prono, boca abajo. Pon las palmas de las manos en el suelo, separadas a la anchura de los hombros. Pon los pies en punta, activa las nalgas para extender las articulaciones de las caderas. Activa los cuádriceps para estirar las piernas. Inhalando, levanta el torso del suelo, como una cobra levantando su cabeza, mientras que los pies presionan el suelo. Alarga la parte baja de la espalda mientras llevas los omóplatos hacia abajo. Levanta la cabeza, pero sin hiperextender el cuello hacia atrás. En lugar de eso, alarga el cuello extendiéndolo desde la parte superior de la nuca. Estamos ahora en *Bhujangasana*.

---

[120] La secuencia consistía en ocho *asanas* (incluyendo *Maha Mudra*, a la que Krishnamacharya se refería a menudo como un *asana* más que como un *mudra*) y cuatro *pranayamas*, seguidos por una meditación.
[121] Jan Schmidt-Garre, *Breath of the Gods*-documentary, Pars Media.

CAPÍTULO 7

Bhujangi Mudra, **inhalación**

Inhala sacando la lengua de forma similar a como lo hacemos durante *Shitali Pranayama*[122], creando una apariencia de serpiente. Gheranda sugería sacar la cabeza hacia fuera como una serpiente, pero me pregunto si este detalle se refería

---

[122] Maheshananda, Sw. et al. (edición y traducción), *Jogapradipyaka of Jayatarama*, Kaivalyadhama, Lonavla, 2006, p. 103.

originalmente sólo a la lengua y luego se extendió erróneamente incluyendo la cabeza entera.

Al final de la inhalación, enrolla la lengua hacia atrás en *Jihva Bandha*, realizando luego *kumbhaka* con *Jalandhara Bandha*, mientras que mantenemos *Bhujangasana*. Esto significa que la barbilla se coloca contra el esternón mientras que la garganta está contraída. Mira hacia la punta de la nariz. Mantén el *kumbhaka* hasta tu capacidad, suelta luego *Jalandhara Bandha*, levanta la cabeza y exhala empleando el sonido *Ujjayi*. Repítelo varias veces.

Bhujangi Mudra con *kumbhaka* interno

EFECTOS

El sabio Gheranda enseñó que el *mudra* evita el comienzo de la decrepitud y alivia los problemas digestivos como la dispepsia y la indigestión[123]. De acuerdo con T. Krishnamacharya, el *mudra* tiene propiedades de prolongación de la vida. B. N. S. Iyengar creía que ayuda en la purificación del *Manipura Chakra* y en el ascenso de la Kundalini. Jayatarama afirmó que llena el cuerpo con néctar[124].

---

123 *Gheranda Samhita* III. 93.
124 *Jogapradipyaka of Jayatarama*, estrofas 486-489.

Capítulo 8
MANDUKA MUDRA
(Sello de la Rana)

También este *mudra* está presente en la lista del *Gheranda Samhita*. En la traducción de Chandra Vasu, encontramos el *mudra* en la estrofa III. 62[125], mientras que en la traducción de James Mallison el pasaje está en III. 51-52[126]. Las estrofas respectivas no están, sin embargo, en el manuscrito de la edición del Kaivalyadhama. Swami Rama también describe el *mudra* en su *Path of Fire and Light*[127], pero lo combina con *Shitali Pranayama*. Por lo tanto, tenemos escasa evidencia escritural para comparar. Como la mayoría de los *mudras* de este texto, aprendí *Manduka Mudra* de B. N. S. Iyengar, quien recibió las enseñanzas de T. Krishnamacharya.

TÉCNICA

Revierte la lengua sobre sí misma y coloca la parte inferior de la punta de la lengua contra el paladar blando, de forma similar a como se hace durante *Jihva Bandha* o *Nabho Mudra*. Poco a

---
125 R. B. S. Chandra Vasu (traducción), *The Gheranda Samhita*, Sri Satguru Publications, Delhi, 1984, p. 29.
126 James Mallison, *The Gheranda Samhita*, YogaVidya. com, Woodstock, 004, p. 77.
127 Swami Rama, *Path of Fire and Light*, vol. 1, Himalayan Institute Press, Honesdale, 1988, p. 42.

poco y sin esfuerzo, mueve la lengua más atrás hacia el orificio nasofaríngeo. En lugar de mantener la lengua fija como en *Jihva Bandha* y *Nabho Mudra*, muévela hacia la izquierda y hacia la derecha, masajeando así el extremo posterior del paladar blando. Al cabo de un rato, se desarrollará una secreción de sabor dulce, que el sabio Gheranda llama el néctar de la inmortalidad (*amrita*). Esta secreción se traga. Esta práctica se realiza durante varios minutos y se repite varias veces con periodos de descanso entre medias. Se cree que el néctar es la esencia del *prana* lunar, que es el *prana* asociado con todas las funciones lunares como la introversión, la activación de las neuronas sensoriales, el anabolismo, la mente relativista, el sistema nervioso parasimpático, el hemisferio cerebral derecho intuitivo-holístico, las corrientes nerviosas aferentes, etc.[128].

EFECTOS

Debido a la absorción del *prana* lunar, se cree que *Manduka Mudra* previene los síntomas de la edad avanzada como las arrugas y el pelo gris (Gheranda), crea un anhelo de soledad, estudio y devoción (Swami Rama), mejora la salud general, mantiene la juventud, y te libera del hambre (B. N. S. Iyengar).

---

128 El tema del prana lunar (*amrita*) está cubierto en detalle en mi libro *Pranayama The Breath of Yoga*, Kaivalya Publications, Crabbes Creek, 2012, p. 44-51.

Capítulo 9
MATANGA MUDRA
(Sello del Elefante)

Matangi Mudra es una grafía alternativa de *Matanga Mudra*. También este oscuro *mudra* está en la lista de 20 *mudras* de Gheranda (estrofa III. 88 de la traducción de R. B. S. Chandra Vasu)[129]. El *Gheranda Samhita* nos instruye para estar dentro del agua hasta el cuello y luego aspirar agua por las fosas nasales y expulsarla por la boca, en un proceso similar al *Jala Neti*[130]. Pero luego nos dice que aspiremos el agua por la boca y la expulsemos por la nariz, que es un típico *Jala Neti*. El *mudra* es llamado *mudra* del elefante porque se puede ver a los elefantes sumergidos en el agua, tomando y expulsando agua a través de sus trompas y de sus bocas, respectivamente. Nos dicen que adquiriremos fuerza elefantiásica si practicamos mucho este *mudra* en un lugar solitario. Podríamos preguntarnos si practicar en un sitio solitario es un prerrequisito para adquirir tal fuerza, o simplemente es para evitar la censura y el ridículo al mostrar un comportamiento tan obviamente extraño.

Entre los autores modernos sólo Yogeshvaranand Paramahansa describe *Matanga Mudra*[131]. Aprendí la teoría

---

[129] Chandra Vasu, R. B. S. (traducción), *The Gheranda Samhita*, Sri Satguru Publications, Delhi, 1984, p. 99-91.

[130] Una técnica de *kriya* descrita en mi texto *Pranayama The Breath of Yoga*, p. 195-198.

[131] Yogeshvaranand Paramahansa, *First Steps to Higher Yoga*, Yoga Niketan Trust, Nueva Delhi, 2001, p. 387.

de este *mudra* de B. N. S. Iyengar, quien me enseñó que puede ejecutarse en un lago y en el océano, con el torso sumergido por encima de los hombros. Practicarlo en el océano aumentaría la incomodidad de aspirar agua salina fuerte y repetidamente por la boca y las fosas nasales. Iyengar decía que se debe tener cuidado para que el agua no entre en el sistema respiratorio, ya que esto conduciría al cáncer. El mecanismo patológico no está claro aquí. La práctica debía hacerse por la mañana temprano con el estómago vacío, y se sugería un *Shavasana* de diez minutos después del *mudra* para eliminar la tensión generada en el cerebro.

EFECTOS

Iyengar sugirió que los accidentes causados por el *karma* de nacimientos previos y cualquier muerte accidental podrían evitarse mediante este *mudra*. Pero al contrario de esto, yo casi invito a la muerte accidental realizando este *mudra*. En mi exuberancia juvenil, seguí las instrucciones y practiqué *Matanga Mudra* en masas de agua abiertas de lugares apartados. El resultado más notable del *mudra* fue la adquisición de disentería amebiana. La disentería se convirtió en algo muy difícil de lo que librarse, y finalmente llevó a que perdiera una tercera parte de mi peso corporal. Probablemente, no ayudó mucho que ejecutara *Matanga Mudra* en los lagos de India, que estaban razonablemente contaminados con efluentes orgánicos, desagues de fertilizantes, pesticidas y químicos industriales. Sin embargo, no puedo pensar en ningún lugar, excepto en los lugares de montaña más remotos, donde el agua sea lo suficientemente limpia para ejercitar este *mudra*, y que se pueda descartar la ingestión de patógenos. Cualquier agua usada debería primero ser pasada por un esterilizador de ultravioleta y luego por un sistema de ósmosis inversa para eliminar cualquier patógeno, contaminante, químico, exceso de sal o cloro.

Debemos asumir que, en el pasado, cuando los espacios estaban menos degradados por las actividades humanas de lo que están hoy, la técnica era más segura de practicar de lo que es hoy. Pero, cuando leo las instrucciones de las técnicas tipo *Matanga Mudra*, me pregunto a veces si los autores de los *shastras* que las enumeraban lo decían en serio o en broma. Tirar agua a través de la trompa de un lado a otro y lanzar chorros es un comportamiento obvio de los elefantes que se bañan, fácilmente observable en cualquier lugar de la India. ¿Hicieron los autores una conexión entre este comportamiento y la fuerza del elefante? ¿O es que querían poner a prueba nuestra disposición a aceptar cualquier tontería como instrucción seria? La evaluación de un alumno mediante la impartición de una instrucción falsa es una característica común de los tratados indios y de los maestros tradicionales. En el *Chandogya Upanishad*, el maestro Prajapati intenta engañar a sus estudiantes Indra (un ángel) y Virochana (un demonio) mediante la instrucción falsa de que el cuerpo es el verdadero ser[132]. Virosana cae en la enseñanza y la difunde entre los demonios. Debido a la credibilidad del demonio, la creencia de que el cuerpo es nuestro verdadero ser se ha ganado el nombre de enseñanza demoníaca. Indra, sin embargo, no es tan fácil de engañar. Vuelve y reprende a Prajapati por su instrucción fraudulenta. Prajapati admite la inteligencia de su alumno y promete instruirle adecuadamente. Pero hace dos intentos más de engañar a su alumno antes de darle finalmente la enseñanza correcta (que la consciencia es el verdadero ser).

---

132 *Chandogya Upanishad* VIII. 7. 2-8. 5.

Dejo a mis lectores que saquen sus propias conclusiones, pero una muy obvia sería no desconectar nunca nuestras facultades críticas cuando se escucha a un maestro.

SECCIÓN 2:

PRANAYAMA MUDRAS

Mula Bandha
Uddiyana Bandha
Jalandhara Bandha
Shanka Mudra
Kaki Mudra

En este apartado, encontrarás todos los *mudras* que son esenciales para el *pranayama* o que son complementarios al *pranayama*. El subgrupo más importante de este epígrafe está formado por los *bandhas* (cierres), es decir, *Mula-, Uddiyana-,* y *Jalandhara Bandhas. Jalandhara Bandha* es un *mudra* que es esencial en el *pranayama,* pero, aparte de *Mula-,* y *Uddiyana Bandhas,* no se aplica fuera del *pranayama. Mula-,* y *Uddiyana Bandhas,* mientras tanto, tienen una aplicación casi universal en todas las técnicas del yoga. El cuarto *bandha, Jivha Bandha* (el cierre de la lengua) no es exclusivo del *pranayama,* y como trata principalmente de reflejar el *prana* sensorial (es decir, el *prana* que potencia una función sensorial concreta) de vuelta dentro del cuerpo se trata en el apartado de *pratyahara mudras.* Los otros *mudras* descritos en esta sección son *Shanka Mudra* y *Kaki Mudra*. *Shanka Mudra* no es sólo exclusivo de *pranayama*, sino que es exclusivo de una técnica de *pranayama* concreta llamada *Nadi Shuddi* o *Nadi Shodhana* (respiración por fosas nasales alternas)[133]. *Kaki Mudra* también es un *mudra* exclusivo de un método de respiración concreto. Vamos a tratar primero los *bandhas*.

Los tres *bandhas*, *Mula-*, *Uddiyana-*, y *Jalandhara Bandhas*, están entre los *mudras* más importantes. Están incluidos tanto en la lista de diez *mudras*[134] del *Hatha Yoga Pradipika* como en la lista de 20 *mudras*[135] del *Gheranda Samhita*. El *pranayama* serio, es decir, el *pranayama* que implica *kumbhaka*, no debe practicarse sin tener primero un conocimiento de los *bandhas*. Muchos practicantes modernos habitualmente fallan en el *pranayama* e interrumpen su práctica porque la empiezan sin tener un conocimiento apropiado del funcionamiento de los *bandhas*. Los *bandhas* son cierres neuromusculares que evitan que el *vayu* (aire vital) se extravíe en *kumbhaka*. *Kumbhakas* superiores a 10 segundos no deben practicarse sin *bandhas* (particularmente, no sin *Jalandhara Bandha*). Esto es principalmente porque los *kumbhakas* más cortos de 10 segundos no son considerados verdaderos *kumbhakas* en un sentido más estrecho y técnico. De otro modo, si estuviera reteniendo brevemente la respiración debido a la sorpresa, esto debería considerarse un *kumbhaka*. El *Yoga Rahasya*

---

[133] Los términos son sinónimos y ambos significan purificación de los canales de energía. Sin embargo, siguiendo las convenciones establecidas por los sabios Vasishta y Gorakhnath, llamaré al método *Nadi Shuddi* cuando excluya el *kumbhaka*, y *Nadi Shodhana* cuando implique *kumbhaka*.

[134] *Hatha Yoga Pradipika* III. 6.

[135] *Gheranda Samhita* III. 1.

afirma que el *pranayama* sin la aplicación de los tres *bandhas* no confiere beneficios[136] y que, sin los *bandhas*, el *pranayama* es inútil y puede dar lugar a enfermedad[137]. Al contrario, si se hace con los tres *bandhas*, el *pranayama* destruirá las causas de todas las enfermedades, según su autor, Nathamuni[138]. El *Hatha Ratnavali* afirma que la aplicación de los tres *bandhas* hace que el *prana* entre en el canal central de la energía (*Sushumna*)[139], una aclamación que también puede encontrarse en el *Hatha Yoga Pradipika*[140]. El gran Shankaracharya también dijo que mediante la práctica de los tres *bandhas*, la Kundalini se levanta y entra en el *Sushumna*[141]. Añadió que, mediante el dominio de los *bandhas*, se logra *Kevala Kumbhaka* (la culminación del *pranayama*), particularmente cuando se añade el enfoque en el *Anahata* (corazón) *Chakra*[142].

Shankara también afirma que cada uno de los *bandhas* conduce a la limpieza de un área particular del cuerpo en el que son aplicados[143], es decir, en la garganta, el abdomen bajo y el área pélvica, y que el domino de los *bandhas* no sólo impulsa hacia arriba al *apana vayu* (corriente vital inferior), causando así el ascenso de la Kundalini, sino que también conduce a la liberación de *amrita* (el néctar, esto es una metáfora para el *prana* lunar, el *prana* responsable de la introspección), que provoca

---

[136] *Yoga Rahasya* I. 61.

[137] *Yoga Rahasya* I. 95.

[138] *Yoga Rahasya* II. 50.

[139] *Hatha Ratnavali of Shrinivasayogi* II. 8.

[140] *Hatha Yoga Pradipika* II. 46.

[141] *Yoga Taravali of Shankaracharya* estrofa 6.

[142] *Yoga Taravali of Shankaracharya*, estrofas 8-9.

[143] *Yoga Taravali of Shankaracharya*, estrofa 5.

dicha[144]. El *Yoga Rahasya* añade[145] que el *Svadhishthana*-(sacro) y el *Manipura* (ombligo) *Chakras* sólo pueden ser purificados mediante *kumbhaka* externo (es decir, retención después de la exhalación) con la aplicación simultánea de todos los *bandhas*.

El *Yoga Kundalini Upanishad* declara que, mediante la aplicación de *Mula Bandha* durante *kumbhaka*, el *apana vayu* sube a través de los *chakras* y perfora los *granthis* (bloqueos pránicos y kármicos)[146]. El mismo texto dice que los tres *bandhas* deberían siempre ser aplicados cuando se hace *kumbhaka*[147]. El *Shandilya Upanishad*, también, proclama que durante el *kumbhaka* los *bandhas* deben aplicarse para llevar el *prana* al *Sushumna*[148]. El *Yuktabhavadeva of Bhavadeva Mishra* está de acuerdo en declarar que todos los *pranayamas* deben ir acompañados por los tres *bandhas*[149]. El *Kumbhaka Paddhati of Raghuvira* habla de "*shat anga kumbhaka*", que se refiere a las seis fases de la retención de la respiración[150]. Éstas se denominan inhalación, retención, exhalación y los tres *bandhas*. El *Hatha Tatva Kaumudi* de Sundaradeva también proclama que el *prana* se mueve dentro del *Sushumna* mediante *kumbhaka* con *bandhas* y especifica qué combinación de *bandhas* debe ser aplicada durante cada

---

144 *Yoga Taravali of Shankaracharya*, estrofa 7.

145 *Yoga Rahasya* II. 50.

146 *Yoga Kundalini Upanishad* I. 64-86.

147 *Yoga Kundalini Upanishad* I. 40.

148 *Shandilya Upanishad*, estrofas 26-30.

149 Dr. M. L. Gharote, et al, (edición y traducción), *Yuktabhavadeva of Bhavadeva Mishra*, Instituto Lonavla de Yoga, Lonavla, 2002, p. lxviii.

150 Dr. M. L. Gharote, *Kumbhaka Paddhati of Raghuvira*, Instituto Lonavla de Yoga, Lonavla, 2010, p. 186-187.

fase respiratoria[151]. Los *bandhas* son tratados de forma similar en el *Yoga Chudamani Upanishad*[152] y en el *Mandala Brahmana Upanishad*[153].

Entre los autores modernos, también Swami Ramdev afirma que el *pranayama* sin *bandhas* está incompleto y que los *bandhas* son útiles para dominarlo[154]. El investigador del Kaivalyadhama, Shrikrishna, declara que en *kumbhaka* deben aplicarse siempre los tres *bandhas* y Mula- y Uddiyana Bandhas durante la inhalación y la exhalación[155]. También dice que pueden manifestarse resultados perjudiciales sin la aplicación de los tres *bandhas* durante el *pranayama*[156]. Theos Bernard escribió que el *samadhi* es provocado mediante el éxito en los *bandhas*, que hace que el *prana vayu* (corriente vital superior) entre en el *Sushumna* (el canal central de energía)[157].

---

151 *Hatha Tatva Kaumudi of Sundaradeva* XXXIX. 87.

152 Dr. M. M. Gharote et al (edición y traducción), *Critical Edition of Selected Yogopanisads*, Instituto Lonavla de Yoga, Lonavla, 2017, p. 202.

153 Dr. M. M. Gharote et al (edición y traducción), *Mandalabrahmanopanisad and Nadabindupanisad,* Instituto Lonavla de Yoga, Lonavla, 2012, p. 129

154 Swami Ramdev, *Pranayama*, Divya Yog Mandir Trust, Hardwar, 2007, p. 21.

155 Shrikrishna, *Essence of Pranayama,* segunda edición, Kaivalyadhama, Lonavla, 1996, p. 81.

156 Shrikrishna, *Essence of Pranayama,* segunda edición, Kaivalyadhama, Lonavla, 1996, p. 119.

157 Theos Bernard, *Heaven Lies Within Us,* Charles Scribner's Sons, Nueva York, 1939, p. 122.

Swami Niranjanananda destaca la importancia de los *bandhas* para romper los *granthis*[158]. Los *granthis* son bloqueos pránicos del cuerpo sutil que existen debido al *karma*. Hay varias etapas en la ruptura de los *granthis*. La etapa 1 es ejecutada aplicando los tres *bandhas* durante los *kumbhaka* interno y externo. Únicamente cuando se ha logrado esto, puede ejecutarse la segunda etapa de la ruptura de los *granthi*, que constituye *Bhastrika*, una poderosa técnica de *pranayama* rápido. El fallo en la preparación de *Bhastrika* mediante la aplicación de los tres *bandhas* durante los *kumbhaka* interno y externo puede llevar a la desestabilización mental. Hay una última etapa de ruptura de los *granthis*, que consiste en la aplicación secuencial de *Maha Mudra, Maha Bandha Mudra* y *Maha Vedha Mudra*, descrita en la Sección 4, *Mudras* 21-23 de este texto.

Los *bandhas* tienen en común con muchos otros *mudras* su utilización durante *kumbhaka* para desviar el *prana* en una dirección deseada. Para aprender algo de los *bandhas* adecuadamente debemos usar *kumbhaka*. Sin embargo, el *kumbhaka* de este escenario de entrenamiento no constituye un *kumbhaka* idóneo en el sentido del *pranayama* porque no se cuenta el tiempo en *kumbhaka*. Cuando se practica *kumbhaka* avanzado en *pranayama*, podemos, por ejemplo, decidir hacer 20 *kumbhakas* de una duración de 48 segundos cada uno, precedidos por una inhalación de 12 segundos y seguidos de una exhalación de 24 segundos. Para hacer los *khumbakas* de forma segura, debemos añadir los *bandhas* como técnica complementaria. Cuando estamos aprendiendo los *bandhas*, sin embargo, o practicando cualquier otro *mudra*, no contamos los *kumbhakas*. La instrucción

---

[158] Swami Niranjanananda Saraswati, *Yoga Darsham*, Yoga Publications Trust, Munger, 2009, p. 365.

será siempre "mantenerlo hasta tu capacidad y concentrarte en la calidad de la ejecución de los *bandhas*". Debes repetir el ejercicio varias veces, pero sin predeterminar un número de rondas. Practica los *bandhas*, especialmente *Jalandhara Bandha*, hasta que los hayas dominado, y sólo entonces insértalos en los *kumbhakas* contando el tiempo que permaneces en ellos. Una vez que hayas empezado a contar los *kumbhakas*, deberás haber adquirido competencia en los *bandhas* para poder concentrarte en otros aspectos del *pranayama*, como la cuenta, los *mantras*, la visualización, etc.

Capítulo 10
MULA BANDHA
(Cierre Raíz)

Mula Bandha significa cierre raíz, llamando al suelo pélvico la raíz de la columna vertebral y del sistema nervioso. El *Dhyana Bindu Upanishad* revela que lo viejo se vuelve joven de nuevo cuando practicamos *Mula Bandha*[159]. El *Gheranda Samhita* coincide en que *Mula Bandha* destruye toda debilidad y enfermedad[160], una aclamación apoyada por el *Shiva Samhita*[161]. La debilidad y el envejecimiento son, de acuerdo con el yoga, debidos a la pérdida de la fuerza vital, y esta pérdida es parcialmente provocada por el flujo descendente de esta fuerza vital. *Mula Bandha* preserva la fuerza vital y hace que el flujo ascienda. El *Yoga Kundalini Upanishad* considera que *Mula Bandha* es lo que fuerza hacia arriba la corriente vital descendente *apana vayu*. Afirma que, dirigiendo hacia arriba el *apana vayu*, con el fuego interno encendido, haremos que la serpiente Kundalini entre en su agujero, el canal central de energía (*Sushumna*)[162]. El mismo mecanismo es explicado en el *Hatha Yoga Pradipika*[163]. Hay que tener en cuenta que el *apana* debe ser elevado a la "región

---

[159] *Dhyana Bindu Upanishad*, estrofas 74-75.
[160] *Gheranda Samhita* III. 12-14.
[161] *Shiva Samhita* IV. 41.
[162] *Yoga Kundalini Upanishad* I. 40-46.
[163] *Hatha Yoga Pradipika* III. 60-64.

del fuego", es decir, al *Manipura* (ombligo) *Chakra*, donde se encuentra con el *agni*, que debe ser avivado por el viento (*vayu*). Juntos tienen el poder de elevar la Kundalini. *Mula Bandha* también se usa para despertar el *Muladhara Chakra*. La importancia del *Mula Bandha* es atestiguada por una amplia variedad de los *shastras*, incluyendo el *Dattatreya´s Yogashastra*[164] y el *Yoga Chudamani Upanishad*[165].

Entre los autores modernos, Swami Niranjanananda afirma[166] que *Mula Bandha* rompe el *Brahma Granthi* (encontrarás más sobre los tres bloqueos pránicos en la introducción a la Sección 4), y Shyam Sundar Goswami mantiene que el *bandha* desbloquea la Kundalini si se aplica durante *pranayama* y *dharana*[167].

TÉCNICA

Mula Bandha inicialmente es la presión del perineo con el talón izquierdo (en *Siddhasana*) y su contracción posterior[168]. El *bandha* es idealmente aprendido en *Siddhasana* porque el talón izquierdo aplicará estimulación en el suelo pélvico. Esto puede, sin embargo, ser reproducido en *Padmasana* inclinando la pelvis hacia delante lo suficiente como para llevar el perineo en contacto con el suelo. *Mula Bandha* puede ser experimentado y practicado

---

164 Dr. M. M. Gharote (edición), *Dattatreyayogasastram*, Instituto Lonavla de Yoga, Lonavla, 2015, p. 70-73.
165 Dr. M. M. Gharote et al (edición y traducción), *Critical Edition of Selected Yogopanisads*, Instituto Lonavla de Yoga, Lonavla, 2017, p. 203.
166 Swami Niranjanananda Saraswati, *Yoga Darsham*, Yoga Publications Trust, Munger, 2009, p. 371.
167 Shyam Sundar Goswami, *Laya Yoga*, Inner Traditions, Rochester, 1999, p. 90-91.
168 *Goraksha Shataka* estrofa 81.

en cualquier postura de yoga, pero las dos que hemos mencionado son ideales. Cuando se va adquiriendo dominio, el *apana vayu* girará hacia arriba.

Para los principiantes, *Mula Bandha* puede ser llevado a cabo contrayendo el ano (esto será cubierto bajo *Ashvini Mudra*) o la uretra (será cubierto bajo *Vajroli Mudra*), como si quisieses parar la micción. Sin embargo, *Mula Bandha* está localizado justo en el medio entre los genitales y el ano, en el centro del músculo pubococcígeo. Hasta cierto punto, la contracción del pubococcígeo activará el suelo pélvico entero y el diafragma. En este contexto, imagina la inhalación alcanzando el suelo pélvico, enganchándose en el centro del suelo pélvico y llevándolo hacia arriba. Cuando quieras enfocarte en la conexión del *Mula Bandha* con la exhalación, siente la exhalación bajando, y, a medida que se va transformando en inhalación, siente la respiración rebotando en el diafragma pélvico como en un trampolín. Esta técnica debe también ser practicada de esta forma en la práctica general de *asana*. *Mula Bandha* estimula el filum terminal y la cauda equina, dos estructuras anatómicas conectadas con la médula espinal, anclada al coxis. Mediante esto, *Mula Bandha* estimula el cerebro entero y, particularmente, el sistema nervioso parasimpático. Se ralentiza el corazón, disminuye la presión sanguínea y disminuye la tasa respiratoria. T. Krishnamacharya afirmó que *Mula Bandha* le ayudó a conseguir su habilidad de ralentizar el latido del corazón hasta el punto de que parecía que lo había parado.

Mula Bandha tiene tres aspectos, niveles o fases, de las cuales la primera es introductoria, la segunda intermedia y la tercera avanzada. Para aprender los *bandhas*, los alumnos deben concentrarse primero en el aspecto introductorio y luego ir avanzando. El aspecto introductorio del *bandha* es burdo/muscular.

El aspecto intermedio es sutil/pránico y el nivel avanzado es causal/mental, es decir, basado en el pensamiento[169]. Esto significa que nuestro trabajo se va haciendo más sutil a medida que maduramos, de forma similar a la progresión a través de los ocho pasos, de *asana* vía *pranayama* hasta la meditación y el *samadhi*.

Así pues, vamos a tratar primero la etapa burda o muscular de *Mula Bandha*: el suelo pélvico está principalmente formado por el músculo pubococcígeo (o músculo pc para acortar), que va del hueso del pubis al coxis. Tiene la forma de un 8, permitiendo el orificio anal en la espalda y el orificio urinario/reproductor al frente. Seguro que conoces la sensación de estar en el cine y tener ganas de ir al baño, pero posponer la visita porque no quieres perderte parte de la película. En este caso, debes contraer el suelo pélvico entero o partes de él. Los humanos y muchos animales pueden diferenciar entre la contracción de distintas partes del suelo pélvico. Por ejemplo, se puede soltar la parte frontal del músculo pc para permitir la micción, pero no la parte posterior, que facilitaría la defecación. *Mula Bandha* se considera aún difícil de lograr en algunos sectores, pero es cuestión de describirlo adecuadamente. El fundamento de *Mula Bandha*, es decir, la diferenciación de las partes del suelo pélvico ya está establecido durante el entrenamiento básico de casa que interiorizamos durante nuestra primera infancia. La misma capacidad es aprendida por muchos mamíferos e incluso reptiles, que usan la orina para delimitar su territorio. No defecan al mismo tiempo que marcan sus territorios mediante la micción, lo que significa que saben cómo controlar partes del suelo pélvico mientras sueltan otras.

---

169 Este punto de vista es corroborado por Shankaracharya en su *Aparokshanubhuti*, estrofa 114.

CAPÍTULO 10

La técnica yóguica llamada *Ashvini Mudra* se ocupa más de la parte trasera del músculo pc, y se describe en la Sección 4, *Mudra* 24. *Ashvini Mudra* implica la contracción y liberación rápidas del esfínter anal. Hay también una técnica que trata los diversos niveles de control de la parte frontal del músculo pc, es decir, el esfínter urinario. Esta técnica se llama *Vajroli Mudra* y fue despreciado por muchos yoguis del pasado (incluido T. Krishnamacharya) para evitar el libertinaje. Mencionaré este tema aquí sólo fugazmente, pero me meteré plenamente con ello en la Sección 4, *Mudra* 25. *Mula Bandha* no es idéntico ni a *Ashvini Mudra* ni a *Vajroli Mudra*, sino que está exactamente en el medio de ambos. Sin embargo, el estudio y la realización de ambos *mudras* mejorarán tu agarre en *Mula Bandha*, simplemente mejorando tu nivel de habilidad con respecto a la diferenciación de las diversas áreas del suelo pélvico. Los biomecánicos han medido que el suelo pélvico se activa una fracción de segundo antes de cualquier ejercicio de carga, pero también cuando se grita o se canta en voz alta. Es algo que cualquier cantante de ópera puede confirmar. También cualquier atleta de élite debe tener un *Mula Bandha* funcional. Sin él, ningún rendimiento extraordinario es posible.

Mientras que las personas que rinden al máximo activarán *Mula Bandha* automáticamente sin que se les pida que lo hagan, para la mayoría de nosotros es útil ser instruido en qué hacer exactamente para mejorar nuestras capacidades físicas. En la primera etapa anatómica o etapa burda del *bandha*, debemos aprender a activar el perineo, que es la parte del músculo pc donde se encuentran los dos bucles del 8. Cuando lo haces, sientes que puedes correr más rápido, saltar más alto o gritar más, y todo, simplemente, porque te haces más boyante. Cualquier fuerza dirigida fuera del cuerpo, ya sea el habla, la locomoción o el agarre, necesita algo en lo que rebotar. Por ejemplo, cuando intentamos empujar un coche, las piernas empujan el suelo por debajo de ti. En este sentido, activando el perineo, el suelo pélvico actúa ahora de forma similar a un trampolín desde el que cualquier vector dirigido al exterior puede rebotar. Esto se convierte pronto en algo muy obvio en los saltos a través y en los saltos hacia atrás durante el movimiento del *vinyasa*, en los equilibrios sobre los brazos, en las posturas con la pierna detrás de la cabeza, y en los "drop-backs" (movimiento secuencial desde la postura de pie a *Urdhva Dhanurasana* y vuelta). Estos son ejercicios yóguicos muy intensos durante los cuales la fuerza dirigida hacia el exterior necesita empujar contra una barrera interna (el *bandha*), de otro modo, mucha de esta fuerza hacia el exterior no llegaría al entorno exterior del cuerpo.

Lo que es esencial para el *bandha* es que sea activado antes que se ejecute el vector de fuerza que lo utiliza como base. Si no, de verdad que podrías mojar los pantalones cuando intentes gritar alto o levantar un peso pesado. Si el *bandha* falla totalmente, lo llamaríamos incontinencia. Un alto nivel de éxito en el *bandha* podría llamarse continencia. Ten en cuenta que este término tiene la acepción de nuestras necesidades, pero que también significa contención o autocontrol.

Inicialmente, podemos decir que, durante los dos primeros años de entrenamiento de los *bandhas*, nos concentramos en la etapa muscular o burda de *Mula Bandha* mencionada anteriormente. La duración de esta fase depende, obviamente, de lo empinada que sea tu curva de aprendizaje. Estando en esta fase inicial, antes de cargar el cuerpo con cualquier *asana* compleja (u otro ejercicio), debes siempre comprobar que el perineo está activado. Si tienes dificultades para localizar el *bandha*, contrae el esfínter anal, luego el esfínter urinario, y luego

CAPÍTULO 10

busca el punto en el medio y suelta las dos áreas exteriores. Una vez que has establecido el *bandha*, intenta mantenerlo mientras que sostienes *asanas* cada vez más difíciles o durante la realización de las técnicas de *pranayama* y meditación.

Una vez que has hecho esto durante un año o dos, migra al segundo nivel de *Mula Bandha*, el aspecto sutil/pránico. Vamos a ver primero los porqués y luego el cómo. Todas las cosas buenas se convertirán con el tiempo en veneno sólo con que tomes demasiado de ellas. Que debes limitar el tiempo y la energía gastados en las contracciones del suelo pélvico se hace más obvio cuando planeas dar a luz pronto. Un suelo pélvico súper trabajado hace más difícil que el niño pase a través. En los hombres también el *Mula Bandha* puede con el tiempo llevar a visitas extras al baño por la noche porque limita el paso de la orina. Sin embargo, son principalmente los cambios psicológicos los que quiero discutir aquí. La lengua española contiene el bellamente descriptivo término "tonto del culo". Si te estancas en el aspecto burdo y muscular del *Mula Bandha*, probablemente con el tiempo te convertirás en un "tonto del culo". El término normalmente designa a un miserable, una persona poco generosa que ve la vida principalmente en términos de adquisición. He visto pasar esto con bastante regularidad. Debes tener en cuenta que cuando dices que no a alguien, defiendes tu posición, o te mantienes firme, tu postura es completada y complementada por la contracción automática de tu esfínter anal. Pruébalo si no te suena. Tu expresión será mucho más congruente cuando lo hagas. Sigmund Freud se dio cuenta de esta tendencia y llamó a esta fase, en la que los niños aprenden a decir que no, la fase anal. Si no te gradúas en la etapa pránica de *Mula Bandha*, la etapa muscular tenderá a enfatizar demasiado los aspectos anales y retentivos de tu personalidad. Sin embargo, como yoguis, queremos convertirnos en personas agradecidas, generosas, que se preocupan por los demás, enriquecedoras, cariñosas, etc. Aunque debemos ser capaces de decir que no y de rechazar posturas equivocadas y acciones (como la violación y el saqueo de nuestra sagrada Madre Tierra, el genocidio de los indígenas, el racismo, el sexismo, la explotación y supresión de las minorías, etc.), no debemos permitir que el aspecto anal de la psique se apodere de nosotros si estamos interesados en una psique equilibrada.

La segunda etapa de Mula Bandha es pránica/energética. Durante esta fase, nos alejamos lentamente de la contracción muscular y usamos la succión de la respiración para levantar el perineo. Hay varias formas de hacer esto. Una implica imaginar que inhalas a través del suelo pélvico. Hazlo y verás cómo esto eleva el perineo. También puedes imaginar cómo la respiración eleva y expande tu torso y crea así una succión que permite que el perineo se ondule hacia arriba. Sin embargo, mi método favorito es imaginar que el torso está hueco y que un gancho está unido al centro del suelo pélvico. La inhalación se convierte ahora en una mano que llega abajo, se engancha al perineo y tira de él hacia arriba. En ésta y otras descripciones metafóricas similares, encontrarás los dos mismos elementos que se combinan para provocar el mismo efecto. Los dos elementos son la respiración (*prana*) y el pensamiento (*vrtti*). Fue el *Hatha Yoga Pradipika* el que estableció que estos dos siempre se mueven juntos y son difíciles de separar[170]. En esta fase del *bandha*, estamos usando la imaginación para dirigir la fuerza pránica. Cuando los estudiantes dominan este nivel, se dan cuenta de que se han vuelto capaces de hacer cosas en su práctica que, de

---

170 *Hatha Yoga Pradipika* IV. 24.

otro modo, serían difíciles de hacer. La segunda fase de *Mula Bandha* añade una cierta ligereza y fluidez a nuestra práctica, pero si nos preguntan cómo se produce esto, normalmente no sabemos explicar cómo.

Con esta segunda etapa de *Mula Bandha* nos capacitamos para hacer más usando menos energía. Este es exactamente el efecto que queremos provocar. El yoga no es un proceso durante el que usamos la máxima fuerza par provocar un efecto pequeño, sino lo contrario. La etapa dos de *Mula Bandha* tarda mucho más en ser perfeccionada que la uno. Otra vez, las curvas de aprendizaje de los alumnos difieren mucho, pero no estaría muy lejos de la realidad decir que se puede fácilmente tardar una década en llegar a dominar este segundo nivel del *bandha*.

Entonces ¿por qué deberíamos avanzar a un tercer nivel si el segundo nivel ya nos capacita tanto? Con el nivel tres, la trayectoria continua. Se usa aún menos energía. Está descrito en *Yoga Taravali* de Shankara y en *Aparokshanubhuti*, donde se dice que, con el tiempo, el *Mula Bandha* se convierte en puro pensamiento[171]. No hace falta para nada la respiración para crear la succión. Esto es, obviamente, muy importante cuando estamos en *kumbhaka* (retención de la respiración). Cuando la respiración no se mueve, el mantenimiento del *Mula Bandha* tiene que madurar a la larga al nivel de puro pensamiento.

¿CUÁNDO?

Idealmente, *Mula Bandha* se aplica siempre durante *kumbhaka*, ya que activa el sistema nervioso parasimpático, ralentizando el corazón y haciendo así el *kumbhaka* más fácil. *Mula Bandha* debe también mantenerse durante la inhalación y la exhalación.

---

171 *Aparokshanubhuti of Shankaracharya*, estrofa 114.

Aparte de esto, *Mula Bandha* debe aplicarse también cuando se está practicando cualquier *asana* menos *Shavasana*, y durante cualquier ejercicio para desbloquear la Kundalini, como la meditación yóguica. Durante el *kumbhaka*, sin embargo, *Mula Bandha* es secundario en importancia con respecto a *Jalandhara Bandha*. Desvía el ancho de banda intelectual hacia *Mula Bandha* sólo habiéndote asegurado que *Jalandhara* está activado correctamente.

¿CUÁNDO NO?

Las escrituras yóguicas recomiendan el mantenimiento de *Mula Bandha* todo el tiempo. Sin embargo, esto sólo se aplica a los practicantes muy avanzados que han completado sus deberes hacia la sociedad y que han desbloqueado la Kundalini. Una persona que aún realiza todas las funciones normales en la sociedad e intenta mantener todo el tiempo el *Mula Bandha* puede experimentar estreñimiento. La ingesta de alimentos debe adaptarse si se mantiene todo el tiempo *Mula Bandha*. La menstruación es potenciada también por el *apana*, y girarlo hacia arriba con *Mula Bandha* puede interferir con el proceso natural de la menstruación. *Apana* también es responsable del parto. Durante el embarazo, *Mula Bandha* debe disminuirse según la condición individual. Por ejemplo, una mujer con una práctica de *asana* muy avanzada y un *Mula Bandha* atlético puede beneficiarse de su liberación hacia el final del embarazo. Sin embargo, las mujeres con un tono muscular general bajo y con un suelo pélvico débil pueden beneficiarse de practicar *Mula Bandha* durante más tiempo.

Capítulo 11
UDDIYANA BANDHA
(Cierre del Vuelo)

Uddiyana significa volar. El *Dhyana Bindu Upanishad* expone que es llamado así porque impulsa el *prana* hacia arriba dentro del canal central de energía (*Sushumna*) y allí vuela como un gran pájaro[172]. Este *bandha* es uno de los *mudras* de mayor difusión. Entre muchos otros textos, aparece también en el Dattatreya´s Yogashastra[173] y en el *Yoga Chudamani Upanishad*[174].

Durante la inhalación, sólo se contrae la pared abdominal inferior para dirigir parte de la inhalación dentro del tórax y evitar la distensión del abdomen. Durante el *kumbhaka* interno, la pared abdominal entera es isométricamente[175] contraída para aumentar la presión intrabdominal e impulsar hacia arriba el *apana vayu* (la corriente vital descendente). Durante la exhalación, la pared abdominal entera es isotónicamente[176] contraída para expulsar el aire sin que *apana vayu* baje. Durante el *kumbhaka* externo, los contenidos abdominales son succionados dentro

---

172 *Dhyana Bindu Upanishad* estrofa 75-76.
173 Dr. M. M. Gharote (edición), D*attatreyayogasastram*, Instituto Lonavla de Yoga, Lonavla, 2015, p. 69.
174 Dr. M. M. Gharote et al (edición y traducción), *Critical Edition of Selected Yogopanisads,* Instituto Lonavla de Yoga, Lonavla, 2017, p. 204
175 Durante la contracción isométrica, no cambia la longitud del músculo; es, por lo tanto, una contracción estática.
176 Durante la contracción isotónica el músculo se acorta.

de la cavidad torácica para elevar *apana vayu*. Técnicamente hablando, esto no es un *bandha,* ya que no hay contracción muscular involucrada, pero energéticamente consigue lo que hacen los *bandhas*-la desviación de *prana y vayu* hacia otra dirección. Para clarificar la marcada diferencia entre este cuarto método y las otras tres fases de *Uddiyana Bandha*, lo llamo *Uddiyana*-externo (*Bahya Uddiyana*), siguiendo una tradición establecida en los *shastras* en el siglo diecisiete.

Así pues, hay cuatro formas de *Uddiyana Bandha/Uddiyana*-externo, que se aplican a las cuatro fases respiratorias: inhalación, *kumbhaka* interno, exhalación y *kumbhaka* externo. En cualquier punto del ciclo respiratorio, se aplican una u otra forma de *Uddiyana Bandha/Uddiyana*-externo.

CONTRAINDICACIONES DE *UDDIYANA BANDHA*

No practiques *Uddiyana Bandha* con el estómago lleno o durante el embarazo. Aparte del *Uddiyana Bandha* de la inhalación, las otras tres versiones son inadecuadas en mayor o menor medida si sufres úlcera péptica.

CONTRAINDICACIONES ADICIONALES DE *BAHYA UDDIYANA* (EXTERNO)

Adicionalmente, la forma más extrema de *Bahya Uddiyana* no debe realizarse durante la menstruación. Sin embargo, si se practica fuera de la menstruación, *Bahya Uddiyana* tiene la potencia de curar desórdenes menstruales, especialmente si son el resultado de un prolapso del útero. No practiques *Bahya Uddiyana* con un corazón débil, una enfermedad cardiaca o hipertensión.

CAPÍTULO 11

¿POR QUÉ *UDDIYANA BANDHA*?

Hay numerosas referencias a los efectos milagrosos de *Uddiyana Bandha*. El *Yoga Rahasya* afirma que mueve el *prana* al interior del *Sushumna*[177], que limpia los *chakras* y los *nadis*[178] y que ayuda con las enfermedades relacionadas con el *apana*, como los desórdenes menstruales[179]. El *Hatha Ratnavali* declara que *Uddiyana Bandha* encierra el *prana* en el *Sushumna* y hace que se eleve en él[180]. El *Gheranda Samhita* proclama que *Uddiyana Bandha* es un león contra la muerte del elefante-debido a su estatus real, se pensaba que el león podía someter incluso al elefante. También dice que puede conferir la liberación espontánea[181]. El *Goraksha Shataka* afirma que *Uddiyana Bandha* conquista la muerte[182].

UDDIYANA BANDHA-INHALACIÓN

Un ciclo completo de respiración yóguica consiste en llenar el torso con la respiración como si se llenara un recipiente con agua, es decir, de abajo hacia arriba. El yogui inhala primero en el abdomen, luego en el tórax y finalmente en los lóbulos superiores de los pulmones, el área clavicular. Por lo tanto, la inhalación yóguica produce una onda que se inicia en el hueso púbico y termina en el manubrio del esternón (extremo superior del esternón).

Intenta el siguiente experimento: inhala mientras que mantienes la pared abdominal completamente relajada. Verás

---

177 *Yoga Rahasya* I. 65.

178 *Yoga Rahasya* I. 67.

179 *Yoga Rahasya* I. 69.

180 *Hatha Ratnavali of Shrinivasayogi* II. 53.

181 *Gheranda Samhita* III. 8-9.

182 *Goraksha Shataka* estrofa 77.

que el vientre se expande más y más, pero que la respiración nunca llega al tórax ni al área clavicular. Aunque algunas escuelas espirituales recomiendan esto, es una forma desnaturalizada y desvitalizada de inhalar. Ahora, mantén firme y controlada la pared abdominal inferior, e inhala de nuevo. Notarás que ahora puedes dirigir la respiración tan arriba como quieras. No debes contraer la pared abdominal entera, sino sólo la parte que está debajo del ombligo. Como los músculos abdominales se entrelazan con el diafragma, contraer la parte superior de la pared abdominal conducirá también a la detención del diafragma. Esto nos hará respirar exclusivamente con el pecho- una forma de respirar que es desnaturalizada y desvitalizada, como la respiración exclusivamente abdominal. También puede conducir a ansiedad. Ya que el diafragma está unido con un tendón doble al pericardio, un diafragma permanentemente contraído se puede manifestar como tensión en el corazón, que puede traducirse como miedo a la aniquilación.

Debemos involucrar completamente el torso entero en el ciclo de la respiración para convertirnos en un ser humano completo e integrado. Para hacer esto hay que mantener la pared abdominal inferior controlada, activando ligeramente la mitad inferior del músculo transverso abdominal con el efecto de llevar los contenidos abdominales suavemente hacia dentro contra la columna vertebral. El diafragma es así libre de descender, aumentando la presión intrabdominal y masajeando y comprimiendo los órganos abdominales. Esto conducirá también a una ligera protrusión de la pared abdominal por encima, pero no por debajo, del ombligo. La ligera protrusión por encima del ombligo es la respuesta del cuerpo a que el diafragma se mueve libremente hacia arriba y hacia abajo. Hay que estar atento a esta señal.

CAPÍTULO 11

La expansión limitada de la parte superior del abdomen hará que el exceso de volumen de la inhalación expanda el tórax. Es muy importante para la salud del corazón que el tórax se mantenga vibrante y pulsante. La respiración exclusivamente abdominal con una pared abdominal completamente relajada hace que el tórax se ponga rígido, lo que es perjudicial para el suministro de *prana* al corazón. Después de que el tórax se haya expandido completamente, la pared abdominal inferior activada llevará el remanente de la inhalación dentro de los lóbulos superiores de los pulmones. Es muy importante que los lóbulos superiores de los pulmones estén adecuadamente ventilados, y sólo unas pocas personas llevan suficiente aire a esta área. Y al atraer la respiración hacia los lóbulos superiores, se consigue que la onda respiratoria llegue a la parte superior de la columna vertebral torácica. El buen funcionamiento de las vértebras torácicas superiores garantizará que los nervios que salen por esta zona puedan irrigar correctamente sus respectivas áreas, principalmente los brazos, las manos, las muñecas y los hombros. Cualquier problema suele estar relacionado con una pared abdominal débil e inactiva. Los lectores de mis libros anteriores se habrán dado cuenta de que es esta forma de *Uddiyana Bandha*, al que llamaré ahora *Uddiyana Bandha*-inhalación, el que se usa durante el ciclo entero de respiración *Ujjayi* en Ashtanga Vinyasa Yoga.

Durante el clásico *Uddiyana Bandha*-inhalación la parte inferior del abdominal transverso está contraído y el abdomen inferior metido ligeramente hacia dentro. La pared abdominal inferior se contrae para llevar parte de la inhalación hacia el tórax y evitar que el abdomen se distienda. El músculo abdominal transverso atraviesa horizontalmente el abdomen y se usa para llevar los contenidos abdominales contra la columna vertebral.

Es crucial que la parte inferior de este músculo esté aislada de su parte superior. La mitad superior se extiende desde el esternón hasta el ombligo. Esta parte del abdominal transverso se entrelaza con el diafragma y su contracción durante el movimiento se traducirá como tensión en el diafragma. Como el diafragma está unido por un tendón al pericardio, la tensión en el diafragma se siente en el corazón. Si alcanza una cierta magnitud, la mente lo interpreta como miedo a la aniquilación, lo que puede sentirse como un ataque de pánico.

Para aislar las dos partes del abdominal transverso, siéntate en el suelo y coloca los pulgares o los dedos fuera del abdominal recto (músculo de "la tableta"). El abdominal recto discurre verticalmente por delante de la columna vertebral desde el esternón hasta el pubis. Es imposible aislar la parte superior del abdominal recto de la parte inferior. Así que hay que colocar los dedos a cada lado del abdominal recto a 100 mm o 4 pulgadas aproximadamente. Si colocas los dedos a 150 mm o 6 pulgadas de distancia a cada lado del abdominal recto, habrás creado una distancia suficiente desde el abdominal recto para sentir el transverso abdominal. Deja caer los dedos ahora hasta la línea horizontal que formaría tu cinturón si llevaras uno. Ahora experimenta hasta que encuentres bajo tus dedos el músculo que se mete dentro. Es importante que no presiones. Presionar con los dedos no activa el abdominal transverso, que sólo puede replegarse (atraer los contenidos abdominales contra la columna vertebral) mediante la contracción. Una vez que tienes el músculo que se pliega hacia dentro, mueve los dedos más arriba por encima del ombligo (pero aún fuera del abdominal recto) y asegúrate de que la parte superior del abdominal transverso permanece relajado para no tensar el diafragma.

CAPÍTULO 11

La importancia de esto es perfectamente conocida por los investigadores biomecánicos. Se ha demostrado que, incluso al levantar un peso relativamente ligero con los brazos, el abdominal transverso se activa aproximadamente medio segundo antes. Este reflejo existe para proteger los discos lumbares. Cuando el abdominal transverso se dispara (contrae) se meterá la parte inferior del abdomen. Debido a que los huecos de la cavidad abdominal están llenos de fluidos (a diferencia de muchos de la cavidad torácica que están llenos de aire), la cavidad abdominal no puede cambiar su volumen. Por lo tanto, el meter hacia dentro la parte inferior del abdomen debe dar lugar a un cambio de forma. Dado que la circunferencia de la cavidad abdominal se reduce por la contracción del abdominal transverso, la altura de la cavidad aumenta. Esto hace que las vértebras lumbares se separen, aumentando los espacios entre los discos intervertebrales. Esto significa que la contracción del transverso tiene como objetivo principal la protección de los vulnerables discos lumbares.

Es un reflejo incorporado a nuestro cuerpo, pero, con un estilo de vida cada vez más sedentario, la disfunción o debilidad de estos reflejos se vuelve más probable. Sin embargo, especialmente cuando estamos practicando equilibrios yóguicos sobre los brazos, flexiones intensas hacia atrás o posturas con la pierna detrás de la cabeza, es esencial que el abdominal transverso se active apropiadamente antes de que se cargue la espalda baja. *Uddiyana Bandha* debe ser practicado hasta dominarlo antes de que se aborden estos grupos de posturas. No se debe esperar hasta que el *bandha* llegue "espontáneamente", sino que debemos concentrarnos sistemáticamente en él durante la etapa de principiante, es decir, desde el primer saludo al sol en adelante. Una vez que te has acostumbrado a practicar *asana* sin los *bandhas*, es mucho más difícil reeducarse.

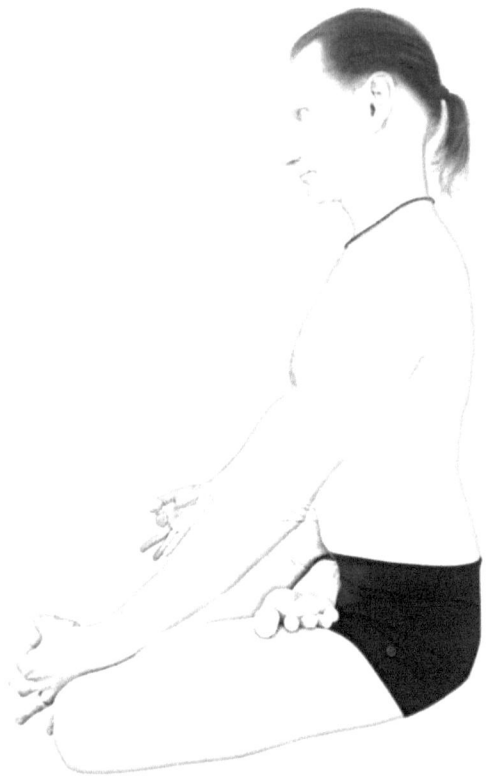

Uddiyana Bandha **del** *kumbhaka* **interno**

La instrucción sobre los *bandhas* debe ser parte de todos los cursos de iniciación. Es mucho más fácil concentrarse en la activación de los abdominales transversos durante las posturas fáciles de principiantes que aprenderlo luego durante las posturas más desafiantes.

Si la pared abdominal inferior se mantiene firme y la superior está relajada, el diafragma sube y baja libremente. Esto produce una fuerte oscilación de la presión sanguínea intrabdominal, y es exactamente este mecanismo el que da lugar a órganos abdominales sanos. Cuando el diafragma baja y la pared abdominal está sujeta, aumenta la presión en el abdomen. Cuando el diafragma sube, la sangre es succionada fuera del abdomen y la presión sanguínea cae. Esta fuerte oscilación de la presión sanguínea abdominal masajea constantemente los órganos internos y conduce a tejidos fuertes y sanos. Al relajar la pared abdominal y dejar caer el vientre se impide este masaje tonificante de los músculos abdominales.

UDDIYANA BANDHA DE *KUMBHAKA* INTERNO

Veremos a continuación la forma de *Uddiyana Bandha* que se aplica durante los *kumbhakas* internos. El *Hatha Ratnavali* dice que *Uddiyana Bandha* debería iniciarse después de la inhalación y antes de que empiece el *kumbhaka* (interno). El *Hatha Tatva Kaumudi* declara que mediante la práctica de *Jalandhara Bandha* y *Uddiyana Bandha* durante el *kumbhaka* (interno), el *prana* puede moverse dentro del *Sushumna*. El *Kumbhaka Paddhati* recomienda la iniciación de *Uddiyana Bandha* después de la inhalación y antes de que empiece el *kumbhaka*, y el *Gheranda Samhita* dice lo mismo.

Encontramos aquí una forma diferente de *Uddiyana Bandha* a la que ya hemos discutido. El *Uddiyana Bandha* realizado durante el *kumbhaka* interno consiste en la contracción vigorosa de los músculos abdominales no sólo por debajo sino por encima del ombligo[183]. Su propósito es aumentar la presión neumática y pránica en el torso hasta el punto de que el *prana* entre al *Sushumna* y se eleve, y que el *apana vayu* se vea obligado a subir. Para que esto suceda, el yogui debe haber logrado el dominio

---

183 *Hatha Ratnavali of Shrinivasayogi* II. 55

de *Jalandhara Bandha* y *Mula Bandha*; de otro modo, el *prana* se escapará por completo del torso. Esto constituye una forma más avanzada de *Uddiyana Bandha*, y sólo debes preocuparte de él después de que hayas aprendido los *Uddiyana Bandha* de la inhalación y de la exhalación.

No se debe intentar un *kumbhaka* interno de más de unos 10 segundos sin tener maestría en *Jalandhara Bandha*. Las sesiones iniciales de *kumbhaka* interno deben dedicarse a revisar una y otra vez que se está aplicando correctamente *Jalandhara Bandha*, de modo que el *prana* no se meta a la fuerza en la cabeza y el aire en los oídos y cause algún perjuicio. Una vez que se domina *Jalandhara Bandha*, la conciencia en el *kumbhaka* interno debe desviarse hacia el dominio de *Mula Bandha*, aunque el *kumbhaka* puede realizarse sin este *bandha* sin que nos perjudique. Sin embargo, es sólo después de haber ganado maestría en ambos que se puede aplicar el tercer *bandha*, *Uddiyana Bandha*, durante el *kumbhaka* interno. Esto hará que el sostenimiento de los otros dos *bandhas* sea inicialmente más exigente; también aumentará la presión en el tejido pulmonar, que el principiante debe evitar. El tejido pulmonar debe hacerse resiliente aumentando lentamente la longitud e intensidad del *kumbhaka*. Este es el mismo principio que se aplica a los músculos y tendones en *asana*, y a la mayoría de las cosas de la vida. La intensificación del *kumbhaka* es la última cosa que un principiante debe buscar.

Además de ayudar a la entrada y al ascenso del *prana* en el *Sushumna*, según el difunto Dr. M. L. Gharote, la aplicación de *Uddiyana Bandha* durante el *kumbhaka* interno también ralentiza los latidos del corazón al activar los receptores de presión de las vísceras abdominales[184]. Tiene este efecto en común con *Jalandhara Bandha* y

---

[184] Dr. M. L. Gharote, *Pranayama: The Science of Breath*, Instituto

Mula Bandha. Los tres *bandhas* (*bandha-traya*) funcionan juntos para ralentizar el corazón, profundizar en la meditación, y reducir el consumo de oxígeno del cuerpo prolongando así el *kumbhaka*.

UDDIYANA BANDHA-EXHALACIÓN

El *Yoga Kundalini Upanishad* declara que *Uddiyana Bandha* debe aplicarse al final del *kumbhaka* interno y al principio de la exhalación[185]. Lo mismo se recomienda en el *Yuktabhavadeva*[186], el *Hatha Tatva Kaumudi* y el *Hatha Yoga Pradipika*[187]. Cuando estos textos hablan de *Uddiyana Bandha* se refieren a lo que yo llamo *Uddiyana Bandha*-exhalación. Esta forma o fase de *Uddiyana Bandha* es parecida al *Uddiyana Bandha* del *kumbhaka* interno en que usa la pared abdominal entera, es decir, las partes superior e inferior del ombligo. Pero es diferente en su efecto y nivel de dificultad. Empujar la pared abdominal entera hacia dentro y hacia la columna vertebral nos permite exhalar completamente y no dejar atrás ni un centímetro cúbico de nuestro volumen respiratorio (es decir, nuestra capacidad vital). De este modo, se exhala el máximo de CO_2 y se crea espacio para la nueva inhalación. Este método crea el potencial para una inhalación más larga y, por lo tanto, una mayor duración del *kumbhaka* posterior. Pero hay otro efecto importante. La acción instintiva para crear una exhalación completa sería colapsar completamente la caja torácica, pero si se hace eso, se notará una clara caída y pérdida de energía (debido al *apana vayu* descendiente) al final de la exhalación, flexionándose la columna vertebral torácica (haciéndose más cifótica) y dejando

---

Lonavla de Yoga, Lonavla, 2003, p. 25
185 *Yoga Kundalini Upanishad*, estrofas 47-48.
186 *Yuktabhavadeva of Bhavadeva Mishra* lxviii.
187 *Hatha Yoga Pradipika* II. 45.

caer la cabeza. El *Uddiyana Bandha*-exhalación te permite mantener el espíritu elevado, y la columna vertebral y la cabeza erguidas, aportando una necesaria explosión de energía. De esta forma, el yogui puede prolongar la exhalación tanto como necesite.

El dominio del *pranayama* no se adquiere durante la inhalación o el *kumbhaka*. Se adquiere durante la exhalación. Durante un *pranayama* serio, la exhalación debe ser el doble de larga que la inhalación y la mitad de larga que los *kumbhakas* internos. La cuenta de *pranayama* más frecuentemente citada en los *shastras* es 16 segundos de inhalación, 64 segundos de *kumbhaka* y 32 segundos para la exhalación, aunque esto es una cuenta muy avanzada que no puede ser emulada por todos. Algunas personas pueden aguantar la respiración durante 64 segundos si aspiran el aire en unos pocos segundos, lo mantienen y después exhalan con la boca abierta en pocos segundos. Pero esa no es la finalidad del *pranayama*. La finalidad es ser capaz, después de un *kumbhaka* de 64 segundos, de distribuir la exhalación fácilmente durante otros 32 segundos, no precipitarse al final y tampoco quedarse sin aire exhalable.

Esto es mucho, mucho más difícil que el *kumbhaka* precedente de 64 segundos. Pero aquí sucede la magia del *pranayama*. Mientras que el *prana* se extrae del aire ambiental en el *kumbhaka* interno, la distribución del *prana* a las áreas del cuerpo tiene lugar durante una exhalación suave, larga y uniforme. Y también es, generalmente, durante la exhalación cuando Kundalini con el tiempo asciende. Pero estas cosas son posibles sólo cuando el *Uddiyana Bandha*-exhalación es dominado, que consiste en meter hacia la columna vertebral las paredes abdominales superior e inferior. Esto no debe aplicarse demasiado rápido, ya que, de otro modo, el aire saldría como un estallido por las fosas nasales. En *pranayama* se requiere una exhalación suave, uniforme y larga. Aplicar un *Uddiyana*

Bandha externo es un arte delicado que se aprende en una práctica diaria a lo largo de un periodo de tiempo significativo.

En la jerarquía de las tres formas de *Uddiyana Bandha*, el *Uddiyana Bandha*-inhalación debe aprenderse primero, porque, sin él, no hay un ciclo de respiración yóguica completo. El siguiente de la fila que debe aprenderse es el *Uddiyana Bandha*-exhalación. Aporta resistencia en *pranayama*, pero requiere de un recuerdo permanente. Sólo después vendría el *Uddiyana Bandha* del *kumbhaka* interno. Debe abordarse sólo cuando estás firmemente establecido en el *pranayama*.

UDDIYANA BANDHA DEL *KUMBHAKA* EXTERNO, *BAHYA UDDIYANA*

Hay dos ejercicios muy diferentes descritos en la literatura yóguica con casi el mismo nombre. Uno es, a menudo, llamado simplemente *Uddiyana* y el otro *Uddiyana Bandha*. Ambos se usan para elevar la corriente vital descendente (*apana vayu*). Aunque el nombre es similar, son muy diferentes en su aplicación. *Uddiyana Bandha* es una contracción muscular que empuja los contenidos abdominales hacia dentro y hacia arriba. Sólo puede tener efecto cuando hay aire en los pulmones y los músculos abdominales pueden empujar contra algo. Por lo tanto, se usa sólo durante la inhalación, el *kumbhaka* interno y la exhalación.

Cuando los pulmones están vacíos, en lugar del *bandha* genérico, se usa un vacío para aspirar los contenidos abdominales dentro de la cavidad torácica. Esto también eleva el *apana vayu*, pero el mecanismo fisiológico es diferente. El *Uddiyana* externo tiene lugar después de una exhalación completa. Durante el *kumbhaka* externo, se detiene la respiración, se cierra la garganta y se realiza una falsa inhalación durante la que el diafragma se eleva. Los músculos abdominales están completamente relajados, y los contenidos abdominales son aspirados dentro de la cavidad torácica, un proceso apoyado por el dorsal ancho y el trapecio. M. V. Bhole, doctor en Medicina, argumenta en un artículo del *Yoga Mimamsa* que esto no es realmente un *bandha*[188]. Estrictamente hablando esto es correcto, ya que no implica una contracción del grupo de músculos central del *bandha*, aquí los abdominales. Por ejemplo, en *Jalandhara Bandha* la garganta se contrae y crea una barrera. Lo mismo es aplicable a *Mula Bandha*, debido al diafragma pélvico activado. *Uddiyana Bandha*, en su sentido más estricto, es sólo un auténtico *bandha* cuando la pared abdominal está activada. Los lectores confunden a menudo el significado de que la técnica sea a veces llamada *Uddiyana Bandha* y otras veces *Uddiyana*. Añadido a esta confusión, algunas escuelas de yoga bastante recientes ignoran el hecho de que, aparte de *Uddiyana*, existe un *Uddiyana Bandha*, que no es sólo de naturaleza diferente que los verdaderos *bandhas*. Agravando la confusión, Theos Bernard, siguiendo la nomenclatura de su maestro, llamó *Uddiyana* al aleteo dinámico de la pared abdominal, a veces llamado *Agnisara* o *Vahnisara Dhauti*, una técnica que yo llamo etapa 1 de *Nauli*. Esto es un ejercicio diferente, y Swami Kuvalayananda enseñó que *Agnisara* ni siquiera contiene *Uddiyana* (es decir, no hay inhalación falsa).

Para diferenciar *Uddiyana Bandha*, que es una contracción muscular que sucede durante la inhalación, el *kumbhaka* interno y la exhalación, he llamado al *Uddiyana* pasivo, que sólo sucede durante el *kumbhaka* externo (*bahya*), *Uddiyana* externo o *Bahya Uddiyana* a lo largo de este libro. Para ello he seguido la tradición que, hasta donde yo sé, fue iniciada por Shrinivasayogi, el autor del *Hatha Ratnavali*[189]. Este texto fue, probablemente, establecido

---

188 *Yoga Mimamsa* XV. 2
189 *Hatha Ratnavali* de Shrinivasayogi II. 56.

durante el siglo diecisiete, y su autor era muy consciente de la necesidad de desambiguar *Uddiyana* de *Uddiyana Bandha*.

Uddiyana Bandha del kumbhaka externo

El *Yoga Rahasya* establece que, después de la exhalación, debe realizarse *kumbhaka* externo (*bahya*) con potentes *Uddiyana* y *Jalandhara bandhas*[190]. Se dice que *Bahya Uddiyana* alivia las disfunciones de los órganos abdominales como la diabetes y purifica el *Manipura Chakra*. Aparte de su aplicación durante el *kumbhaka* externo, es también usado en el *kriya Nauli* y en *mudras* como *Tadaga Mudra*, *Yoga Mudra* y *Maha Mudra*. Es un ejercicio pasivo en que su efecto no es provocado por la contracción de los músculos abdominales, sino por la creación

---

190 *Yoga Rahasya*, I. 62

de una succión ascendente mediante la inhalación falsa, después de haber cerrado la garganta. Mientras que las tres versiones activas previas de *Uddiyana Bandha* activan el sistema nervioso parasimpático, ralentizan el corazón y reducen la presión sanguínea, el *Uddiyana* externo estimula el sistema nervioso simpático y acelera la frecuencia cardiaca. Esto lo hace principalmente mediante la succión que aplica en las glándulas adrenales. Así produce un equilibrio entre el sistema nervioso simpático y parasimpático, pero su función también explica por qué el *kumbhaka* externo es más difícil que el *kumbhaka* interno. El corazón se acelera y consume más oxígeno cuando los pulmones están completamente vacíos. Esta podría ser otra razón por la que T. Krishnamacharya puso tanto énfasis en la difícil tarea de realizar *Jalandhara Bandha* durante el *kumbhaka* externo con *Bahya Uddiyana*. *Jalandhara* neutraliza así el efecto simpático del *Uddiyana* externo.

Mientras que los otros *bandhas* aumentan la presión de los órganos abdominales, el *Uddiyana* externo disminuye rápidamente la presión intrabdominal por debajo de lo normal. Los órganos son masajeados aplicando ambos tipos secuencialmente, mientras que vamos del *kumbhaka* interno al externo y vuelta. Todo el fluido estancado es aspirado y exprimido fuera de los órganos, y luego se bombea sangre fresca en su interior. La eliminación de las toxinas es grandemente mejorada, y aumenta la vitalidad de los órganos. Lo mismo debe decirse del tejido pulmonar.

En el *pranayama*, el *Uddiyana* externo es un ejercicio avanzado que sólo puede ser abordado una vez que se han aprendido las versiones previas de *Uddiyana Bandha*. Especialmente si se combina con *Jalandhara Bandha*, el *Uddiyana* externo ejerce una potente succión en el cerebro y el fluido cerebroespinal. El

Uddiyana externo debe aprenderse lentamente durante *Nauli, Tadaga Mudra* y *Yoga Mudra*, con los tres ofreciéndose para esta tarea, ya que no tenemos que llevar la cuenta (es decir, es distinto que en un *pranayama* idóneo, aquí la longitud de cada *kumbhaka* no debe ser medida). Al principio, el principiante debe hacer no más de 2 ó 3 repeticiones al día, y luego ir aumentando lentamente durante semanas y meses.

Debido al intenso intercambio de presión, el *Uddiyana* enterno, como *Nauli*, no debe ser practicado por mujeres que desean concebir, durante la menstruación o durante el embarazo. Sin embargo, en cualquier otro momento, es muy beneficioso para el aparato reproductor femenino. Como *Nauli*, puede ayudar en la recolocación de un útero en prolapso. La tradición yóguica también mantiene que el *Uddiyana* externo y *Nauli* pueden funcionar como una forma de anticonceptivo natural, si se usa en determinadas posturas de yoga. No es algo en lo que confiaría exclusivamente.

Capítulo 12
JALANDHARA BANDHA
(Estirando el Cierre del Cerebro)

El último Swami Kuvalayananda explica que el término *Jalandhara* viene de *jalan* (cerebro) y *dhara* (tirón hacia arriba)[191]. Mediante la flexión hacia delante de la cabeza, el *bandha* provoca un tirón de la médula espinal. Incluso más que durante el *kumbhaka* interno, este es el caso durante el *kumbhaka* externo.

Los practicantes de *asana* deben adquirir una comprensión de *Mula* y *Uddiyana bandhas* antes de aventurarse en la práctica de *asana*, ya que es más difícil cultivar los *bandhas* cuando ya estás acostumbrado a una práctica de *asana* sin *bandhas*. Lo mismo es cierto para *Jalandhara Bandha* con respecto al *pranayama*. Es, de lejos, el *bandha* más importante para el *pranayama* y, mientras que, al principio, se pueden ignorar hasta cierto punto los otros dos *bandhas*, *Jalandhara* es la esencia del *kumbhaka* interno. Así dice el *Hatha Tatva Kaumudi* que *Jalandhara Bandha* es la práctica de *kumbhaka*[192].

Su nombre viene de la estimulación que se aplica al cerebro y la médula espinal cuando colocamos la barbilla en el pecho en *kumbhaka*. Se debe primero aprender *Jalandhara Bandha* y sólo

---

[191] *Yoga Mimamsa-A Quarterly Research Journal*, Kaivalyadhama, Lonavla, 1924-2004, II. 3.
[192] Dr. M. L. Gharote et al (edición y traducción), *Hathatatvakaumudi*, Instituto Lonavla de Yoga, Lonavla, 2007, p. 444.

después comenzar el *kumbhaka* interno (*antara*). El *kumbhaka* externo (*bahya*) *kumbhaka* con *Jalandhara Bandha* es una forma de la práctica más avanzada, que debería ser aprendido más adelante. Durante el *kumbhaka* externo, un *Jalandhara Bandha* adicional no es esencial, mientras que sí lo es en un *kumbhaka* interno.

EFECTOS

El *Hatha Yoga Pradipika* declara que, al final de la inhalación y antes de que empiece el *kumbhaka*, se debe aplicar *Jalandhara Bandha*[193], una afirmación repetida en el *Yuktabhavadeva*[194] y en el *Hatha Tatva Kaumudi*[195], entre otros textos. El antiguo *Brhadyogi Yajnavalkya Smrti* menciona[196] *Jalandhara Bandha* con una gran cantidad de los *Yoga Upanishads*, incluyendo el *Yoga Chudamani Upanishad*[197]. El *Dhyana Bindu Upanishad* expone que cuando se practica *Jalandhara Bandha*, *amrita* (néctar de la inmortalidad) no cae dentro del fuego gástrico (*agni*), donde es normalmente quemado, y, por lo tanto, se consigue una larga vida[198]. La misma afirmación la hace el *Shiva Samhita*, que añade que, mediante *Jalandhara* Bandha, el yogui absorbe el néctar, que, de otro modo, es destruido[199]. El *Yoga Rahasya* declara que *Jalandhara* impide el flujo descendente de *amrita*, prolongando así la vida[200]. También afirma que

---

193 *Hatha Yoga Pradipika* II. 45.
194 *Yuktabhavadeva of Bhavadeva Mishra* lxviii.
195 *Hatha Tatva Kaumudi of Sundaradeva* XXXIX. 87
196 *Brhadyogi Yajnavalkya Smrti* IX. 186-190
197 Dr. M. M. Gharote et al (edición y traducción), *Critical Edition of Selected Yogopanisads*, Instituto Lonavla de Yoga, Lonavla, 2017, p. 205.
198 *Dhyana Bindu Upanishad*, estrofas 78-79.
199 *Shiva Samhita* IV. 38-39.
200 *Yoga Rahasya* I. 72.

Jalandhara mantiene la virilidad[201] y, controlando los aires vitales (*vayus*), supera muchas enfermedades[202]. El *Hatha Yoga Pradipika*[203] y el *Yoga Kundalini Upanishad*[204] coinciden ambos en que *Jalandhara Bandha* mueve el *prana* al interior del canal central de energía (*Sushumna*). Los dos *nadis* exteriores, *Ida* y *Pingala*, a través de los que se disipa normalmente la fuerza vital, deben estar firmemente bloqueados mediante la contracción de la garganta.

Dentro de las autoridades modernas, Swami Kuvalyananda afirmó que, bajo ninguna circunstancia, debería practicarse *kumbhaka* sin *Jalandhara Bandha*. T. Krishnamacharya enseñaba que *Jalandhara Bandha* desbloquea la Kundalini, pero para lograr este objetivo, la barbilla debe estar posicionada muy por debajo de las clavículas[205].

Las autoridades más responsables afirmaron que, si el *kumbhaka* (interno) se realiza durante más de 10 segundos, *Jalandhara* es obligatorio. Swami Ramdev enseña[206] que *Jalandhara Bandha* dirige el *prana* dentro del *Sushumna* (canal central de energía), despierta el *Vishuddha Chakra* (garganta) y alivia las dolencias de garganta, como la disfunción tiroidea y la amigdalitis. El *Hatha Yoga Pradipika* nos informa de que *Jalandhara Bandha* impide que el aire comprimido en el *kumbhaka* entre en

---

201 *Yoga Rahasya* I. 80.

202 *Yoga Rahasya* I. 81.

203 *Hatha Yoga Pradipika* II. 72.

204 *Yoga Kundalini Upanishad* I. 52.

205 T. Krishnamacharya, *Yoga Makaranda*, revisión de la edición en Inglés, Media Garuda, Chennai, 2011, p. 105.

206 Swami Ramdev, *Pranayama*, Divya Yog Mandir Trust, Hardwar, 2007, p. 21353. *Yoga Kundalini Upanishad*, estrofa 51.

la cabeza[207], un hecho que puede ser fácilmente verificado por los practicantes establecidos cuando sueltan *Jalandhara Bandha* durante el *kumbhaka* interno y aumenta repentinamente la presión sanguínea en la cabeza, experimentándose un zumbido en los oídos. *Jalandhara* también protege los oídos, ya que el aire ascendente durante *kumbhaka* podría, de otro modo, entrar en el oído interno a través de la trompa de Eustaquio y causar dolor de oídos y, en casos extremos, daño. Yogeshvaranad Paramahansa opina de forma parecida que el *kumbhaka* interno sin *Jalandhara Bandha* no debe ser mantenido mucho tiempo, ya que el *prana* puede verse obligado a entrar en el cerebro, llevando al desmayo[208]. Un *Jalandhara Bandha* defectuoso se anunciará primero mediante dolores de cabeza resultantes del *pranayama*. Debe prestarse atención a esta señal antes de que aparezcan más daños.

TÉCNICA

Adopta una postura yóguica de meditación, como *Padmasana*, *Virasana* o *Siddhasana*. Sin embargo, sólo en *Padmasana* aplica *Jalandhara Bandha* el máximo estiramiento y, por tanto, la estimulación óptima del cerebro y la médula espinal. Aunque también se experimenta esto en *Siddhasana* y las otras posturas de meditación, es únicamente experimentado al máximo en *Padmasana*. Hay dos tradiciones en India con respecto a *Jalandhara Bandha*. En la tradición algo más indulgente, la barbilla se coloca

---

207 Dr. M. L. Gharote et al (edición y traducción), *Hathapradipika of Svatmarama (10 chapters)*, Instituto Lonavla de Yoga, Lonavla, 2006, p. 142.

208 Yogeshvaranand Paramahansa, *First Steps to Higher Yoga*, Yoga Niketan Trust, Nueva Delhi, 2001, p. 359.

simplemente en la escotadura yugular y, según esa enseñanza, *Jalandhara Bandha* y cualquier sesión de *pranayama* debe excluirse para *Viparita Karani Mudra*. *Viparita Karani Mudra* es entonces interpretado como una versión diluida de *Sarvangasana*, en la que el ángulo del torso no tiene que estar vertical con respecto al suelo. Este punto de vista es inconsistente con los *shastras*, como fue mostrado en la sección de *Viparita Karani Mudra*.

LA BARBILLA EN EL PECHO

La otra tradición es algo más estricta en sus requerimientos. T. Krishnamacharya enseñó en esta tradición[209], que hay que colocar la barbilla en el esternón (hueso del pecho). De acuerdo con esta enseñanza, *Viparita Karani Mudra* no se refiere a una posición concreta del cuerpo, sino que simplemente significa invertir el cuerpo durante un periodo de tiempo muy largo hasta que *amrita* se estabiliza y se logra así *pratyahara*. Las dos posturas usadas para *Viparita Karani* son *Shirsasana* y *Sarvangasana*. Lo primordial en ambos es la alineación, es decir, el cuerpo debe estar completamente vertical con respecto al suelo en cualquiera de ellos. Según esta tradición, *Sarvangasana* y *Halasana* (la postura del arado que sigue a *Sarvangasana*) deben practicarse antes del *pranayama*, porque estas posturas enseñan la posición correcta para *Jalandhara Bandha*, que no es colocar la barbilla en la escotadura yugular, sino abajo en el esternón, en el lugar exacto donde está en *Sarvangasana*. Aplicar *Jalandhara Bandha* también se define como colocar la barbilla sobre el pecho en el *Shiva Samhita*[210] y

---

209 T. Krishnamacharya, *Yoga Makaranda*, revisión de la edición inglesa, Media Garuda, Chennai, 2011, p. 105.
210 *Shiva Samhita* IV. 38.

en el *Gheranda Samhita*[211]. Como rara vez se aconseja pasar directamente a *Sarvangasana* sin preparación o calentamiento, la necesidad de practicar *Sarvangasana* antes de *Jalandhara Bandha* y *pranayama* requiere que primero realices tu práctica general de *asana* y luego las inversiones como *Sarvangasana*, seguidas de la práctica de *pranayama* con *Jalandhara Bandha*.

Habiendo preparado el cuello con *Sarvangasana* para *Jalandhara Bandha*, inhalamos profundamente y elevamos el pecho. La elevación del pecho nos permitirá inhalar más profundamente ya que el tórax se expande más, pero también disminuirá el rango de movimiento que tenemos para doblar el cuello hacia abajo. Levantar el pecho en alto disminuye cualquier tensión en el cuello, lo que es especialmente importante para los novatos. La poderosa expansión del tórax creada a través de la elevación nos permitirá, finalmente, permanecer en *kumbhaka* más tiempo.

El siguiente paso importante en el establecimiento de *Jalandhara Bandha* es cerrar la garganta mediante el tragado. Comprended que colocar simplemente la barbilla en el pecho no constituye *Jalandhara Bandha*; sólo significa que has adoptado "la posición de *Jalandhara Bandha*". Esto es peligrosamente dejado de lado en la enseñanza de muchas escuelas modernas, y sin ello *Jalandhara Bandha* permanece impotente y el *kumbhaka* es peligroso. *Jalandhara Bandha* se define como la contracción de la garganta en el *Hatha Ratnavali*[212], *Shiva Samhita*[213], *Gheranda Samhita*[214], *Hatha Yoga Pradipika*[215] y *Yoga Kundalini Upanishad*[216].

---

211 *Gheranda Samhita* III. 10.

212 *Hatha Ratnavali of Shrinivasayogi* II. 8.

213 *Shiva Samhita* IV. 38.

214 *Gheranda Samhita* III. 10.

215 *Hatha Yoga Pradipika* III. 71.

216 *Yoga Kundalini Upanishad* I. 51.

También, el *Dattatreya´s Yogashastra* enseña que *Jalandhara Bandha* es la acción dual de contraer la garganta y presionar la barbilla en el pecho[217]. Cómo puede alguien enseñarlo como simplemente poner la barbilla hacia abajo va más allá de mi entendimiento, ya que el *vayu* puede entrar en la cabeza y causar daño.

Jalandhara Bandha **durante** *kumbhaka* **interno**

Activar *Jalandhara Bandha* significa tragar como si estuvieras tragando saliva, y una vez que los músculos de la garganta se agarran, mantener ese agarre durante el resto de la retención

---

217 Dr. M. M. Gharote (edición), *Dattatreyayogasastram*, Instituto Lonavla de Yoga, Lonavla, 2015, p. 67

de la respiración. La prueba para saber si *Jalandhara Bandha* está activado adecuadamente es inhalar o exhalar. Si no puedes respirar, incluso aunque lo intentes, entonces y sólo entonces, *Jalandhara Bandha* es correcto. Haz esta prueba las primeras cien veces que practiques el *bandha*.

Incluso si lo dominas, vuelve a comprobarlo regularmente, particularmente si experimentas síntomas adversos como presión en la cabeza, irritabilidad o dolores de cabeza. ¡Si puedes respirar a pesar de tener la barbilla en posición, no estás aplicando *Jalandhara* Bandha! Si lo necesitas, traga varias veces hasta que la garganta esté tan cerrada que nada de aire (*vayu*) pueda pasar al interior de la cabeza. Contrae la garganta y pon la barbilla en el esternón. Cuanto más abajo la pongas, más estimulación recibirán el cerebro y la médula espinal. Sin embargo, especialmente al principio, procede con cuidado y no tenses el cuello, o te producirá dolores de cabeza.

Ahora, mantén el *kumbhaka* hasta tu capacidad y no más. Que mantengamos el *kumbhaka* sólo hasta nuestra capacidad, pero que no mantengamos un *kumbhaka* de longitud determinada (es decir, *matra*), significa que no estamos aún realizando un *pranayama* propiamente dicho, sino sólo ejercitando el *bandha* en el estado de *mudra*. Una vez que hayas alcanzado tu capacidad para retener la respiración, levanta la cabeza, suelta la garganta y exhala suavemente-pero exactamente en este orden y no en otro. No sueltes nunca la garganta primero y luego levantes la cabeza, ya que el *prana* podría aún entrar en la cabeza. El aire no debe salir a borbotones, sino que debe salir en un chorro uniforme durante toda la duración de la exhalación. Si tienes que soltar el aire a borbotones o jadear para inhalar, has superado tu capacidad. Los borbotones y el jadeo constituyen una pérdida de *prana* y no una ganancia. Has generado un demérito en lugar de un mérito.

Es importante siempre aceptar y respetar nuestras limitaciones en el *pranayama*. Si no, el tejido pulmonar puede dañarse, lo que en casos de práctica implacable puede conducir a enfisema. Ranjit Sen Gupta opina que un *Jalandhara Bandha* correcto es una precaución de seguridad contra el enfisema[218]. Es importante no inhalar tan profundamente que los pulmones sean sobrecargados. Nadie más te puede decir cuánto debes inhalar. Sé sensible.

JALANDHARA BANDHA DURANTE *KUMBHAKA* EXTERNO *(BAHYA KUMBHAKA)*

Hay consenso en que *Jalandhara Bandha* debe aplicarse durante el *kumbhaka* interno para prevenir la subida de aire y *prana* hacia el interior de la cabeza. Las opiniones difieren, sin embargo, en lo que concierne al *kumbhaka* externo (*bahya kumbhaka*, es decir, la suspensión de la respiración después de la exhalación). El *Yoga Rahasya* insiste en el *Jalandhara Bandha* durante el *kumbhaka* externo[219]. Otras autoridades mencionan *Jalandhara Bandha* sólo en los *kumbhakas* internos. La razón de que *Jalandhara Bandha* sea más difícil durante el *kumbhaka* externo es que debes doblar la cabeza mucho más abajo para alcanzar el pecho, ya que el pecho en el *kumbhaka* externo está desinflado y caído.

La razón principal de *Jalandhara Bandha*-proteger el cerebro de la presión del pecho completamente inflado-no se aplica al

---

[218] Ranjit Sen Gupta, *Pranayama: A Conscious Way of Breathing*, New Age Books, Delhi, 2000, p. 61.

[219] *Yoga Rahasya* I. 62.

kumbhaka externo, ya que la presión del aire es muy baja después de una exhalación completa. Pero *Jalandhara Bandha* durante el *kumbhaka* externo es muy beneficioso debido a la intensa estimulación que aplica al cerebro por vía de la médula espinal. Es una técnica Kundalini poderosa, pero mucho más difícil que *Jalandhara Bandha* durante el *kumbhaka* interno (*antara kumbhaka*).

El *Jalandhara Bandha* durante *antara kumbhaka* debe ser completamente dominado antes de abordar esta versión más avanzada del *bandha*. Cuando estés practicando *Jalandhara Bandha* durante el *kumbhaka* externo, prepáralo aumentando el tiempo que pasas en *Sarvangasana* y *Halasana*. También, practica siempre tus *kumbhakas* externos después de tu práctica de *asana*, ya que sólo en este caso estará el cuello adecuadamente preparado para una carga de trabajo adicional. Cuando practiques *Jalandhara Bandha* durante el *kumbhaka* externo, levanta el pecho tan arriba como puedas y lleva los hombros hacia atrás para que el esternón y las clavículas se muevan hacia delante y hacia arriba hasta que toquen la barbilla. Esto equivale a "encorvar los hombros alrededor de las orejas", lo que suele ser objeto de desprecio en todos los *asanas*. La otra única postura donde ser permite esto es en *Sarvangasana* (postura sobre los hombros), que es, curiosamente, la postura que induce la posición correcta de *Jalandhara Bandha*.

CAPÍTULO 12

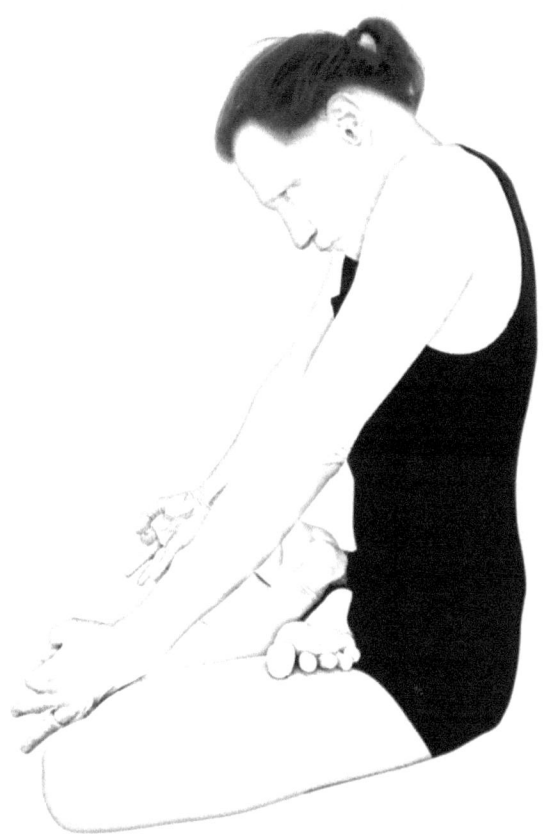

Jalandhara Bandha **durante** *kumbhaka* **externo**

Los *kumbhakas* internos extensos con *Jalandhara Bandha* deben ser dominados antes de abordar *kumbhakas* externos serios en los que se cuenta el tiempo de permanencia. Aparte del tirón en la médula espinal, otra razón importante de que los maestros como T. Krishnamacharya insistieran en *Jalandhara Bandha* durante el *kumbhaka* externo es su influencia en el sistema nervioso y en la circulación sanguínea.

Doblando la cabeza hacia abajo y contrayendo la garganta, la presión es ejercida en los senos carotídeos. Esto activa el sistema nervioso parasimpático, disminuye la presión sanguínea y ralentiza la frecuencia cardiaca. El propósito general de los senos carotídeos es detectar la elevación de la presión sanguínea en las arterias carótidas, que, si no se comprueba, podría dañar los delicados vasos sanguíneos del cerebro, y, eventualmente, dar lugar a un accidente cerebrovascular. Cuando aumenta la presión sanguínea en las arterias carótidas, se expanden, generando presión en los senos carotídeos. Los senos son ahora estimulados, y, como un mecanismo de seguridad, activan el sistema nervioso parasimpático para bajar la presión arterial y disminuir el ritmo cardiaco. *Jalandhara Bandha* usa este mismo mecanismo para mejorar y aumentar el *kumbhaka*. El sistema nervioso parasimpático te permite relajarte en los *kumbhakas*, y la disminución del ritmo cardiaco y de la presión sanguínea conducen a un menor consumo de oxígeno por parte del organismo. Así, mediante *Jalandhara Bandha*, la longitud del *kumbhaka* puede ser aumentada produciendo muchos beneficios, como una meditación más profunda y, con el tiempo, la supresión de los condicionamientos negativos. No es sólo esto, sino que, además, el éxito en *kumbhaka* y *pranayama* depende del éxito en *Jalandhara Bandha*. Su importancia no puede ser exagerada.

Hay cierta confusión con respecto a la aplicación de *Jalandhara Bandha* fuera del *kumbhaka*, es decir, la colocación de la barbilla en el pecho durante la meditación y determinados *asanas*. El *Yoga Kundalini Upanishad* afirma que *Jalandhara Bandha* es un impedimento para el ascenso de la Kundalini[220]. Esto quiere

---

[220] Sir John Woodroffe, *The Serpent Power*, Ganesh & CO, Madrás, 1995, p. 211.

decir que, fuera del *kumbhaka* no se debe aplicar *Jalandhara Bandha*. También es un malentendido creer que simplemente poner la barbilla en el esternón es *Jalandhara Bandha*. Como confirma[221] el *Hatharatnavali* de Shirinivasayogi, *Jalandhara Bandha* es la contracción de la garganta, y no sólo la posición de la cabeza. Para resolver esta cuestión, el *Hatharatnavali* afirma[222] que *Jalandhara Bandha* sólo está completo cuando se contrae la garganta. Esta es la misma definición que se propuso en el *Dattatreya´s Yogashastra*[223].

TRIBANDHA O *BANDHATRAYA*

Estos son los términos que se usan para la aplicación simultánea de los tres *bandhas* en los *kumbhakas* internos o externos, con efectos milagrosos. *Mula Bandha* eleva el *apana vayu*; *Jalandhara Bandha* envía el *prana vayu* hacia abajo, donde aviva el *agni*. El *agni/apana* avivado es elevado dentro del *Sushumna* mediante *Uddiyana Bandha*.

---

[221] Dr. M. L. Gharote et al (edición y traducción), *Hatharatnavali of Shrinivasayogi*, Instituto Lonavla de Yoga, Lonavla, 2009, p. 44.
[222] Dr. M. L. Gharote et al (edición y traducción), *Hatharatnavali of Shrinivasayogi*, Instituto Lonavla de Yoga, Lonavla, 2009, p. 65.
[223] Dr. M. M. Gharote (edición), *Dattatreyayogasastram*, Instituto Lonavla de Yoga, Lonavla, 2015, p. 67.

Capítulo 13
SHANKA MUDRA
(El Sello de la Concha)

Este es un *mudra* de manos (*hasta mudra*) que recibe poco tratamiento en las escrituras, pero es empleado por casi todas las tradiciones indias de yoga. La mayoría de los *mudras* de las manos son raramente mencionados en las escrituras. *Shanka Mudra* se llama así porque los dedos dan lugar a la forma de una concha. Los dedos índice y corazón se doblan y se colocan en el monte del pulgar. El anular y el meñique se juntan y se mantienen frente al pulgar. *Shanka Mudra* se usa para abrir y cerrar las fosas nasales respectivas durante la respiración alterna, llamada *Nadi Shuddi* si se hace sin *kumbhaka*, y *Nadi Shodhana* si se hace con *kumbhaka*. *Nadi Shuddi* debe dominarse primero.

En Vedanta, el simbolismo de los dedos es:
Pulgar,   Bra0hman (consciencia infinita)
Índice,   atman (ser individual)
Corazón,   buddhi (intelecto)
Anular,   manas (mente)
Meñique,   kaya (cuerpo)

En la tradición Bramánica, sólo se usa la mano derecha para hacer este *mudra*. La mano izquierda se usa en India para limpiarse el trasero. Se considera impura y, por lo tanto, no se usa para comer o tocarse la cara. Incluso tocar a otras personas con la mano izquierda puede considerarse un insulto. Pero, los Tántricos y, particularmente, los Tántricos zurdos usan a menudo la mano izquierda para hacer este *mudra,* y, parte de la razón es desafiar la orden dada por la tradición Bramánica. Los propios Tántricos argumentarían más bien que se trata de restablecer un sentido filosófico del equilibrio, es decir, que como la Divinidad está en todas partes, también debe estar en la mano izquierda. Si tienes un desequilibrio en los hombros causado por el exceso de uso de la mano derecha, encontrarás que es beneficioso alternar.

Shanka Mudra se usa durante un proceso activo de purificación. El ser individual y el intelecto están ya en sincronía con la consciencia infinita y, en un gesto de obediencia, se inclinan ante Brahman. El cuerpo y la mente, sin embargo, deben ser purificados para alcanzar a Brahman. Por lo tanto, se usan aquí en interacción con el pulgar, que representa a Brahman. Algunas escuelas enseñan una versión alternativa en la que el primero y segundo dedos se apoyan en el tercer ojo. Esta es la versión del *mudra* que yo mismo aplico.

Cuando uses *Shanka Mudra*, toca la fosa nasal sólo hasta el punto de cerrarla, no más. El septo no debe ser apretado hasta el punto de que se deforme en una dirección. Se debe apretar suavemente. Durante la respiración en fosas nasales alternas cuando se usa *Shanka Mudra*, no se produce sonido *Ujjayi*, y la garganta se mantiene completamente sin restricciones. El principio que se emplea aquí es que la restricción sólo se aplica una vez, es decir, o en la fosa nasal o en la garganta, pero no en ambos lugares a la vez. Mantén la cabeza y la columna vertebral erguidas. No gires la cabeza a la izquierda cuando el pulgar derecho aplique presión en la fosa nasal derecha. Tampoco levantes el hombro derecho (asumiendo que estás usando la mano derecha para manipular las fosas nasales). A veces, practica

CAPÍTULO 13

delante de un espejo (no muy a menudo, los espejos llevan el *prana* a la superficie, lo contrario de lo que quieres que pase) o grábate para asegurarte de que la posición de la cabeza, los hombros y la columna vertebral es correcta. Y vigila que ambas clavículas estén al mismo nivel, no levantes la clavícula derecha. En lugar de levantar el brazo hacia el lado, que puede causar el desequilibrio de los hombros y con el tiempo un pinzamiento, deja que el brazo cuelgue de manera que el codo toque la caja torácica; de otro modo, te cansarás rápido y generarás tensión. La versión en la que el brazo es mantenido hacia el lado no es sostenible y es anatómicamente errónea.

Cuando se usa *Shanka Mudra*, como en todos los otros *pranayamas*, lo que queremos es sentarnos en un *asana* tradicional de meditación, que debe cumplir los siguientes requisitos:

1) cabeza, cuello y columna vertebral en línea recta
2) rodillas firmemente apoyadas en el suelo y no volando por encima de él
3) ambas plantas de los pies y palmas de las manos giradas hacia arriba en una posición receptiva.

Hay distintos nombres para este *mudra*, como *Vishnu Mudra* o *Mrgu Mudra* (Sello del Ciervo), pero el objetivo y la técnica son los mismos. Los distintos nombres indican el uso del *mudra* por diferentes escuelas. El nombre *Shanka Mudra* es generalmente usado por las escuelas Shaivitas, ya que Shankar (el soplador de conchas) es uno de los epítetos del Dios Shiva.

TÉCNICA

Shanka Mudra es usado exclusivamente durante la respiración por fosas nasales alternas (*Nadi Shuddi* o *Nadi Shodhana*), el método de *pranayama* más importante con múltiples niveles de técnica. He descrito el método y todos sus niveles asociados con gran detalle en *Pranayama The Breath of Yoga*, y está más allá del ámbito de este libro. Sin embargo, para completar, describiré aquí la acción directa realizada sólo durante la aplicación del *mudra*. Dependiendo de qué mano se usa, los dedos respectivos de esa mano se usan para cerrar la fosa nasal derecha, e inhalamos a través de la fosa nasal izquierda. Al final de la inhalación, la fosa nasal izquierda se tapa, y se realiza la exhalación por la fosa nasal derecha. Esto va seguido de una inhalación por la fosa nasal derecha. La fosa nasal derecha es tapada de nuevo y se hace la exhalación por la fosa nasal izquierda. Esto constituye una ronda de respiración alterna seguida inmediatamente por una segunda inhalación a través de la fosa nasal izquierda. Después de un número predeterminado de rondas o periodo de tiempo, se concluye siempre la práctica con la exhalación por la fosa nasal izquierda. Una práctica de principiante puede implicar 5 minutos de respiración. Una práctica avanzada puede durar hasta 30 minutos con *kumbhakas* internos y externos incluidos, precedida por *pranayamas* de respiración rápida como *Kapalabhati* y *Bhastrika*.

Shanka Mudra se usa además cuando se practica sólo medio ciclo de respiración por fosas nasales alternas. El primer medio ciclo de respiración por fosas nasales alternas consiste en inhalar por la izquierda y exhalar por la fosa nasal derecha. Este medio ciclo es exclusivamente practicado cuando la intención es aumentar sólo el *prana* lunar, que potencia la introversión, la mente relativista, el hemisferio derecho holístico-intuitivo, las corrientes nerviosas aferentes (entrantes), las neuronas sensoriales, el anabolismo y el sistema nervioso parasimpático. Debido a su asociación con el *prana* lunar, este método de respiración se llama *Chandra Bhedana* (Perforación Lunar). Cuando practicamos *Chandra Bhedana*, debemos realizar un número predeterminado de rondas durante las que todas las inhalaciones se toman por la fosa nasal izquierda y todas las exhalaciones se efectúan por la fosa nasal derecha.

Shanka Mudra

El segundo medio ciclo de respiración por fosas nasales alternas, consiste en inhalar por la fosa nasal derecha y exhalar por la izquierda. Este medio ciclo es exclusivamente practicado cuando la intención es aumentar sólo el *prana* solar, que potencia la extroversión, la mente fundamentalista, el hemisferio izquierdo analítico-racionalista, las corrientes nerviosas eferentes (salientes), las neuronas motoras, el catabolismo y el sistema nervioso simpático. Debido a su asociación con el *prana* solar, este método de respiración se llama *Surya Bhedana* (Perforación Solar). Cuando practicamos *Surya Bhedana*, realizamos un número predeterminado de rondas durante las que todas las inhalaciones se toman por la fosa nasal derecha y todas las exhalaciones se realizan por la fosa nasal izquierda.

Chandra o *Surya Bhedana* sólo deben practicarse para devolver el equilibrio a una alteración solar o lunar. Esto significa que nuestra psique se inclina excesivamente al lado solar o al lado lunar, con las manifestaciones y tendencias enumeradas anteriormente. Para más detalles, por favor, consultad mi texto *Pranayama The Breath of Yoga*.

Capítulo 14
KAKI MUDRA (Sello del Cuervo)

Kaki y *Kaka Mudra* son ortografías alternativas del mismo *mudra*. El *Gheranda Samhita*, en la estrofa III. 66 afirma que el *Kaki Mudra* consiste en formar un pico de cuervo con la boca y beber lentamente el aire a través de esta apertura así formada[224]. Se cree que esta práctica conduce a la libertad de la enfermedad y a una larga vida. La técnica es más extensamente descrita en el *Shiva Samhita*, pero aquí en la sección de *pranayama*. En el *Shiva Samhita* hay diez estrofas enteras dedicadas a *Kaki Mudra* y sus efectos[225]. De nuevo encontramos la conexión con beber aire con el pico de cuervo, combinado adicionalmente con girar la lengua hacia arriba (*Jihva Bandha*) y *kumbhaka*[226]. La estrofa 74 sugiere que hagamos esto por la mañana y por la tarde, y la estrofa 75 sugiere hacerlo incluso día y noche. Las estrofas restantes están dedicadas a insistir repetidamente en la importancia de la lengua girada hacia arriba y a los resultados exagerados que se pueden derivar de la técnica.

La importante edición de diez capítulos del *Hatha Yoga Pradipika* también enseña el método[227]. También aquí

---

224 Esta estrofa aparece en la p. 95 de la edición Kaivalyadhama. La edición de R. B. S. Chandra Vasu tiene esta estrofa en III. 86-87, que es la p. 33-34.

225 R. B. S. Chandra Vasu (traducción), *The Shiva Samhita*, Sri Satguru Publications, Delhi, 1986, p. 35-37.

226 *Shiva Samhita* estrofa III. 73.

227 Dr. M. L. Gharote et al (edición y traducción), *Hathapradipika of Svatmarama (10 chapters)*, Instituto Lonavla de Yoga, Lonavla, 2006, p. 124.

encontramos la conexión entre el pico de cuervo, la lengua volteada y la cualidad de bebida de la inhalación. El traductor señala que la técnica aquí se llama *Kaka Cancuka*, pero que es la misma que el *Kaki Mudra* en el *Gheranda Samhita*. El monumental *Hathatatva Kaumudi* de Sundaradeva de 800 páginas describe el método en XII. 1-11[228]. Otra vez aquí, la combinación de la inhalación a través del pico de cuervo, el *kumbhaka* implicando *Jihva Bandha*, o si es posible, *Khechari Mudra* (una versión más avanzada de *Jihva Bandha*, descrita en la Sección 5, *Mudra* 31), y luego la exhalación a través de ambas fosas nasales. El *Hatha Tatva Kaumudi* argumenta que *Kaka Mudra* te libera de una muerte prematura[229] y que, combinado con *Shanmuki Mudra* (descrito en la Sección 5, *Mudra* 29) desbloquea la Kundalini, si se practica diariamente hasta tu capacidad[230]. Tanto la edición de diez capítulos del *Hatha Yoga Pradipika* como el *Hathatatva Kaumudi* mencionan que, durante *Kaki Mudra*, la lengua se enrolla como se hace durante *Shitali Pranayama*, y que el aire es aspirado a través de la lengua enrollada. *Shitali* es una técnica de *pranayama* que he descrito en *Pranayama The Breath of Yoga*. Algunas escrituras y comentaristas consideran que ambas técnicas son la misma. Cuando observamos a los cuervos, nos damos cuenta de que a menudo tienen sus picos medio abiertos y sus lenguas sacadas. Cuando fui instruido en *Kaki Mudra*, omitieron el detalle de inhalar a través de la lengua enrollada.

---

228 Dr. M. L. Gharote et al (edición y traducción), *Hathatatvakaumudi*, el Instituto Lonavla de Yoga, Lonavla, 2007, p. 147-149.

229 Dr. M. L. Gharote et al (edición y traducción), *Hathatatvakaumudi*, Instituto Lonavla de Yoga, Lonavla, 2007, p. 147.

230 Dr. M. L. Gharote et al (edición y traducción), *Hathatatvakaumudi*, Instituto Lonavla de Yoga, Lonavla, 2007, p. 684.

CAPÍTULO 14

Durante años luché con la manifestación de los supuestos beneficios del *mudra*. Sin inhalar a través de la lengua enrollada, simplemente formando con la boca un pico de cuervo, el *mudra* se convierte pronto en algo desagradable, ya que seca la boca y la garganta. Sólo a través del estudio de las escrituras me di cuenta de que se había omitido una parte vital de la instrucción. Una vez que añadí la lengua enrollada, el *mudra* rápidamente dio vida a sus promesas, tal y como se enumeraban en los *shastras* (a la mayoría, en todo caso).

¿Cuál es entonces la diferencia entre *Kaki Mudra* y *Shitali*? En realidad, hay poca diferencia. El método se llama *Shitali* si consideramos su posición dentro de la secuencia de *pranayama*. El término *Shitali* se usa habitualmente cuando nos referimos a la proporción entre inhalación y exhalación, el número exacto de repeticiones, y su función para reducir el exceso de *pitta*[231] generado por otras técnicas. El término *Kaki Mudra* es más a menudo usado cuando es resaltada la posición de la boca.

---

231 *Vata, pitta y kapha,* de acuerdo con el Ayurveda, son los tres humores del cuerpo. De forma similar a los otros dos, traducir este término complejo al Español, le hace a *pitta* poca justicia. Los orientalistas lo tradujeron como "bilis", pero esto contradice la complejidad del término. *Pitta* es *agni* viciado, que es puro, fuego elemental. *Pitta* también se deriva de *sattva*, inteligencia, pero siendo el sistema energético del cuerpo, fácilmente se sobrecalienta y causa inflamación y otros problemas de salud. En Ayurveda nuestro principal objetivo sería equilibrar *pitta* con los otros dos humores para garantizar una larga vida. En yoga, nuestro principal enfoque es transformar el máximo de *pitta* en fuego elemental e inteligencia. Tal conversión apoya la comprensión del orden del cosmos y nos permite alinearnos con la Divinidad, que es la inteligencia cósmica. Para comprender la diferencia de perspectiva entre yoga y Ayurveda debemos tener en cuenta que el Ayurveda es un *upaveda* (un Veda adicional) que trata de la prolongación de la vida. El yoga, por otro lado, es una *darshana* (sistema de filosofía) que trata de la liberación espiritual.

Podríamos afirmar que la técnica de *pranayama Shitali* sucede en *Kaki Mudra*. ¿Hay entonces alguna diferencia perceptible entre *Shitali* y *Kaki Mudra*? Las descripciones de *Shitali* raramente incluyen la instrucción para formar con la boca un pico de cuervo. Sin embargo, es difícil sacar la lengua enrollada sin hacer algún tipo de pico de cuervo. He descubierto que el método, como sea que lo llamemos, se hace más eficaz cuanto más sacamos los labios y la lengua, ya que ambos juntos forman una cavidad más grande que se usa para humedecer el aire que entra. En una nota al margen, *Kaki Mudra* también forma parte habitualmente de *Shanmuki Mudra*, descrito en la Sección 5, *Mudra* 29. Especialmente cuando practicamos mucho este importante *mudra*, rápidamente cobra relevancia el hecho de que sólo el pico de cuervo no es suficiente, sino que debe implicar la lengua enrollada. De otro modo, la boca se seca muy rápido y el *mudra* no sólo se vuelve desagradable, sino que también se manifiestan escasos efectos beneficiosos.

TÉCNICA

Forma un pico de cuervo con los labios, dejando que los labios sobresalgan lo más posible. Luego enrolla la lengua y sácala más allá de los labios. Humedece la lengua tanto como necesites con saliva de tal modo que no se seque durante la inhalación. Esto se hace para añadir humedad al sistema respiratorio, lo que aumenta *kapha* y reduce el exceso de *pitta*. Al inhalar, imagina que aspiras el aire como si fuera agua. Al final de la inhalación, pon la lengua en *Jihva Bandha* y exhala por la nariz, produciendo el sonido *Ujjayi*.

Haz la inhalación tan larga como la exhalación, es decir, en proporción 1:1. Haz cada respiración lo más larga posible, idóneamente lo más cerca posible de un ciclo de duración de un minuto[232]. La línea oficial de demarcación entre *Kaka Mudra* y *Shitali* es que durante *Shitali* se cuenta. Esto significa que si estás usando un *mantra* para contar la longitud de cada respiración (y esperemos que un metrónomo para determinar que cada intervalo es exacto), estás practicando *Shitali*. Un momento ideal para hacer esto en la práctica es al final del *pranayama* y antes de *Shavasana* (la postura del cadáver). La práctica puede entonces igualar *pitta* y *kapha*. Especialmente cuando practicamos *Shakti Chalana Mudra* (Sello de Conducción del Poder) es fácil agravar *pitta*. Muchas prácticas usadas para *Shakti Chalana*, especialmente *Nauli*, *Kapalabhati* y *Surya Bhedana*, aumentan *pitta*. Cualquier *pitta* sobrante y no contabilizado puede, al final de la práctica, ser neutralizado usando *Kaki Mudra/Shitali*. Cuanto más larga sea cada respiración y más húmeda esté la lengua, más *pitta* puede ser neutralizado. El otro factor importante es el número de rondas/respiraciones. Las respiraciones *Kaki Mudra* son tradicionalmente realizadas en número impar. El número más bajo utilizado generalmente es el tres, que se dice que representa los tres *gunas*[233]. Otro número popular es el siete, el número de los *chakras* principales. El número máximo es normalmente 21, es decir, tres por siete, pero esto constituye una práctica extrema.

---

232 La longitud del ciclo de una respiración es la suma de la longitud de todos sus componentes. En este caso, esta es la longitud de la inhalación más la longitud de la exhalación. En los *pranayamas* complejos la longitud del ciclo también incluye la longitud del *kumbhaka* interno y de un posible *kumbhaka* externo.

233 Los tres *gunas* son las cualidades o partículas elementales de *prakriti* (la naturaleza). Son *tamas*, *rajas* y *sattva*, fácilmente traducibles como partícula de masa, partícula de energía y partícula de inteligencia, respectivamente.

A medida que cada respiración es llevada a su máxima longitud, más niveles de exacerbación de *pitta* pueden mantenerse bajo control, haciendo menos repeticiones[234]. Debo mencionar que este método no puede ser practicado en aire contaminado como el que encontramos en muchas de las metrópolis actuales. Como estamos dejando de lado a la nariz, tampoco podemos utilizar la capacidad de filtración del aire de la nariz, de la que es capaz con los muchos pelos finos que contiene.

Una variación de *Kaki Mudra* incluye el *kumbhaka* interno. Después de la inhalación, realiza *kumbhaka* hasta tu capacidad iniciando *Jalandhara Bandha*. Luego levanta la cabeza y exhala. Si se realiza esta práctica, entonces *Jihva Bandha* es activado al comienzo del *kumbhaka*, más que al principio de la exhalación. Desde mi experiencia personal, prefiero practicar mis *kumbhakas* internos y externos durante *Nadi Shodhana/Chandra Bhedana* y los *kumbhakas* externos adicionales durante *Nauli*. Después de eso, considero innecesario practicar *kumbhakas* adicionales durante *Kaki Mudra/Shitali*, lo que haría demasiado larga mi práctica total. Practico regularmente más de 10- 15 minutos de *Kaki Mudra/Shitali* para neutralizar el exceso de *pitta*. Los *kumbhakas* alargarían esta práctica a 20 minutos o más, lo que no es razonable, considerando la duración de la práctica de otras técnicas ya realizadas.

---

[234] Esta afirmación se basa en la longitud de un ciclo de 1 minuto, es decir, la inhalación y la exhalación son cada una de, aproximadamente, 30 segundos. Si se usan respiraciones más cortas, deben hacerse más repeticiones para lograr un efecto parecido.

CAPÍTULO 14

Kaki Mudra con Shitali

Durante *Bhujangi-*, y *Kaki Mudras*, pero también durante *Shitali-*, y *Sitkari Pranayamas*, todas las inhalaciones son tomadas por la boca, pero las exhalaciones son siempre realizadas por la nariz. Rara vez, o nunca, los yoguis exhalan por la boca, lo que se cree que conduce a la pérdida de *prana*.

EFECTOS

Se dice que este *mudra* alarga la longevidad debido al aumento de *kapha* y al almacenamiento del *prana* licuado. Neutraliza *pitta*, enfría el cuerpo, y, según los *shastras*, destruye las enfermedades y la decrepitud.

SECCIÓN 3:

PRATYAHARA MUDRAS

En esta sección, encontrarás todos los *mudras* que son esenciales para *pratyahara*, la quinta rama del yoga, definido como independencia de los estímulos sensoriales. La característica común de este grupo de *mudras* es que cierran las puertas lunares y proyectan el *prana* lunar de vuelta en el interior del cuerpo, ayudando así a *pratyahara*. *Pratyahara* en el sistema de yoga está posicionado después del *pranayama* (ejercicios de respiración), pero antes de las diversas etapas de ejercicios mentales, *dharana* (concentración), *dhyana* (meditación) y *samadhi* (revelación). El término *pratyahara* es a menudo traducido como retirada de los sentidos, una frase que nos dice poco sobre lo que realmente es. El significado más profundo de *pratyahara* es independencia (o libertad) de los estímulos sensoriales (o externos). Las puertas lunares son las puertas sensoriales del cuerpo. El *prana* lunar sale a través de las puertas lunares, se une a los objetos sensoriales y tira de la mente con él. A este proceso se refieren en los *Yoga Sutra* y en el comentario sobre ellos del sabio Vyasa (*Yoga Bhashya*)[235].

---

235 *Yoga Sutra* II. 54-55.

El *prana* lunar es el *prana* asociado con la experimentación del mundo y la creación de imágenes de él. En una persona que no está centrada, este proceso desestabilizará la mente, de forma similar a una piedra arrojada a un lago quieto, que ondulará la superficie de tal modo que, cualquier cosa que se refleje en ella, aparecerá distorsionada. Esto es por lo que Patanjali, el autor de los *Yoga Sutra*, define el yoga como la inmovilización de las ondas de la mente[236].

Hay diversos enfoques de *pratyahara*, un enfoque basado en *asana*, otro en *pranayama*, y un enfoque centrado en la mente. Los tres enfoques no son excluyentes, pero son idealmente practicados conjuntamente. El nivel físico de *pratyahara* fue enseñado por el *siddha* Gorakhnath, y los *mudras* de la Sección 1, principalmente *Viparita Karani* reflejan este enfoque[237]. El aspecto *pranayama* de *pratyahara* fue entregado por la tradición de los sabios Yajnavalkya y Vasishta[238]. Los *mudras* enseñados en la sección 2 representan este enfoque. El grupo de *mudras* actual trata del tercer enfoque, llamado el enfoque mental o el enfoque *Raja Yoga* de *pratyahara*. En el *Raja Yoga*, *pratyahara* se refiere al reflejo del prana *lunar*, que se filtra al exterior a través de las puertas sensoriales, de vuelta al interior del cuerpo mediante los sellos. Esto quiere decir que estamos usando

---

[236] *Yoga Sutra* I. 2.

[237] Gorakhnath fue el fundador de la tradición *Hatha*. Fue autor de varios *shastras*, pero el primero y más influyente es el *Goraksha Shataka*.

[238] Yajnavalkya y Vasishta eran dos *rishis* Védicos de gran importancia. Yajnavalkya es el eje fundamental del antiguo *Brhad Aranyaka Upanishad*. Vasishta aparece mucho en los Vedas, y tiene también un importante papel en el *Ramayana*. En nuestro contexto, los dos *rishis* son autores de yoga *shastra*s tan importantes como el *Yoga Yajnavalkya* y el *Vasishta Samhita*, que describen el yoga Védico.

los *mudras* para proyectar el *prana* asociado con las funciones auditivas, visuales, cinestésicas/táctiles, olfativas y gustativas de vuelta al interior del cuerpo. Este es uno de los principales factores que contribuyen al éxito en la meditación. Este grupo de *mudras* podría llamarse también *mudras* de meditación, pero el término para la meditación usado en yoga, *dhyana*, implica principalmente el éxito y la profundización en *pratyahara* y *dharana*, sin que sea una técnica separada en sí misma.

Para entender el contenido de este capítulo, debemos echar un breve vistazo al concepto yóguico de mente. El yoga llama a la mente *manas*, y de este término Sánscrito se derivan las palabras inglesas "man", "woman" y "human". Podríamos entonces definir al ser humano como el animal pensante, con los peligros y ventajas que esto puede provocar (en biología, los humanoides no representan un reino propiamente dicho, sino que están taxonómicamente clasificados bajo el reino animal. Otros reinos son las plantas, los hongos, y los tres reinos de microbios). El yoga pone mucho énfasis en la diferenciación de la mente (*manas*) de la inteligencia o intelecto (*buddhi*). *Manas* y *buddhi* son como las aplicaciones de un ordenador que pueden operar en problemas parecidos, pero el que elijamos una u otra depende de si nuestra preferencia para realizar una tarea determinada es la velocidad o la calidad. En la mayoría de las circunstancias, es suficiente optar por la velocidad, y, en este caso, elegiríamos *manas*. *Manas* es la aplicación que elegimos cuando está en juego la supervivencia, o cualquier decisión rápida a la que dedicamos sólo unos segundos. La elección "mente/*manas*" fue suficiente en la mayoría de las situaciones que nos encontramos durante los primeros pocos años de evolución planetaria, y es suficiente en muchas situaciones a las que nos enfrentamos durante la vida diaria hoy en día.

La mente usa aproximadamente un segundo para un análisis medio, mientras que la definición yóguica de la inteligencia/*buddhi* es el mantenimiento de la concentración en el mismo objeto durante al menos tres horas. Esto significa que el yoga cree que la inteligencia sólo entra en juego cuando intentamos entender un objeto complejo. Pero el yoga ve la mente (*manas*) simplemente como un organizador de los datos sensoriales, algo parecido a un sentido maestro. Si definimos la percepción como la toma de datos sensoriales en bruto derivada de los sentidos, entonces la mente/*manas* es el conocedor de esos datos.

La cognición procesa los datos sensoriales brutos para poder tomar una decisión rápida e identificar el objeto en cuestión con rapidez, a menudo sólo para sobrevivir. Si percibimos un sonido determinado o una imagen visual, no nos sentamos y meditamos profundamente sobre cuál puede ser el significado de ese aporte sensorial y qué puede significar con respecto al origen del universo-lo que sería una investigación típica llevada a cabo por *buddhi*, la inteligencia. Al contrario de esto, en una fracción de segundo, nuestra *manas*/mente comparará la señal con todos los datos sensoriales percibidos en el pasado y decidirá si esta señal podría significar la aproximación del peligro o de algo inofensivo, como un aporte de alimentos. Si este conocimiento tardara más de 1 ó 1, 5 segundos, no seríamos capaces de sobrevivir.

La mente es así una herramienta de supervivencia increíble, pero este beneficio se produce a expensas de la precisión. Para lograr la hazaña de conocer rápidamente, la mente no analiza profundamente los datos, sino que se limita a superponer todos los datos recogidos al objeto presente hasta lograr una coincidencia razonablemente cercana. Pero esta coincidencia no es lo suficientemente cercana para la mayoría de las tareas complejas que se dan en la sociedad humana actual. Por ejemplo, el crédito que se da a los testimonios de los testigos en los procesos penales se ha ido erosionando cada vez más. Esto es porque lo que la gente cree haber visto y lo que ha sucedido realmente son, habitualmente, cosas distintas. La mente/*manas* se convierte particularmente en un obstáculo cuando queremos obtener un conocimiento profundo del mundo como realmente es (en yoga llamado *vijnana, prajna* o *rta*) o un conocimiento del verdadero ser (*jnana*). Como la mente identifica simplemente superponiendo el pasado en el presente, sólo nos mostrará siempre lo que tiene una coincidencia razonable en el pasado. Utilizará los condicionamientos del pasado para producir la mejor imagen de la verdad que pueda ofrecer en el menor tiempo posible. Esto no debería infundirnos mucha confianza en la mente.

En la vida humana suceden múltiples problemas debido a ese mecanismo. Por ejemplo, tendemos a relacionarnos con los otros, incluso a elegir a nuestros compañeros de vida según su capacidad para satisfacer nuestras necesidades subconscientes, dictadas por nuestras heridas pasadas, en lugar de relacionarnos con ellos según lo que realmente son. Esto ya suena lo suficientemente aterrador. Pero es particularmente el proceso de la meditación el que se ve impedido por esta estructura de la mente (*manas*). La tendencia de la mente de superponer el condicionamiento pasado (*vasana*) y la impronta del subconsciente (*samskara*) en el presente, nos impide estar en el presente. Patanjali dijo: "yoga es la suspensión de las fluctuaciones de la mente[239]". En el siguiente *sutra* afirmó que esta suspensión de la mente es el precursor del estado místico[240].

---

[239] *Yoga Sutra* I. 2.
[240] *Yoga Sutra* I. 3.

Sin embargo, la suspensión de la mente es imposible en un solo paso: es un proceso de múltiples etapas. Al principio del tercer capítulo de los *Yoga Sutra*, Patanjali define la concentración (*dharana*, la sexta rama, la unión de la mente a un lugar) como un paso importante en este proceso[241]. Debido a su tarea de organizador e intérprete de los datos sensoriales, la mente está orientada hacia el exterior. La orientación exterior no ayuda a la meditación. Mediante la suspensión de la mente, el enfoque hacia el interior, y así, la meditación, se hacen posibles.

Volvamos ahora a lo que es una de las claves esenciales de la meditación-el secreto a *pratyahara*, la quinta rama del yoga de Patanjali. La mente organiza y compara los datos de los cinco sentidos: ojos, orejas, nariz, papilas gustativas, y el órgano del tacto, la piel. Debido a esto, la mente tiene cinco componentes o aspectos, que son el auditivo, el visual, el cinestésico/táctil, el olfativo y el gustativo. Mientras que es inicialmente suficiente unir la mente combinada a un único lugar, como la visualización de los *chakras* o un *mantra*, para practicar de forma efectiva la concentración, los cinco componentes de la mente deben unirse a sus respectivos lugares. Esto significa, por ejemplo, que el aspecto visual de la mente debe unirse a una señal visual. Si usas sólo una señal auditiva, dejarás que el córtex visual realice sus actividades (subconscientes) sin restricciones. Debido a que cada componente sensorial de la mente, si no se atiende, sigue funcionando de forma desenfrenada, todos los componentes necesitan ser comprometidos por los *mudras*. Esto es una gran habilidad, y para adquirirla debemos aprender a unirlos uno tras otro. A medida que añadimos más componentes, la meditación se va profundizando.

---

241 *Yoga Sutra* III. 1.

CAPÍTULO 14

Si te sientas en meditación y simplemente te concentras en un sonido o en una imagen visual, esto sólo comprometerá a tu mente consciente. La mente consciente, sin embargo, utiliza sólo un pequeño porcentaje de la potencia total de cálculo de la mente. Una parte mucho más grande es tomada por la mente subconsciente. Para aprovechar el poder de la mente subconsciente en la meditación, debemos practicar *pratyahara*. Ya que, aunque no seamos conscientes de ello, nuestros sentidos siguen llegando al futuro y crean inconscientemente el miedo o el deseo. O la mente vuelve al pasado y procesa traumas pasados, que a menudo implican vergüenza o culpa. Este escape de la mente subconsciente al pasado o al futuro tiene lugar hasta que nos hacemos expertos en *pratyahara* y unimos todos los sentidos mediante las técnicas yóguicas apropiadas, es decir, los *pratyahara mudras*. Los *mudras* cubiertos en esta sección son:

Jihva Bandha	para unir el *prana* gustativo
Shambhavi Mudra	para unir el *prana* visual
Jnana Mudra	para unir el *prana* táctil
Akasha Mudra	para unir el *prana* táctil
Agochari Mudra	para unir el *prana* auditivo
Dhyana Mudra	para unir el *prana* cinestésico

Una breve nota sobre la función olfativa. El *mudra* que se usa para reflejar el *prana* olfativo de vuelta al interior del cuerpo es *Mula Bandha*. El sentido olfativo está relacionado con el *Muladhara Chakra* y con el elemento tierra. *Mula Bandha* es el *mudra* usado para estimular y aprovechar el *Muladhara Chakra*. Este *bandha* fue cubierto en la Sección 2, *Mudra* 10, y es esencial para el éxito de la meditación.

Capítulo 15
JIHVA BANDHA (Cierre de la Lengua)

DESAMBIGUACIÓN

Desambiguación de *Jihva Bandha* de *Nabho Mudra* y *Khechari Mudra*. La demarcación de las tres técnicas no está siempre clara y a veces los *shastras* usan algunos términos de forma sinónima o simplemente como gradaciones de la misma técnica con un aumento del rendimiento y de la dificultad. Después de una gran investigación, he llegado a definir los tres términos como técnicas separadas que involucran a la lengua. Uso el término *Jihva Bandha* como un simple plegado hacia atrás de la lengua para inmovilizarla contra el paladar blando. *Jihva Bandha* nunca es una técnica independiente, sino que siempre es un auxiliar de una técnica de *pranayama* o meditación. Esta técnica está cubierta aquí. *Nabho Mudra*, cubierto en la Sección 1, *Mudra* 5, implica un esfuerzo para arrastrar la lengua más arriba y liberar las secreciones, y generalmente también implica *kumbhaka*. Es, por lo tanto, siempre una técnica independiente. *Khechari Mudra* es el nivel más alto de rendimiento, implicando la inserción de la lengua en la cavidad por encima del paladar blando. A menudo se adapta mediante procedimientos complejos y a veces dudosos para alargar la lengua. No implica un *kumbhaka* deliberado, sino que normalmente implica la absorción de la secreción con la lengua, y se usa comúnmente como un punto de entrada en *samadhi*. Está cubierto en la Sección 5, *Mudra 31*.

Jihva Bandha significa cierre de la lengua. Es el plegado de la lengua hacia atrás, colocando su lado inferior contra los paladares duro y blando y empujándola lo más atrás posible hacia la cavidad nasofaríngea. El *Hatha Tatva Kaumudi* promulga que cuando la lengua se fija contra el paladar por detrás de la úvula, el *prana* entra en el *Sushumna*, y se oye el *nada*[242]. El *nada* es el sonido interior, y es reconocido como el método más directo para entrar en *samadhi*. Sin embargo, la estrofa del *Hatha Tatva Kaumudi* no se refiere a *Jihva Bandha*. La técnica mencionada por el *Kaumudi* es en realidad *Khechari Mudra*. El término *Khechari Mudra* no debe usarse para referirse a *Jihva Bandha*. Hay que ser capaz de reconocer las descripciones que se refieren a uno u otro incluso si han sido identificados erróneamente, es decir, si se usa el nombre incorrecto. Hemos visto un problema parecido cuando desambiguamos *Uddiyana Bandha* de *Bahya Uddiyana* (externo). Si se mezclan los dos métodos, o si la instrucción que se refiere a uno se usa donde se aplica el otro, la confusión, sino el perjuicio, están asegurados.

Jihva Bandha es el ingrediente básico de *Nabho Mudra*, que se refiere al ordeño de la úvula con la lengua, liberándose *amrita*. *Khechari Mudra* es una versión avanzada de *Nabho Mudra*. *Khechari Mudra* tiene la reputación de reducir en gran medida la velocidad respiratoria, permitiendo así *kumbhakas* mucho más largos. Hace que el *prana* se estabilice, estabilizando la mente. Estos efectos también los produce *Jihva Bandha*, aunque en un menor grado. Un mecanismo mediante el que

---

[242] Dr. M. L. Gharote et al (edición y traducción), *Hathatatvakaumudi*, Instituto Lonavla de Yoga, Lonavla, 2007, p. 382.

el subconsciente (*vasana*) puede expresarse y manifestarse es mediante movimientos sutiles de la lengua y los ojos. Si el yogui detiene estos movimientos, el subconsciente pierde su agarre y el *kumbhaka* y la meditación pueden profundizarse. Una de las razones principales para aplicar *Jihva Bandha* es que estabiliza el subconsciente eliminando una de sus expresiones. De este modo, *Jihva Bandha* hace con la lengua y el sentido gustativo lo que el *drishti* (punto focal de mirada) y su forma avanzada, *Shambavi Mudra*, hacen con los ojos y el sentido visual.

Jihva Bandha es, por tanto, un complemento importante del *pranayama* y de todas las formas de meditación. Algunas escuelas yóguicas afirman que puede usarse en el *kumbhaka* interno para sustituir a *Jalandhara Bandha*. En mi experiencia, este no es el caso, y lo considero un consejo inseguro. Es mejor añadirlo a *Jalandhara Bandha* y practicar ambos *bandhas* simultáneamente. Este punto de vista es también apoyado por el comentario de Jyotsna del Hatha Yoga Pradipika[243]. Siguiendo esta sugerencia, se aplica primero *Jihva Bandha* y luego, mientras que lo mantenemos, introducimos *Jalandhara Bandha*. *Jihva Bandha* puede aplicarse durante el ciclo de respiración completo. Permanece atento a la tensión que se genera en la cabeza. Si sientes dolor de cabeza, suelta *Jihva Bandha*. Introdúcelo en tu práctica lentamente y mantén los dientes ligeramente separados para evitar la acumulación de tensión al apretar las mandíbulas.

Swami Sadhananda Giri explica que *Jihva Bandha* conserva el habla y el gusto[244]. El habla es evidente, porque no podemos

---

[243] Kunjunni Raja (edición), *The Hathayogapradipika of Svatmarama with the Commentary Jyotsna of Brahmananda*, The Adyar Library, Madrás, 1972, p. 30.

[244] Swami Sadhananda Giri, *Kriya Yoga*, Jujersa Yogashram, Howrah, 2005, p. 169.

hablar con la lengua doblada hacia atrás, pero el gusto es importante. El gusto es potenciado por el *prana* gustativo. El componente de la mente que se encarga del gusto se une usando *Jihva Bandha*. El gusto es el sentido asociado al *Svadhishthana Chakra*, en las proximidades del sacro. El elemento de este *chakra* es el agua. Las sensaciones se trasmiten a las papilas gustativas mediante un medio acuoso-por ejemplo, un estímulo gustativo puede ser experimentado como "que se hace la boca agua". El componente gustativo de la mente y su subconsciente asociado se expresan mediante el movimiento subconsciente de la lengua. Si se detiene el movimiento de la lengua, el aspecto subconsciente de la mente gustativa es más probable que se calme. Igual que con todas las otras capacidades mentales, su actividad puede transferirse a otros dominios mentales, y podemos esforzarnos en calmarlos todos uno por uno.

Los mecanismos mediante los que el propio subconsciente se expresa y manifiesta son habitualmente movimientos sutiles, como los de la lengua y los ojos. Si el yogui detiene estos movimientos, el subconsciente pierde su agarre y la meditación profundiza. Una de las razones principales para aplicar *Jihva Bandha* es que estabiliza el subconsciente eliminando una de sus expresiones. El *Hatha Tatva Kaumudi* afirma que la aplicación de *Jihva Bandha* detiene el *prana* (que aquieta la mente)[245]. *Jihva Bandha* tiene también un componente místico, que está unido al almacén lunar del *prana*, el *Ajna Chakra* (o, siendo más precisos, una de sus subdivisiones, el *Soma Chakra*). Este almacén lunar es a veces simplemente llamado "la luna", y al *prana* contenido en él se refieren como *soma* o *amrita*, el néctar de la inmortalidad. Por la fuerza de la gravedad, este néctar rezuma por fuera del

---

[245] *Hatha Tatva Kaumudi* of Sundaradeva XXXVIII. 32.

chakra lunar y, cuando alcanza el sol en el ombligo (es decir, el *Manipura Chakra*), es quemado por el fuego gástrico (*pitta*). Esta quema de *amrita* equivale a perder la fuerza vital lunar, que es la dadora de vida, nutritiva y anabólica. Aparte de debilitar el cuerpo y atraer la muerte y la enfermedad, su pérdida también debilita la mente. Cuanto más débil es la mente, más susceptible es de perder su equilibrio a través de los estímulos externos, como la comida, el sexo, las drogas, la adquisición, el dinero, el poder y el entretenimiento. El equilibrio de una mente fuerte y vital depende únicamente de la realización de la Divinidad en su interior, y luego de la Divinidad cósmica en el exterior. La pérdida del *prana* lunar provoca que la mente pierda su magnetismo interior, y si lo hace, los sentidos se instalarán en sus objetos de deseo. Como un barco sin timón ni timonel, la mente va al capricho de los sentidos y les sigue al exterior para conseguir la satisfacción sensorial, perdiendo su marco interno de referencia y el sentido del ser.

El Rishi Vyasa dice en su comentario del *Yoga Sutra* que los sentidos pueden compararse con una población de abejas con la mente como abeja reina[246]. Si la abeja reina se instala, todas las demás abejas se instalarán también. Si vuela al exterior, todas las demás abejas la seguirán. Si, sin embargo, la mente pierde su *prana* lunar, el *amrita*, se vuelve débil y seguirá a los sentidos al exterior. Si la mente es débil, *pratyahara*, la quinta rama del yoga, no puede tener lugar. *Pratyahara* significa exactamente que la mente está en equilibrio y es fuerte. Cuando se instala (en un objeto sagrado de meditación), los sentidos simplemente seguirán a su amo (la mente) y este proceso se llama *pratyahara*.

---

246 *Vyasa Bhashya* on the *Yoga Sutra* II. 54.

Sin *pratyahara* no pueden emprenderse las ramas superiores. El *prana* lunar debe ser detenido y restablecido.

Hay dos métodos físicos para detener el *prana* lunar y evitar que se pierda, e idóneamente ambos métodos deben combinarse. Un método es la práctica de inversiones como la postura sobre los hombros y la postura sobre la cabeza durante un periodo largo. Esta práctica se ha descrito en la Sección 1 como *Viparita Karani Mudra*. El segundo método es la utilización de *Jihva Bandha* y sus formas más avanzadas, *Nabho-*, y *Khechari Mudras*, para reabsorber el *amrita (prana* lunar). Como con la mayoría de las técnicas yóguicas, su combinación aumenta la probabilidad de éxito. *Khechari Mudra* (la elongación de la lengua hasta que se utiliza para hacer retenciones respiratorias) tiene la reputación de prevenir la pérdida de *amrita*. Para utilizar *Jihva Bandha* para reabsorber *amrita*, debes aplicarlo lentamente-alarga lentamente el tiempo que mantienes la lengua enrollada hacia atrás. Todas las técnicas yóguicas deben aplicarse lenta y responsablemente. No puede haber explosiones repentinas en yoga.

Jihva Bandha puede generar tensión en el cerebro y en el paladar blando y, a veces, dolores de cabeza. Si esto sucede, suelta la lengua y presiónala contra la raíz de los dientes superiores. Esta técnica es llamada *Rajadanta*. No es tan efectiva como *Jihva Bandha*, pero es mejor que crear demasiada tensión. *Rajadanta* detendrá el movimiento de la lengua y ayudará a suspender la mente subconsciente asociada. Sin embargo, no contribuirá a la absorción de *amrita*. Una vez que la tensión en el paladar blando haya disminuido, vuelve a Jihva Bandha y lentamente aumenta el tiempo que lo aplicas cada día. En una nota al margen, creo que *Jihva Bandha* es menos eficaz durante la práctica de *asana*. El principal problema de tal aplicación es que el cuerpo entero está en movimiento durante la práctica general de *asana*. Si se aplica entonces *Jihva Bandha* con intensidad (es decir, se usa la succión para llevar la lengua muy atrás), resultará habitualmente en tensión en el paladar blando, lo que debe evitarse. Si no se usa la succión, el *prana* lunar seguirá disipándose. Mientras que no hay nada malo en usar una forma leve de *Jihva Bandha* durante la práctica general de *asana*, *Jihva Bandha* exige una práctica sentada de las ramas superiores, es decir, *pranayama* y meditación *chakra-Kundalini*. Sólo entonces puede realmente lograrse su fin.

Nota: el elemento agua y el sentido gustativo están relacionados con el *Svadhishthana Chakra*. Otro *bandha* que está relacionado con este *chakra* es *Uddiyana Bandha*. Para citar un ejemplo escritural, el *Siddha Siddhanta Paddhati*, un tratado de la orden Natha, dice que *Uddiyana Bandha* abre el *Svadhishthana Chakra*, que es el asiento del sentido gustativo[247]. Este es particularmente el caso de *Bahya Uddiyana* (externo), que he descrito en este volumen en la Sección 2, *Mudra* 11. Durante este *bandha* la respiración es suspendida fuera (es decir, después de la exhalación) y el contenido abdominal es succionado al interior de la cavidad torácica. Algunas autoridades, incluyendo T. Krishnamacharya, dicen que esta retención externa de la respiración *(bahya kumbhaka)* con *Bahya Uddiyana* (externo) es el único modo de purificar los *Svadhishthana* y *Manipura Chakras*. La mejor forma de aprender ambos, el *kumbhaka* y el *Uddiyana* externos es durante *Nauli*. *Nauli* está descrito en la Sección 4, *Mudra* 27, y adicionalmente con mayor detalle en *Pranayama The Breath of Yoga*[248].

---

247 *Siddha Siddhanta Paddhati* II. 2.
248 Gregor Maehle, *Pranayama: The Breath of Yoga*, Kaivalya Publications, Crabbes Creek, 2012, p. 176.

Capítulo 16

SHAMBHAVI MUDRA
(Sello de Parvati)

Shambhu es uno de los nombres del Dios Shiva. Shambhavi es la esposa de Shiva. Por lo tanto, *Shambhavi Mudra* es el *mudra* de Parvati, y es un tema complejo. El *Gheranda Samhita* lo cataloga como una de las seis formas de acceder a *samadhi*. Yo podría haberlo tratado fácilmente en los *samadhi mudras*. Sin embargo, como es una técnica complementaria importante en el *pranayama* y la meditación, lo he tratado aquí. Este punto de vista no es más claramente expresado que en el *Kumbhaka Paddhati of Raghuvira*, que dice que el éxito en *pranayama* sucede cuando practicamos con *Shambhavi Mudra*[249]. Lo mismo es, obviamente, válido para la meditación.

Tanto en la edición de cuatro capítulos[250] como en la edición de diez capítulos del *Hatha Yoga Pradipika*[251] este *mudra* se describe como la concentración en un objeto interno (como los *chakras*, el flujo del *prana*, etc.) mientras que la mirada carece de parpadeo y las pupilas no se mueven. Lo que está implícito aquí es que

---

249 Dr. M. L. Gharote, *Kumbhaka Paddhati of Raghuvira*, Instituto Lonavla de Yoga, Lonavla, 2010, p. 95.

250 Kunjunni Raja (edición), *The Hathayogapradipika of Svatmarama with the Commentary Jyotsna of Brahmananda*, The Adyar Library, Madrás, 1972, p. 68.

251 Dr. M. L. Gharote et al (edición y traducción), *Hathapradipika of Svatmarama (10 chapters)*, Instituto Lonavla de Yoga, Lonavla, 2006, p. 218.

la elevación de los ojos por sí misma no es suficiente, sino que sólo el objeto interno añadido completa el *mudra*. El *Hathatatva Kaumudi* de Sundaradeva[252] añade que la fijación de la mirada en el tercer ojo ayuda a controlar la corriente vital descendente (que mantiene abajo a la Kundalini) y que el verdadero *Shambhavi Mudra* es mirar hacia fuera, pero sin ver nada[253]. El *Mandala Brahmana Upanishad* en la estrofa I. iii. 6 confirma que *Shambhavi Mudra* es abrir la visión espiritual internamente mientras que los ojos físicos están entreabiertos, pero no ven nada ni tampoco parpadean[254]. El *Gheranda Samhita* coincide en que *Shambavi Mudra* significa fijar la mirada entre las cejas para contemplar el propio ser existente, y llama a esto el secreto de todos los *tantras*[255]. Repite luego una frase que ya encontramos en el *Hatha Yoga Pradipika* IV. 34 y que podríamos considerar sexista hoy, que sólo *Shambhavi* es como una dama respetable mientras que los *Vedas* y los *shastras* son como prostitutas (porque su conocimiento puede ser fácilmente obtenido por todo el mundo). Aunque el *Hatha Yoga Pradipika* contiene un capítulo entero sobre *mudras* (capítulo III), trata de *Shambhavi Mudra* independientemente en el capítulo IV, el capítulo sobre *samadhi* (la revelación). En las estrofas IV. 35-36 el *Hatha Yoga Pradipika* define *Shambhavi Mudra* como la concentración

---

[252] Dr. M. L. Gharote et al (edición y traducción), *Hathatatvakaumudi*, Instituto Lonavla de Yoga, Lonavla, 2007, p. 91.

[253] Dr. M. L. Gharote et al (edición y traducción), *Hathatatvakaumudi*, Instituto Lonavla de Yoga, Lonavla, 2007, p. 615.

[254] Dr. M. M. Gharote et al (edición y traducción), *Mandalabrahmanopanisad and Nadabindupanisad,* Instituto Lonavla de Yoga, Lonavla, 2012, p. 64.

[255] *Gheranda Samhita* III. 64.

interna en la consciencia, mientras que se mantienen los ojos entreabiertos sin parpadear, aparentando que se ve el mundo exterior cuando en realidad no se ve externamente nada. Esta definición es parecida a la del *Yoga Amanaska*, estrofa II. 10, que dice que la fijación de la mente en un objeto interno mientras que se mantienen los ojos abiertos sin parpadear se conoce como *Shambhavi Mudra*[256].

El *Mandalabrahmana Upanishad* en la estrofa II. i..9 afirma que *Shambhavi Mudra* estabiliza tanto la mente (*manas*) como el intelecto (*buddhi*)[257]. Muchos *shastras* describen el efecto y la actitud interna de este *mudra*, pero ¿qué es lo que debemos hacer exactamente con los ojos? El *Hatha Tatva Kaumudi* explica que fijar la mirada en el tercer ojo ayuda a controlar el *apana* (la corriente vital descendente, que mantiene abajo a la Kundalini)[258] y que la fijación de los ojos en el entrecejo hace que descanse[259] el *prana* (la fuerza vital), que suele ser inquieto, y hace que la mente sea inestable. A mi me instruyeron en que fijar los ojos entre las cejas era un aspecto esencial de *Shambhavi Mudra*. Esto también es confirmado por Theos Bernard, que aprendió que *Shambhavi Mudra* era la retracción de los ojos, manteniendo los párpados entreabiertos (de tal modo que se ve el blanco),

---

256 Dr. M. M. Gharote et al (edición y traducción) *Amanaska Yogah-A Treatise On Laya Yoga*, Instituto Lonavla de Yoga, Lonavla, 2019, p. 63.

257 Dr. M. M. Gharote et al (edición y traducción), *Mandalabrahmanopanisad and Nadabindupanisad*, Instituto Lonavla de Yoga, Lonavla, 2012, p. 92.

258 Dr. M. L. Gharote et al (edición y traducción), *Hathatatvakaumudi*, Instituto Lonavla de Yoga, Lonavla, 2007, p. 91.

259 Dr. M. L. Gharote et al (edición y traducción), *Hathatatvakaumudi*, Instituto Lonavla de Yoga, Lonavla, 2007, p. 382.

y la concentración en la luz de la cabeza o en el tercer ojo[260]. También, Shyam Sunder Goswami llama *Shambhavi* a la mirada interna concentrando la mente internamente en el centro del tercer ojo[261].

Desde una perspectiva de *pratyahara*, Shambhavi Mudra consiste en la proyección del *prana* visual de vuelta al interior del cuerpo, el *prana* que alimenta el componente visual de la mente subconsciente. En el humano, este es el componente más desarrollado de la mente, y por eso los yoguis le prestan gran atención. Debido a su prevalencia en la mente y el cerebro humanos, es improbable que la técnica de *pranayama* y meditación tenga éxito a menos que tenga un fuerte componente visual. Por esta razón, la aplicación más importante de *Shambhavi Mudra* no es como técnica independiente (como lo sería cuando lo usamos para acceder a *samadhi*), sino como técnica auxiliar durante el *pranayama* y la meditación. Por ejemplo, cuando usamos la meditación *chakra-Kundalini*, la visualización del *Sushumna* y de los lotos/*chakras* relacionados está diseñada para aprovechar el poder del córtex visual en la meditación.

A medida que consigamos ralentizar la respiración, ganaremos gradualmente más tiempo en cada *chakra* y lo utilizaremos para hacer más vívida nuestra visualización. Esto potenciará la misión de nuestra meditación de crear e influir en la realidad, es decir, de producir un cambio duradero en la calidad de nuestras mentes. Otro campo muy importante de práctica donde sirve este *mudra* como técnica auxiliar es *Nadi Shodhana* y todas las otras técnicas de *pranayama* con respiración lenta. Aquí

---

260 Theos Bernard, *Hatha Yoga*, Rider, Londres, 1950, p. 89.
261 Shyam Sundar Goswami, *Laya Yoga*, Inner Traditions, Rochester, 1999, p. 74.

también el método ayuda a la ya existente visualización del sol/la luna. *Shambhavi Mudra* no se aplica, sin embargo, durante las técnicas de *pranayama* de respiración rápida (como *Kapalabhati* y *Bhastrika*), ni durante la práctica general de *asana*. Estas prácticas requieren demasiada atención como para desviar la suficiente consciencia a estas técnicas auxiliares. *Shambhavi Mudra*, como norma general, sólo se hace cuando estás sentado en una postura de meditación.

El *Manipura Chakra*, en la médula espinal al nivel del ombligo, también es llamado el *chakra* de fuego, ya que representa al elemento fuego. Patanjali y otros lo llamaron el *chakra* del ombligo[262]. Es este *chakra* de fuego al que apuntamos con *Shambhavi Mudra*, porque ambos están relacionados con el sentido visual. Este *chakra* es importante: a nivel físico, el fuego en el cuerpo representa el fuego gástrico y metabólico, pero a nivel mental potencia la inteligencia. Tanto el fuego gástrico como el fuego de la inteligencia son representaciones de la misma fuerza cósmica que potencia la reacción nuclear en curso en el sol, suministrándonos calor y luz. La facultad asociada con el *chakra* de fuego es el sentido visual. Sólo gracias a la luz que viene del sol puede funcionar el sentido visual. Los humanos han aprendido a aprovechar el fuego para ver por la noche, al principio sólo mediante hogueras, pero después con formas más refinadas de fuego controlado, como el gas o las lámparas eléctricas. El mismo fuego perfora y corta la ignorancia con la investigación y el análisis, y nos capacita para la investigación científica.

La relación entre el fuego en la inteligencia superior y el sentido visual sigue siendo evidente en la mayoría de los

---

[262] *Yoga Sutra* III. 29.

idiomas. Incluso en el inglés actual, un vidente es una persona que es capaz mediante la visión mística, de ver cosas que son invisibles para los demás. El término se usa también para los pronosticadores en los sectores económico y político, áreas que son opacas debido a sus aparentes complejidades.

Como preparación para *Shambhavi Mudra* debemos primero emplear *Bhrumadhya Drishti*, ya descrito en mis libros anteriores, particularmente en *Ashtanga Yoga: Practice and Philosophy*[263]. *Bhrumadhya Drishti* quiere decir mirar hacia el entrecejo. A lo que nos referimos aquí es a una mirada suave, no a una mirada bizca y con tensión. Mirar al entrecejo detiene el movimiento inconsciente de los ojos. El término REM (movimiento ocular rápido) se usa para describir el movimiento inconsciente de los ojos durante el sueño, que denota la actividad de la mente inconsciente. El mecanismo que acciona REM no sucede sólo durante el sueño, sino también en el estado de vigilia cuando no enfocamos nuestros ojos en un objeto concreto. La prevención del movimiento subconsciente de los ojos durante la meditación es una poderosa herramienta para aquietar la mente subconsciente y dirigirla hacia actividades con fines específicos. El arte de realizar *Bhrumadhya Drishti*, como *Jihva Bandha*, debe desarrollarse lentamente, ya que, de otro modo, puede provocar tensión en la frente y en el cerebro.

Una manera holística de hacer esto es levantar primero los ojos a nivel horizontal y fijarlos en un objeto imaginario o punto focal a una distancia de los ojos de alrededor de un metro o 40 pulgadas en frente de ti. Mantén los párpados relajados para que los ojos permanezcan entreabiertos. Cuando los ojos se

---

[263] Gregor Maehle, *Ashtanga Yoga: Practice and Philosophy*, New World Library, Novato, 2007, p. 7.

hayan acostumbrado a estar en esta posición, coloca el objeto imaginario más cerca y elévalo más arriba. Al principio, si los ojos se cansan, puede ser necesario bajar la mirada o incluso dejar que los ojos se cierren un momento. Sin embargo, ten en cuenta que esto es una función del *apana* (corriente vital descendente), y eso significa que la fuerza apánica ha superado a tus ojos.

Al cabo de las semanas, meses, y, a veces, años, ve elevando los ojos más y más arriba hasta que finalmente la mirada encuentre el punto medio de la frente. Este es el florecimiento de *Shambhavi Mudra*; es extremadamente poderoso. Tiene este poder porque invierte el *apana* y detiene la fuerza vital en el *Ajna Chakra (chakra* del tercer ojo). Es muy importante que te emplees en esta poderosa técnica durante mucho tiempo, ya que forzar las cosas puede tensionar los nervios ópticos.

TÉCNICA

Para empezar, enfoca los ojos en un punto a medio metro de distancia y a la altura de los ojos. Los ojos tienen una tendencia automática a caer, en cuyo momento la mente subconsciente tomará su control. Incluso el hecho de levantar los ojos cerrados o semicerrados hasta el nivel horizontal los pondrá fuera del alcance de la mente subconsciente. Pero deberás concentrarte para mantenerlos allí.

Shambhavi Mudra

Cuando te hayas acostumbrado a este nivel, levanta los ojos unos diez grados más arriba. No los subas desde el principio hasta el final directamente: probablemente, la tensión ocular será el resultado. Permanece en este nuevo nivel hasta que estés completamente acostumbrado a él. Esto puede tardar días, semanas o meses. De esta forma, durante un periodo de tiempo lo suficientemente largo, levanta los ojos hasta que los hayas subido del todo.

CAPÍTULO 16

Una vez que has conseguido esto, pon el punto de enfoque más y más cerca hasta que esté en el punto medio de la frente. Si sientes dolor de cabeza o en los ojos, aflójalo. Al principio los ojos estarán bloqueados en esta posición sólo un minuto cada vez antes de que bajen un poco otra vez. Sólo gradualmente ve aumentando el tiempo que pasas con los ojos levantados. No importa si los ojos están semicerrados o completamente cerrados: como están girados hacia arriba, incluso si están semicerrados, verás muy poco o nada.

Capítulo 17
JNANA MUDRA
(Sello del Conocimiento)

El componente cinestésico/táctil de la mente se une sentándote en un *asana* estable, como *Padmasana* o *Siddhasana*. He descrito estas posturas con gran detalle en cuatro de mis libros anteriores. La cinestesia es la tactilidad distribuida por todo el cuerpo, no sólo en su superficie, sino también en sus estructuras y núcleo. Los aspectos importantes de la meditación en *asana* son:

1) Mirando lateralmente, las orejas, las articulaciones de los hombros y caderas deben estar en una línea recta vertical. La cabeza no debe sobrepasar esta línea.
2) La pelvis debe estar inclinada anteriormente para exagerar la curva lumbar. Esto genera equilibrio dinámico al suprimir la fuerza gravitacional (esto es, claro, sólo en caso de que estemos sentados; esta instrucción no se aplica a las posturas de pie). Si te sientas en *Padmasana* (postura del loto), inclinar la pelvis hacia delante estimulará *Mula Bandha*, ya que el perineo estará en contacto con el suelo.
3) Siéntate tan alto como puedas. Imagina un gancho unido al punto más alto de la cabeza que tira de ti hacia arriba y alarga la columna vertebral.
4) En cualquier posición que te sientes, asegúrate de que las palmas de las manos y las plantas de los pies están

giradas hacia arriba apuntando al techo y lejos del suelo. Esto descarta sentarse en una silla.

5) Sigue bajando los omóplatos por la espalda; si se desploman hacia delante, junta uno hacia el otro. Estas acciones mantienen abierta el área del corazón y la región del *chakra* corazón flotando.

El componente cinestésico/táctil de la mente calcula los datos asociados con el sentido del tacto y la propiocepción. El sentido del tacto representa el elemento aire, y está localizado y encriptado en el *chakra* corazón (*Anahata*). El movimiento del aire es percibido por la piel como tacto. Transmitimos un sentimiento de corazón al tocar a alguien o al abrazarlo, un abrazo de corazón. Debido al hecho de que la cinestesia está distribuida a través de todo el organismo, los *mudras* de cuerpo entero (*kaya mudras*) en yoga tienen preeminencia sobre los *mudras* de las manos (*hasta mudras*). Hay, sin embargo, algunos *mudras* de las manos que se usan en yoga para evitar la proyección del *prana* táctil hacia el exterior de las manos. La utilización de estos *mudras*, en cambio, hace que este *prana* rebote dentro del cuerpo. Podríamos decir, por lo tanto, que los *hasta mudras* al principio cumplían la función de *bandhas* de las manos. Por lo general, estos *mudras* se usan en cualquier actividad que implique *dharana* (concentración), *dhyana* (meditación) o *samadhi* (revelación). Los *hasta mudras* son siempre técnicas complementarias y nunca un método principal. Los *hasta mudras* más importantes son:

1) *Jnana Mudra* (sello del conocimiento), que consiste en la unión del pulgar y el índice con los otros tres dedos extendidos, las palmas de las manos hacia arriba. Este hasta mudra está cubierto aquí.

CAPÍTULO 17

2) *Akasha Mudra* (sello del espacio), que consiste en la colocación de la mano derecha encima de la mano izquierda con los pulgares tocándose y las palmas de las manos hacia arriba. Este *hasta mudra* se cubre en el siguiente apartado.

Jnana Mudra

Pon las manos en Jnana Mudra (sello del conocimiento) uniendo el pulgar y el índice y extendiendo los otros dedos. El significado de los dedos es:

El pulgar representa a Brahman (consciencia infinita).
El índice representa a *atman* (la verdadera naturaleza).
El corazón representa el *buddhi* (intelecto).

El anular representa a *manas* (la mente).
El meñique representa a *kaya* (el cuerpo).

Aunque hay una cierta destreza en atribuir estos significados a dedos concretos, debemos tener en cuenta que estos significados son una creación humana. En realidad, el dedo meñique está tan cerca del Brahman como el pulgar, porque según los *Upanishads* todo viene del Brahman, es sostenido por el Brahman y vuelve al Brahman. Deberíamos recordar regularmente estas verdades para no caer en el fundamentalismo.

Unir el pulgar y el índice sella la intención de ser consciente de que tu verdadera naturaleza (*atman*) no es nada más que la infinita consciencia (Brahman). Estos dos términos son de origen Vedántico, y para el éxito del *mudra* no es esencial que los usemos. Lo que es esencial, sin embargo, es que con este *mudra* estamos profesando nuestro reconocimiento de un poder superior capaz de instruirnos. No hace falta ser religioso para hacer eso. Un científico puede profesar su comprensión de que el cosmos es inherentemente legal e inteligente. La antropomorfización (es decir, proyectar las características humanas) de la inteligencia cósmica puede ser realmente un obstáculo en yoga.

Las palmas de las manos miran hacia arriba en una posición receptiva, reconociendo que el conocimiento no es algo que creamos sino algo que se nos revela, algo que recibimos de un poder más grande que nosotros, como queramos llamar a este poder. Los brazos se mantienen rectos generalmente en esta posición, pero sin bloquear los codos. Especialmente en una sesión larga de meditación, la insistencia en mantener los brazos artificialmente rectos señalaría la inhabilidad para ir más allá del cuerpo.

Capítulo 18
AKASHA MUDRA
(Sello del Espacio)

Este *hasta mudra* es una alternativa a *Jnana Mudra*. También se pueden alternar. Siéntate en el *asana* de tu elección, colocando tus manos en *Akasha Mudra*. Las escuelas brahmánicas siempre ponen la mano izquierda primero y luego la derecha encima de ella. La mano izquierda es habitualmente llamada la mano de la tierra y la derecha la mano del cielo. Sin embargo, este etiquetado debería hacernos sospechar de la religión del cielo, que sustituyó a la espiritualidad indígena basada en la tierra. La religión del cielo sitúa lo sagrado en el cielo, el nirvana o el vacío, y muy lejos en el tiempo. En la espiritualidad animista basada en la tierra, lo sagrado existe en la naturaleza y en el cuerpo. Los tántricos a menudo le dan la vuelta a la orden y colocan la mano izquierda por encima de la derecha.

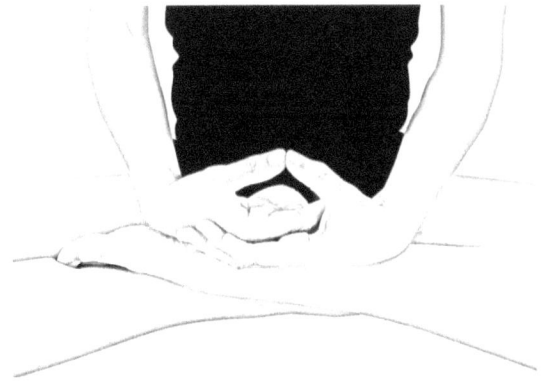

Akasha Mudra

Cuando uses un *hasta mudra*, si es posible, abandona el deseo de moverte o balancearte, y resiste la urgencia de mover las manos. Pero no lo conviertas en un proceso forzado desde el exterior; más bien deja que venga desde el interior. El deseo de moverse puede abandonarse cuando, mediante la concentración en la respiración, los *chakras*, el *mantra* y la unión de los otros componentes de la mente, te vuelves consciente de que la creación entera está ya en un estado de balance y equilibrio dinámico. El silencio y la quietud de la postura y de las manos es un modo de escuchar el mensaje de la Divinidad en tu corazón, que te dice que este momento, ahora, y este lugar, aquí, son perfectos: nada debe ser cambiado.

Capítulo 19
AGOCHARI MUDRA
(Sello Imperceptible)

Hay distintas opiniones en cuanto a la naturaleza y propósito de este *mudra*. Algunas escuelas lo tratan simplemente como un nombre alternativo para *Nasagrai Drishti*, es decir, la mirada hacia la punta de la nariz. Sin embargo, *agochari* significa "imperceptible a los sentidos". Hay cinco sentidos, y los cuatro primeros son distintos al quinto. Los cuatro primeros son olfativo, gustativo, visual y táctil. Ellos hacen perceptibles los elementos tierra (*prithvi*), agua (*ap*), fuego (*agni*) y aire (*vayu*), respectivamente. Hemos tratado ya los *mudras* que recuperan el *prana* perdido por los procesos sensoriales, es decir, *Mula Bandha* (olfativo), *Jihva Bandha* (gustativo), *Shambhavi Mudra* (visual), y *hasta mudras* (táctil). *Agochari* se refiere al quinto elemento (éter, espacio), que es imperceptible y más sutil que los otros. El sentido asociado con el éter es el sentido auditivo y revela el sonido (*shabda*). Sin embargo, en yoga, *shabda* no se limita a las ondas sonoras que viajan en el aire. El concepto de *shabda* incluye todos los patrones vibratorios, incluyendo luz, fotones, quarks, ondas gravitacionales, ondas de pensamiento (*vrtti*), y la función ondulatoria de todos los estados de partículas. Estas formas variadas de patrones vibratorios están divididas en cuatro categorías, que se llaman *para* (más allá), *pashyanti* (manifiesto), *madhyama* (sutil) y *vaikhari* (audible). He descrito estas cuatro fases del sonido en mi texto de 2009 *Ashtanga Yoga The Intermediate Series*[264]. Sólo la última categoría, *vaikhari*, viaja en el aire y es perceptible al oído.

Algunas escuelas de yoga ven a *Agochari Mudra* como la escucha del sonido interior, llamado a veces *anahata nada o nadanusandhana*[265]. Otros lo ven como la concentración en la recitación inaudible o audible de *mantras*. Este es, ciertamente, un aspecto importante de ello, e idóneamente el *mantra* no sólo se usa como técnica independiente, sino también como el aspecto auditivo del *pranayama* yóguico y de la meditación. Para muchas técnicas yóguicas de *pranayama* y meditación hay determinadas sílabas raíz (*bija askharas*) que deben ser pronunciadas mientras que se realizan distintas fases de la técnica.

Otro aspecto importante de la concentración en lo imperceptible es tapar los oídos. Esto se puede hacer con los pulgares como se haría durante *Bhramari y Shanmukhi Mudras*, descritos ambos en la Sección 5, *Mudras* 28 y 29. Sin embargo, especialmente durante sesiones largas, sostener los brazos como se hace en estos *mudras* puede ser tedioso e impedirnos ir más allá del cuerpo. Ir más allá del cuerpo significa aquí percibir un nivel más profundo de la realidad universal que nos exige temporalmente dejar de lado nuestro yo superficial, que incluye la identificación con el cuerpo. Con objeto de facilitar esto, los yoguis usaban a menudo una mezcla de cera de abejas y algodón para taparse los oídos. Así dice S. K. Das en *Divine Light* que *Agochari Mudra* es tapar

---

[264] Gregor Maehle, *Ashtanga Yoga The Intermediate Series*, New World Library, Novato, 2009, p. 21-24.

[265] Esta disciplina es el centro de atención del cuarto capítulo del *Hatha Yoga Pradipika* (edición de cuatro capítulos).

los oídos con cera o algodón para escuchar *Anahata Nada*[266]. Este uso del *mudra* funciona muy bien como una técnica complementaria de meditación, especialmente cuando practicamos la meditación yóguica *chakra*-Kundalini en un entorno urbano ruidoso. Desde mi experiencia, esa meditación funciona particularmente bien en la naturaleza, con el telón de fondo de los sonidos del viento en los árboles, el canto de los pájaros y el zumbido de los insectos. Esto es porque toda la naturaleza expresa la misma inteligencia cósmica que gradualmente se nos revela mediante la meditación yóguica *chakra*-Kundalini, y otras formas de meditación. Sin embargo, la práctica de estos métodos tan sutiles y poderosos en un entorno urbano artificial, desnaturalizado y ruidoso es una tarea totalmente diferente. A menudo es una penosa lucha. Por lo tanto, taparse los oídos puede ser de gran ayuda. Los yoguis empleaban este método para mejorar la sensibilidad a las ondas sonoras mántricas. Esto bloquea el sonido ambiental y ayuda a concentrarte más en los *mantras*.

Agochari Mudra puede combinarse también con *Bhramari Mudra*. Durante este *mudra* se realiza un sonido de zumbido de abeja. La garganta se contrae y luego se inhala el aire rápidamente. De forma distinta a *Ujjayi*, aquí las cuerdas vocales están enganchadas produciendo el sonido "ng" (*anushvara*). Esto se hace pronunciando el final de una palabra como "gong", y luego prolongando el sonido␣sosteniendo la respiración y zumbando. Lo mismo se hace durante la inhalación, pero aquí se necesita mucho menos aire, así que se puede sacar mucho más sonido. Generalmente, los oídos se

---

[266] S. K. Das, *Divine Light*, New Age Books, Nueva Delhi, 2002, p. 119.

tapan con los pulgares durante este *mudra*. Sin embargo, esto es cansado cuando se realiza el *mudra* durante largos periodos. Los pulgares pueden sustituirse fácilmente por tapones para los oídos.

Capítulo 20
DHYANA MUDRA
(Sello de la Meditación)

DESAMBIGUACIÓN

Algunas escuelas usan el nombre *Dhyana Mudra* para referirse al *hasta mudra* identificado en este libro como *Akasha Mudra*. Sin embargo, yo he descrito aquí *Dhyana Mudra* tal y como se enseña en los *shastras*. Aunque el nombre de este *mudra* se ofrece como la etiqueta principal de una práctica importante, ni siquiera en los *shastras* es un *mudra* muy prominente. Es principalmente catalogado como una actitud de llevar la atención al interior, así que su función es principalmente de naturaleza *pratyahara*. Se menciona a *Dhyana Mudra* en el *Hathatatva Kaumudi* de Sundaradeva en las estrofas XLIX.31-33, y es descrito como enfocar los ojos en un objeto externo y volver la mente hacia dentro mientras que mantenemos el cuerpo firme y erguido[267]. En la estrofa 33 del mismo pasaje, se aconseja *Bhrumadhya Drishti*, es decir, mirar hacia el entrecejo. El *Hatha Yoga Pradipika* enseña también *Dhyana Mudra* como mantener el cuerpo quieto, con la mirada fija y la mente enfocada en el interior[268]. Sólo el *Jogapradipya-*

---

[267] Dr. M. L. Gharote et al (edición y traducción), *Hathatatvakaumudi*, Instituto Lonavla de Yoga, Lonavla, 2007, p. 617.

[268] Dr. M. L. Gharote et al (edición y traducción), *Hathapradipika of Svatmarama (10 chapters)*, Instituto Lonavla de Yoga, Lonavla, 2006, p. 188.

ka de Jayatarama entra un poco más en detalle[269]. Aquí *Dhyana Mudra* es definido como la meditación en los seis *chakras* y, al final, poner atención en el *Sahasrara Chakra* (loto de los mil pétalos), donde se dice que el objeto de meditación desaparece de la percepción. Jayatarama tiene razón, porque el *prana* mantenido en el *Sahasrara Chakra* conduce a *samadhi* en el Absoluto sin forma, que, en el lenguaje del yoga, es el *samadhi* sin objeto. El *Jogapradipyaka* ve en este *mudra* una práctica más avanzada que los otros dos textos, o al menos describe un resultado más avanzado del mismo método. El *Amanaska Yogah* en la estrofa 14 dice que un verdadero yogui es una persona cuya visión está fija, aunque no se conozca ningún objeto, con el movimiento del *prana* suspendido sin esfuerzo, y con la mente estable más allá de requerir un objeto para descansar[270]. En algún otro sitio este *mudra* es llamado *Vaishnavi Mudra*. Encontramos un ejemplo de esto en el *Nadabindu Upanishad* estrofa 29, que afirma que un yogui adopta *Siddhsana* mientras que mantiene *Vaishnavi Mudra*, es decir, mantiene los ojos abiertos mientras que mira hacia dentro, hasta que se oye el *nada* (el sonido interior)[271]. Ya vimos esta tendencia con *Shanka Mudra*, un *mudra* que al principio era usado en la tradición Saivita, y que fue adoptado por el Vaisnavismo, y su nombre cambiado para eliminar la referencia a una escuela de pensamiento de la competencia.

---

269 Swami Maheshananda et al (edición y traducción), *Jogapradipyaka of Jayatarama*, Kaivalyadhama, Lonavla, 2006, p. 133.

270 Dr. M. M. Gharote et al (edición y traducción), *Amanaska Yogah-A Treatise On Laya Yoga*, Instituto Lonavla de Yoga, Lonavla, 2019, p. 15.

271 Dr. M. M. Gharote et al (edición y traducción), *Mandalabrahmanopanisad and Nadabindupanisad*, Instituto Lonavla de Yoga, Lonavla, 2012, p. 239.

SECCIÓN 4:

DHARANA MUDRAS

Este es, probablemente, el grupo más importante y la quintaesencia de todos los *mudras*. Los *mudras* que se discuten bajo este apartado son *mudras* que facilitan *dharana* (la sexta rama del yoga, generalmente traducido como concentración). *Dharana* es un término arcaico y, en términos más modernos, significa el ascenso de la Kundalini. En los días en que se compusieron los *Yoga Sutra*, no era aún necesario el énfasis en la Kundalini porque el proceso entrópico (entropía es un término relacionado con la segunda ley de la termodinámica e implica un aumento del desorden/caos) que causó la caída de la Kundalini aún no estaba completamente formado. He descrito este proceso entrópico en *Ashtanga Yoga Practice and Philosophy*, tercera parte[272]. También es compatible con la doctrina de la Cuarta *Yuga* enseñada en los *Puranas* y el *Mahabharata*. Sir John Woodroffe en *The Serpent Power* confirma que el ascenso de la Kundalini es *dharana*[273]. El mismo hecho fue también corroborado por

---
272 Gregor Maehle, *Ashtanga Yoga Practice and Philosophy*, New World Library, Novato, 2007, p. 133ff.
273 Sir John Woodroffe, *The Serpent Power*, Ganesh & CO, Madrás, 1995, p. 223.

Om Prakash Tiwari, director del Instituto Kaivalyadhama[274]. Especialmente los practicantes modernos de formas de yoga basadas en *asana* como el Ashtanga Vinyasa Yoga, se pierden a menudo que T. Krishnamacharya puso mucho énfasis en la Kundalini[275]. Para los practicantes modernos, que están muy lejos de la antigua fuente de la espiritualidad, la revelación espiritual sin las técnicas para desbloquear la Kundalini puede ser una ardua tarea. Todos los *mudras* cubiertos en esta sección son los que tratan del ascenso de la Kundalini. Los *mudras* cubiertos aquí son:

Maha Mudra
Maha Bandha Mudra
Maha Vedha Mudra
Ashvini Mudra
Vajroli Mudra
Pashini Mudra
Shakti Chalana Mudra

Aquí surge un enfoque diferente del *mudra*. Los *mudras* de la primera sección, *asana mudras*, son métodos para practicar durante la práctica de *asana* o para añadirlos a ella. La segunda sección, *pranayama mudras*, implica los sellos complementarios, pero esenciales, sin los que la práctica de *pranayama* no sería posible. La tercera sección, *pratyahara mudras*, consiste en sellos añadidos a nuestra práctica de meditación, que la

---

[274] O. P. Tiwari, *The Concept of Kundalini*, Serie de Conferencias en DVD del Kaivalyadhama , Lonavla.
[275] T. Krishnamacharya, *Yoga Makaranda*, Media Garuda, Chennai, 2011, p. 170.

complementan y la hacen más potente. Pero, igual que con los *pranayama mudras*, no constituyen prácticas independientes, y por lo tanto no requieren un compromiso de tiempo aparte. La sección actual, la cuarta de este texto, rompe este patrón, ya que contiene *mudras* que constituyen prácticas en sí mismos. Son prácticas independientes dedicadas y diseñadas para provocar el desbloqueo de la Kundalini. El desbloqueo de la Kundalini puede utilizarse para la creatividad, aumentar el intelecto y la memoria, éxito en los campos del arte y la ciencia, y estados místicos y de revelación. Como Gospi Krishna ha mostrado con el ejemplo del genio demoníaco, también se puede abusar de la Kundalini para la propia satisfacción y el propio egotismo[276]. La persona que hace esto encontrará inevitablemente su propia caída, pero al hacerlo, pueden haber hecho previamente mucho daño. Los yoguis deben adherirse a la ética (*yamas* y *niyamas*) y ponerse particularmente al servicio de la Divinidad (*ishvara pranidhana*). El término *ishvara pranidhana* es de tanta importancia que aparece en los *Yoga Sutra* cuatro veces[277]. He descrito un acercamiento práctico para rendirse a la Divinidad en *How To Find Your Life's Divine Purpose-Brain Software For a New Civilization*.

En la sección actual están cubiertos todos los *mudras* que apoyan el proceso de *dharana*. Según la mitología yóguica, *dharana* era un proceso dominado fácilmente cuando durante la *Treta Yuga*[278] la Kundalini (fuerza divina creadora), localizada

---

[276] Gospi Krishna, *Kundalini The Evolutionary Energy in Man*, Shambala, Boston, 1997.

[277] *Yoga Sutra* I. 31, II. 1, II. 32 y II. 45.

[278] La *Treta Yuga* es la segunda de las cuatro edades *Puránicas* del mundo. Las cuatro son *Satya-*, *Treta-*, *Dvapara* y *Kali Yugas*.

previamente en el *chakra* del tercer ojo, descendió a los dos *chakras* más inferiores. Esto tuvo lugar debido a la inculturación (el desarrollo humano de la creencia errónea de que progresaríamos compitiendo los unos contra los otros y contra otros organismos, sometiendo y controlando la naturaleza, y llevándonos finalmente al abismo abierto del ecocidio y al holocausto ambiental), la entropía, (la ruptura del orden causada por el tiempo, parecida a la oxidación), y el *karma* y trauma colectivos (comparable con el mito bíblico de comer del Árbol de Conocimiento del Bien y del Mal, y la expulsión posterior del Jardín del Edén). He descrito este proceso complejo en mis libros anteriores *Ashtanga Yoga Practice and Philosophy*[279]y, con más detalle, en *How To Find Your Life's Divine Purpose*[280]. Reiterarlo aquí estaría más allá del alcance de un libro de *mudras*. Desde que sucedió este proceso entrópico, los humanos encuentran muy desafiante el proceso de *dharana*. Por lo tanto, poco a poco se desarrolló una ciencia completa alrededor del ascenso de la Kundalini, para elevar la Kundalini de nuevo al lugar que le corresponde. Con la Kundalini elevada, *dharana* se convierte en algo fácilmente accesible, y *dhyana* (meditación) y *samadhi* (revelación) caerán como fichas de dominó.

En la última sección, discutimos los *pratyahara mudras*, que tratan predominantemente de la proyección del *prana* lunar de vuelta al interior del cuerpo, es decir, el *prana* asociado con los órganos de los sentidos (*jnanendriyas*). Esto incluye los *mudras* que retiran el *prana* que potencia la percepción gustativa,

---

279 Gregor Maehle, *Ashtanga Yoga Practice and Philosophy*, New World Library, Novato, 2007, p. 133ff.

280 Gregor Maehle, *How To Find Your Life's Divine Purpose*, Kaivalya Publications, Crabbes Creek, 2020.

olfativa, visual, auditiva y táctil/cinestésica. En la sección actual miraremos predominantemente al *prana* solar, el *prana* asociado con los *karmendriyas*, los órganos de acción, que se encargan de la locomoción, el agarre, el habla, la micción/el acto sexual y la defecación.

¿QUÉ ES LA KUNDALINI?

El *Purusha Sukta* del *Rig Veda* afirma que al principio sólo existía el Brahman. El Brahman es la realidad profunda o la consciencia infinita. Los físicos lo llaman el campo unificado o la etapa anterior al Big Bang. Para crear el mundo y generar su cualidad de reflexividad/consciencia el Brahman se convirtió en polar. Los dos polos son en India a menudo llamados *Shiva* (consciencia pura) y *Shakti* (fuerza divina creadora). En el lenguaje de la filosofía occidental moderna, les llamaríamos el Dios transcendente y el Dios inmanente. Mientras que Shiva permanece inmutable (mitológicamente antropomorfizada como la deidad que está sentada impasible en *samadhi* en el Monte Kailash), Shakti cristaliza de la fuerza creadora divina a través de la inteligencia, el espacio, el aire, el fuego y el agua en el elemento tierra, durante el proceso de manifestación del mundo. La tierra, el elemento final y más denso se manifiesta en el cuerpo humano como el *chakra* raíz (*Muladhara*), dentro del cual la fuerza creadora divina yace enroscada y dormida. En este estado enroscado y dormido, la fuerza divina creativa se llama Kundalini. Kundalini significa enroscado, en espiral. La Kundalini es nuestro potencial para la evolución espiritual, natural, intelectual y artística.

Hay una ley cósmica general que dice que para sea mantenido el equilibrio general del universo, cada manifestación debe contener su propio deterioro, contrafuerza o anulación. Por ejemplo, la primera ley de la termodinámica dice que la energía nunca se destruye, sino que sólo se transforma en otras formas de energía. Por ejemplo, la energía cinética puede transformarse en energía potencial, eléctrica, magnética o calorífica, pero la energía como tal nunca se pierde. Esta es otra forma de decir que la suma total de todas las energías de un sistema es siempre la misma. Lo mismo es expresado en las leyes de Newton de la gravedad. Puedes ver también en la vida de nuestros más grandes maestros, como Krishna, Jesucristo, Gautama Buda o Sócrates, que, hacia el final de sus vidas, orquestaron su propia ruina. Lo hicieron para restaurar el equilibrio del mundo que fue brevemente desequilibrado por el ímpetu evolutivo que ellos le dieron.

¿Cómo impacta esto en la Kundalini? Al crear el mundo, Shakti puso en marcha una fuerza descendente masiva que llegó desde la inteligencia cósmica hasta el elemento tierra, y con ella hasta el *chakra* raíz. Para que se cumpla la ley cósmica mencionada, una fuerte fuerza descendente tiene que traer consigo una fuerza ascendente que la equilibre, a menudo justo en su centro. Esto anula y neutraliza la fuerza ascendente, de modo que la suma total es de nuevo cero. El acto de creación del universo de Shakti produjo una fuerza interior ascendente, una ola ascendente que podemos elevar por la columna vertebral para volver a subir a la experiencia de la infinita consciencia, el Dios trascendente (Shiva).

Esta fuerza ascendente interior del cuerpo se llama Kundalini. Es una invitación de la Divinidad Femenina (Shakti) para volver a nuestro origen espiritual. Shakti y Kundalini son realmente una y la misma cosa, o mejor, las dos caras de la misma moneda. La razón de que escriba ambas en letras mayúsculas y sin cursiva es que son nombres de la Divinidad Femenina, la fuerza divina creativa. Shakti es la Gran Diosa como acción descendente, mientras que la Kundalini es lo mismo como movimiento ascendente. Cuando pensamos en la Kundalini, no debemos relegarla equivocadamente a una fuerza o sensación física. Lo que realmente es, es la fuerza que potencia la manifestación del cosmos entero, y la evolución natural y espiritual de la vida en él.

¿QUÉ SON LOS *GRANTHIS*?

Antes de discutir los *mudras* de esta sección, debemos clarificar primero el concepto de *granthis*. *Granthi* significa nudo o bloqueo, y los *granthis* se refieren a los obstáculos pránicos en el curso del canal pránico central, el *Sushumna*, que impiden que la Kundalini suba más allá de cierto nivel. Debido a esto, los conocimientos y revelaciones que están más allá de ese nivel no pueden ser adquiridos. Los *granthis* se manifiestan mediante el poder de las acciones previas de la persona (*karma*). Deben ser rotos o disueltos, un proceso llamado habitualmente en los *shastras* "perforación", para que la evolución espiritual pueda tener lugar sin impedimentos y ágilmente. Lo que hace que el tema de los *granthis* sea difícil de entender es que se llaman torpemente como las tres principales deidades hindúes, Brahma, Vishnu y Shiva (el tercer *granthi* lleva el nombre Védico de Shiva, es decir, Rudra). Esto evoca la imagen de un Dios antropomórfico que arroja al azar obstáculos en el camino. Sin embargo, hay que comprender que los nombres de las tres deidades son metáforas de los tres planos de la existencia humana para los ámbitos sociales. Los tres planos aparecen en todos los mitos sobre la creación. En la mitología nórdica, por ejemplo, se les ha llamado Utgard, Midgard y Asgard, el mundo de las tinieblas, la tierra media y el plano celestial, o paraíso. Estos términos son todos también metáforas. Implican los planos del desarrollo humano, la evolución y la experiencia. Vamos a verlos más detenidamente:

El primer *granthi* es el Brahma *Granthi*, el bloqueo de la fuerza de la creación. El nudo se llama así porque Brahma es el dios hindú de la creación. Este *granthi* bloquea el aspecto más básico y elemental de nuestras vidas. Puede bloquear uno de los dos *chakras* más bajos o ambos, de tal modo que el *chakra* bloqueado recibe un mal suministro de *prana*. Si se bloquea el *chakra* raíz (*Muladhara*), la supervivencia está en riesgo, y se puede desarrollar un comportamiento arriesgado o destructivo, sin comprensión aparente de los peligros, o pueden revelarse tendencias suicidas.

El Brahma *Granthi* también puede bloquear el *chakra* sacral, el *Svadhishthana*. En este caso, o se sufre de una libido extraordinariamente baja, es decir, una incapacidad de poseer sexualidad, o el *granthi* puede provocar inhabilidad para madurar más allá de la identidad sexual, como es el caso en el mujeriego o seductor perenne. Los varones, por ejemplo, que utilizan excesivamente el vocabulario pubescente y peniano, son también inhibidos por este *granthi*. El *granthi* puede también causar incapacidad de tener descendencia, de cuidar adecuadamente a la progenie, y también de reconocer y expresar la propia emocionalidad. Este *granthi* inhibe la adecuada función límbica del cerebro.

El segundo *granthi* es el Vishnu *Granthi*, que puede también bloquear uno de los dos o ambos *chakras*, el del ombligo y el del corazón. El *Hathatatva Kaumudi* de Sundaradeva confirma que el bloqueo del *chakra* del ombligo (*Manipura*) es provocado por Vishnu *Granthi*[281]. El término "nudo" indica que la fuerza

---

[281] Dr. M. L. Gharote et al (edición y traducción), *Hathatatvakaumudi*, Instituto Lonavla de Yoga, Lonavla, 2007, p. 690.

vital (*prana*) no puede fluir dentro o más allá de este *chakra*. El bloqueo se llama así porque Vishnu en la mitología hindú es el que mantiene la sociedad. Todos los aspectos de nuestra vida que tratan de cómo interaccionamos con la gran sociedad que nos rodea, con el papel que desempeñamos en la sociedad, son dirigidos por los *chakras* del ombligo y del corazón. El Vishnu *Granthi* puede evitar que te conviertas en un individuo completamente integrado en la sociedad, es decir, que puedas afirmarte en una posición de poder (*chakra* del ombligo) si es necesario, y proceder desde una posición de amor incondicional (*chakra* corazón), si es posible.

El Vishnu *Granthi* puede bloquear el *chakra* del ombligo de dos maneras. La primera, puede evitar que la fuerza vital (*prana*) entre en el *chakra* fácilmente, de tal modo que el circuito cerebral evolutivo asociado a este *chakra* no está disponible. Este es el típico escenario de una persona sin poder que puede victimizarse y no es capaz de coger el manto del líder, incluso cuando es necesario. Dejadme aclarar que no estoy indicando que la victimización sea un fallo de la víctima. Un perpetrador escaneará hábilmente en búsqueda de una víctima adecuada, pero la responsabilidad kármica sigue siendo del perpetrador, y el código civil de la ley debe proteger a todas las víctimas. Es, sin embargo, un poder bloqueante del *chakra* que deja que un depredador seleccione hábilmente a una víctima apropiada entre otras personas cuyo código de defensa sería más difícil de romper. Para un depredador, esto es una habilidad necesaria que puede desarrollar con gran precisión.

El otro modo en el que puede operar el Vishnu *Granthi* es evitando que vayamos más allá del *chakra* del ombligo, y que activemos así el *chakra* corazón (*Anahata*). Este es el dilema actual de nuestra sociedad humana. Aunque se están haciendo intentos crecientes, nuestra sociedad aún crea jerarquías tóxicas como la riqueza, el poder y el estatus. Con el *chakra* corazón activado, veremos a cada individuo como una manifestación de la Divinidad, los veremos según su esencia, incluso aunque ellos mismos aún no puedan verla. El *chakra* corazón potenció la vida de los visionarios como Gandhi, Martin Luther King, Nelson Mandela, y, por supuesto, Jesucristo.

Si el Vishnu *Granthi* es poderoso, puede bloquear simultáneamente los *chakras* del ombligo y del corazón. Si es así, los ejercicios espirituales (como la meditación y la consciencia en los *chakras* superiores) puede provocar desestabilización mental. En lugar de eso, el foco debe ponerse en activar estos *chakras* intermedios primero. Esto se hace con el *pranayama*, con la meditación en los *chakras*, y, particularmente, con ejercicios como *Bhastrika y Nauli*. Si por accidente se abren los *chakras* superiores mientras Vishnu *Granthi* bloquea los dos *chakras* intermedios, puede aparecer esquizofrenia. Un típico escenario en el que esto puede suceder es mediante sustancias psicodélicas como el LSD, el DMT, la psilocibina o la ayahuasca. He descrito los problemas espirituales asociados con el uso de sustancias psicodélicas en *Chakras, Drugs and Evolution-A Map of Transformative States*[282]. La esquizofrenia aquí se refiere a que adquieres un conocimiento tan poderoso que no puedes integrarlo en tu vida. Con los *chakras* del ombligo y del corazón abiertos, la mayoría de los retos de la vida pueden ser afrontados, pero, sin ellos, podemos encontrarnos en una profunda crisis. Especialmente el *chakra* del corazón fomenta la sumisión a una inteligencia y poder superiores, que es la clave para superar

---

[282] Gregor Maehle, *Chakras, Drugs and Evolution-A Map of Transfromative States*, Kaivalya Publications, Crabbes Creek, 2021.

las crisis. Otra constelación peligrosa es que el *chakra* corazón permanezca cerrado y los *chakras* por encima de él, como el de la garganta o el del tercer ojo, abiertos. Tal caso podría conducir a la formación de un líder de culto, alguien que pueda poner conocimientos espirituales superiores al servicio de su *chakra* de poder, satisfaciendo su necesidad de autoengrandecimiento y adoración mediante el reclutamiento de seguidores crédulos.

El tercer y último *granthi* es el Rudra *Granthi*. También este *granthi* puede bloquear uno o ambos *chakras* de la garganta y del tercer ojo. El *chakra* de la garganta (*Vishuddha*) nos permite ver que el cosmos entero es una cristalización de la ley sagrada y que todo, incluyendo toda la materia, es espíritu cristalizado. Con el *chakra* del tercer ojo activado podemos ver que plantas, animales, microbios, rocas, montañas, ríos, lagos y bosques son formas de inteligencia que nos pueden enseñar si pudiéramos entender su lenguaje. Es este *chakra* el que nos abre al mundo de la experiencia indígena, al mundo del animismo y del chamanismo. No sería erróneo decir que las ignorantes creencias de la sociedad industrial moderna de que el cosmos es una máquina que consiste en materia burda y muerta, que los animales pueden ser torturados con impunidad en los laboratorios o criados en cautividad para ser comidos, que los bosques están a nuestra disposición para ser cortados en astillas, que los lagos y los océanos son poco más que letrinas y vertederos de residuos químicos, que la población indígena es primitiva y salvaje, son pruebas de que nuestra cultura moderna materialista sufre colectivamente de un *chakra* de la garganta dormido, bloqueado por Rudra *Granthi*. Un *chakra* de la garganta activo nos permitiría sentir el dolor de todas las formas de vida y entidades enumeradas anteriormente y, por lo tanto, nos haría incapaces de dar al magnífico mundo natural el nivel de brutalidad primitiva que todavía ejercemos, para coaccionarlo e intimidarlo hasta la sumisión.

El Rudra *Granthi* puede también bloquear el *chakra* del tercer ojo (*Ajna*), como está confirmado en el *Hathatatva Kaumudi* de Sundaradeva[283]. Diferente al *chakra* de la garganta, el *Ajna* nos capacita para tener una experiencia directa de la inteligencia cósmica, la inteligencia que se cristaliza como la suma total de todos los universos. En la tradición yóguica, esta inteligencia es normalmente llamada la Divinidad, pero el término no implica un dios antropomórfico. La creencia en un dios antropomórfico, un dios con apariencia humana, resulta de la proyección en el cielo de nuestra necesidad de una figura paterna en forma de un gigantesco jefe tribal. La imagen de Miguel Ángel de un Padre dando vida a Adán es claramente una copia del dios pagano Zeus más que una aproximación al Yahvé bíblico.

El Rudra *Granthi* bloqueando el *chakra* del tercer ojo se expresa propiamente como la incapacidad para experimentar personalmente la revelación divina. Esto puede llevar al reduccionismo materialista y al empirismo (la creencia de que sólo existe la materia y de que la percepción sensorial es el único medio válido para obtener el conocimiento), o a la creencia de que la Divinidad no puede ser experimentada personalmente en absoluto. Nos han hecho creer que la Divinidad es la autora de un libro determinado, que ahora representa el único medio de comprensión de la Divinidad, y que cualquier otro libro que trate del mismo tema es falso, y sus adeptos infieles o paganos. Otra vez es fácil ver que la mayoría de la humanidad moderna

---

283 Dr. M. L. Gharote et al (edición y traducción), *Hathatatvakaumudi*, Instituto Lonavla de Yoga, Lonavla, 2007, p. 690.

sufre un bloqueo colectivo del *chakra* del tercer ojo, ocasionado por Rudra *Granthi*.

El Rudra *Granthi* está bloqueando ambos *chakras* en la mayoría de los humanos modernos. Bajo la influencia de este *granthi* nos hemos metido en una situación en la que ahora miramos al abismo abierto del ecocidio, el holocausto ambiental y el homicidio (el asesinato de toda vida). Los *granthis* son causados por el *karma*, en este caso, el *karma* colectivo de la humanidad. Está causado por todo el sufrimiento que hemos provocado los unos a los otros, a la naturaleza, a todas las especies, y al mundo supuestamente inanimado. ¿Te imaginas lo que pasaría si se rompiera Rudra *Granthi* en la mayoría de los humanos? ¡Nuestros hijos, nuestros nietos y su progenie nos lo agradecerían!

Los *granthis* deben romperse en el orden correcto, primero Brahma *Granthi*, luego Vishnu *Granthi* y, por último, Rudra *Granthi*. Esto está corroborado por el *Yoga Kundalini Upanishad* I. 63-65, que también confirma la localización de los *granthis* donde se ha afirmado en el presente texto[284]. Los *Upanishads* lo confirman de nuevo en las estrofas I. 80-81[285]. Lo mismo es afirmado también en el *Hatha Yoga Pradipika*[286] y en el *Hathatatva Kaumudi*, estrofas XLIII. 9-10[287]. Si el Rudra *Granthi* se rompe sin

---

[284] Dr. M. M. Gharote et al (edición y traducción), *Critical Edition of Selected Yogopanisads*, Instituto Lonavla de Yoga, Lonavla, 2017, p. 126-7 estrofas 66-69, y de nuevo en las estrofas 85-86.

[285] Dr. M. M. Gharote et al (edición y traducción), *Critical Edition of Selected Yogopanisads*, Instituto Lonavla de Yoga, Lonavla, 2017, p. 137.

[286] *Hatha Yoga Pradipika (10 chapter edition)*, V. 50.

[287] Dr. M. L. Gharote et al (edición y traducción), *Hathatatvakaumudi*, Instituto Lonavla de Yoga, Lonavla, 2007, p. 505-506.

la activación previa del *chakra* corazón, se pueden desarrollar tendencias psicóticas y esquizofrénicas. Afortunadamente, esto es improbable a menos que consumas sustancias psicodélicas o te involucres en prácticas extremas. Esto no es un aviso para que no te involucres en prácticas extremas, sino para que actúes con responsabilidad. Una práctica extrema sería involucrarse en las prácticas descritas en este capítulo sin la preparación adecuada mediante *asana, pranayama* y *kriyas*, como, por ejemplo, *Nauli*. Los *mudras* catalogados en la sección de *dharana* deben considerarse como rompedores de *granthis* de la Etapa 3. El *Hathatatva Kaumudi* de Sundaradeva afirma que la práctica prolongada de *Shakti Chalana Mudra* perfora los nudos[288]. Para prepararnos para la Etapa 3 de ruptura de los *granthis*, debemos preparar primero el cuerpo mediante *asana*. Después entraremos en el proceso conocido como Etapa 1 de ruptura de los *granthis*. La etapa 1 consiste en aplicar los tres *bandhas* en ambos *kumbhakas* (retenciones respiratorias), interno y externo mientras practicamos el método de *pranayama Nadi Shodhana* (o, según la tendencia individual, *Chandra* o *Surya Bhedana*). Sólo cuando nos hayamos establecido en la Etapa 1 de ruptura de *granthis*, podemos avanzar a la Etapa 2, que es *Bhastrika*. Esto está confirmado en la estrofa 39 del *Yoga-Kundalini Upanishad*. Si no estás adecuadamente preparado para *Bhastrika*, puedes tener un efecto desorientador parecido a cuando consumes un alucinógeno. Algunos maestros aconsejan ir directamente a *Bhastrika*, y hay versiones turbias sobre ello en internet. Así que no hay que sorprenderse de que la gente tenga accidentes asociados a la Kundalini. El proceso brevemente enumerado

---

[288] Dr. M. L. Gharote et al (edición y traducción), *Hathatatvakaumudi*, instituto Lonavla de Yoga, Lonavla, 2007, p. 72.

hasta ahora se describe con gran detalle en mi libro *Pranayama The Breath of Yoga*. Cuando este proceso de ruptura de los *granthis* (o perforación, como se le llama a veces) se ha completado, podemos involucrarnos en la Etapa 3, que comprende los *mudras* descritos en la sección siguiente. No practiques estos *dharana mudras*, es decir, los *mudras* diseñados para desbloquear la Kundalini, a menos que hayas logrado en gran medida el estado de "hemi-sincronización" (sincronización de los hemisferios cerebrales) con el *pranayama Nadi Shodhana*.

CONSIDERACIONES ÉTICAS DEL DESBLOQUEO DE LA KUNDALINI

Los *dharana mudras* ayudan o provocan el ascenso de la Kundalini. Los *mudras* de la otra sección sólo influyen en tu propia vida, es decir, que hacen que tus prácticas de *asana, pranayama*, meditación o *samadhi*, respectivamente, sean más eficaces. Los *mudras* para elevar la Kundalini son diferentes. Dependiendo de la habilidad desarrollada por el individuo, se pueden aprovechar poderes que influyan en la vida de la comunidad que nos rodea. Kundalini es la fuerza creadora divina. Aunque se asocia normalmente con una mayor creatividad, el amor por nuestros semejantes, y la revelación espiritual hasta la consciencia cósmica, también puede aprovecharse para las artes oscuras. Así señaló Gopi Krishna que también el fenómeno del genio maligno fue impulsado por la Kundalini. El motivo por el que caracteres como Hitler y Stalin pudieron causar el daño que hicieron fue que habían conseguido acceso a fuentes de energía extraordinarias. Sólo que las usaron para el propósito equivocado. Incluso si, inicialmente, no tenemos intención de alcanzar objetivos tan lejanos como el dominio del mundo, no es un enfoque seguro probar simplemente estos Kundalini *mudras* y luego lidiar con la energía una vez que la tengamos. Para entonces, puede ser demasiado tarde para controlarla. Como *"El aprendiz de brujo"* de Goethe podremos decir entonces, "los espíritus que convoqué, no puedo deshacerme de ellos". Esto podría expresarse con abusos triviales de poder, como usar el propio carisma con objeto de manipular a las personas para obtener favores sexuales, algo que ha ocurrido con frecuencia en el yoga. Pero también puede llevar a cosas mucho peores. Para evitar esto, debemos primero establecernos firmemente en la ética y en la actitud de servicio.

La primera forma de práctica ética que debemos considerar es *shaucha*, a menudo traducido como limpieza, pero más comprensivamente definida como pureza física, emocional y mental, o la abstinencia de toxinas físicas, emocionales y mentales. *Shauca* es uno de los *niyamas* (observancias) yóguicas enumeradas en los *Yoga Sutra*[289]. Cualquier deseo de manipular a otros o de engrandecerse está basado en el miedo y en la ausencia de la consciencia de que todos los seres comparten el mismo *atman* (ser, consciencia). Debemos abstenernos de pensamientos negativos y de las emociones de ambición, competición, codicia e ira. Nuestra vida debe ser dedicada a lo bueno para todos, y no simplemente gastarla actuando en nuestro propio beneficio. Esto empieza siempre en el nivel emocional y de pensamiento. Una práctica regular del perdón también ayuda. Si abordamos la Kundalini mientras albergamos pensamientos tóxicos y emociones contra los demás, experimentaremos un naufragio. La pureza física y la abstinencia de toxinas físicas también implican que nos abstengamos de los productos animales y

---

[289] *Yoga Sutra* I. 32.

nos ajustemos a una dieta basada en plantas. El azúcar y la sal también deben ser reducidas al máximo. Y las sustancias psicodélicas como marihuana, alcohol y café deben rechazarse cuando se está intentado desbloquear la Kundalini, a no ser que tengamos la intención de socavar nuestra salud mental. Aunque este tipo de estimulantes puedan verse como una diversión, una vez que abordamos la Kundalini, la hora del jardín de infancia ha terminado. Si abusamos de la Kundalini como medio para el engrandecimiento personal o para la satisfacción de nuestro egotismo, podemos volar alto durante un tiempo, y, durante ese tiempo, incluso autoconvencernos de nuestra propia grandeza y derechos. Sin embargo, el bumerang kármico siempre vuelve. Debemos ponernos desde el principio al servicio de la Divinidad, o cumplir nuestro propósito divino de vida. Esta práctica en yoga se llama *ishvara pranidhana*. Esta frase aparece cuatro veces en los *Yoga Sutra*, y la he descrito con gran detalle en mi libro anterior, *How To Find Your Life's Divine Purpose*. Es un paso importante y que cambia la vida para consagrarla a una inteligencia superior.

PRERREQUISITOS PARA EL ASCENSO DE LA KUNDALINI

El ascenso de la Kundalini libera sensaciones significativas de energía. Debemos preparar el recipiente, nuestro cuerpo, para la conducción de la energía (*shakti chalana*). El primer paso para esto es establecernos en una práctica diaria de *asana*. Un mínimo sería practicar asana durante 60 minutos 5 días a la semana, pero es mejor que sea más, y es necesario para alguien con 20 o 30 años. Considero que el método Ashtanga Vinyasa es ideal para preparar el cuerpo para la conducción de la energía. Sin embargo, sé que esta forma de yoga no es adecuada para todo el mundo. El sistema que estoy ofreciendo aquí puede, obviamente, ser sostenido por una forma diferente de práctica de *asana*. Sin embargo, las formas energéticas de yoga generalmente mostrarán efectos más rápidos, y, a largo plazo, son más eficaces. Para más información en Ashtanga Vinyasa, por favor, id a mis dos volúmenes previos, *Ashtanga Yoga Practice and Philosophy* y *Ashtanga Yoga The Intermediate Series*.

Los múltiples propósitos de la práctica de posturas son:
1) Eliminar los estratos físicos de condicionamiento del cuerpo.
2) Aumentar la longevidad para prepararnos para una larga vida de práctica.
3) Crear un cuerpo adamantino que resista mejor la enfermedad y pueda ser conductor de oleadas de energía.
4) Capacitar al cuerpo para que realice inversiones lo suficientemente largas como para detener el *prana* en los *Vishuddha-*, y *Ajna Chakras*.
5) Capacitar al cuerpo para sentarse en los *asanas* cardinales de meditación para practicar *pranayama*, meditación y *samadhi*.

Cuando ya estemos establecidos en *asana* con un cierto nivel, añadiremos la práctica de *pranayama*. No debemos esperar hasta que hayamos alcanzado algún nivel mítico de competencia en *asana* antes de comprometernos con el *pranayama*. El *pranayama* es una empresa importante que tarda mucho tiempo en dominarse, por lo tanto, es mejor después de un periodo inicial en el que sólo se practica *asana*, aprender y estudiar al mismo tiempo *asana* y *pranayama*. Hay múltiples capas, prácticas y etapas en la práctica de *pranayama*, y sería razonable practicar *pranayama* diariamente durante treinta minutos antes de abordar la Kundalini. Durante el ascenso de la Kundalini pueden requerirse más, dependiendo del camino que se elija exactamente. Los objetivos principales del pranayama son:

1) Ralentizar todo lo posible la respiración, lo que nos lleva a una ralentización y concentración de la mente.
2) Traer el *prana*, que está disperso más allá del cuerpo físico, de vuelta al núcleo. En términos psicológicos esto equivale a la retirada de la proyección, un final para "estar allí afuera", y a la independencia de los estímulos externos.
3) Mediante la respiración por fosas nasales alternas, logramos la sincronización de los hemisferios cerebrales, y un equilibrio entre los sistemas nerviosos simpático y parasimpático, las corrientes nerviosas aferentes y eferentes, la introversión y la extroversión, el catabolismo y el anabolismo, la mente fundamentalista y la mente relativista, el *prana* lunar y solar, respectivamente.
4) Mediante las retenciones respiratorias (*kumbhakas*) la mente es gradualmente detenida, y el *prana* inducido dentro del canal central de energía (*Sushumna*).

Cuando ya estemos establecidos en *pranayama*, el siguiente paso es introducirnos en la meditación *chakra-Kundalini* o meditación yóguica, como la he llamado en mi texto de 2013 *Yoga Meditation-Through Mantra, Chakras and Kundalini to Spiritual Freedom*. Esta es una práctica muy exigente y que es, por sí misma, capaz de provocar el ascenso de la Kundalini, sin recurrir a las prácticas descritas en este volumen actual. Sin embargo, si se intenta elevar la Kundalini mediante la meditación *chakra-Kundalini*, este método debe practicarse durante mucho tiempo y requiere una mente razonablemente enfocada y algo de orientación cerebral. He visto repetidamente al tipo de estudiante cerebral que ha llegado a esta meditación con poca preparación y ha tenido mucho éxito. Algunos estudiantes, sin embargo, luchan con este método. Los que luchan son los más cinestésicos, táctiles y de tipo sentimental, y posiblemente también los que tienen vidas muy ocupadas. Éstos encontrarán en el presente volumen un acercamiento más adecuado.

Si la meditación *chakra-Kundalini* es un método independiente para desbloquear la Kundalini, se debe practicar 90 (o a veces más) minutos al día. Si se usa simplemente como una preparación y un apoyo para los *mudras* de la Kundalini descritos en este libro, es suficiente con un plazo de tiempo mucho más corto, posiblemente de unos diez minutos diarios. La razón de que no podamos hacerlo conjuntamente es que esta meditación nos enseña cómo conducir el *prana* de un *chakra* a otro, y esa herramienta es irremplazable una vez que la Kundalini se ha levantado. Porque cuando esto tiene lugar, debemos colocar a la Kundalini hábilmente en el *chakra* que necesitemos para conseguir un resultado concreto. Para más información sobre este tema, y para una visión detallada de la función de los *chakras*, por favor, consultad mi texto de 2021 *Chakras, Drugs and Evolution-A Map of Transformative States*.

La meditación *chakra-Kundalini*, incluso aunque se practique sólo poco tiempo diariamente, nos capacita gradualmente para llevar el *prana* por los *chakras* arriba y abajo, de forma parecida a tocar un xilófono o cualquier instrumento parecido. El tipo de experiencia espiritual que nos encontramos depende de dónde está en ese momento el *prana*, es decir, en qué *chakra prana* ha entrado. Esto sólo depende de en qué *chakra* nos concentremos. Este mecanismo ha sido explicado en el *Hatha Yoga Pradipika*, que dice "donde va el pensamiento va el *prana*, y donde va el *prana* va el pensamiento"[290]. En *Chakras, Drugs and Evolution-A Map of Transformative States*, he esbozado una nomenclatura de las experiencias/estados místicos. Esas experiencias cumbre, como las llama Abraham Maslow, son clasificables según el *chakra* que las alimenta. Hay tipos de practicantes que tienen ciertas preponderancias kármicas para alcanzar estados concretos, y la inercia normalmente bloquea su experiencia de otros. Con la meditación *chakra-Kundalini*, tenemos una herramienta fiable para hacer asequibles para todos cualquiera de las categorías de los estados místicos. La probabilidad de que esto suceda depende, por supuesto, de la intensidad y sofisticación con la que realizamos nuestra *sadhana* (práctica espiritual). Todo en la vida tiene un precio, y los estados místicos siguen de cerca esta regla de causa y efecto. Los estados místicos no llegan espontáneamente, sino que son directamente proporcionales al *karma* que estamos produciendo mediante nuestra *sadhana*.

Aparte de las técnicas yóguicas principales de *asana*, *pranayama* y meditación, hay elementos auxiliares como *kriya*, *bhavana*, *sankalpa*, y *bhakti*, que también son necesarios. Los *kriyas* son ejercicios de purificación como *Nauli* y *Kapalabhati*, descritos en *Pranayama The Breath of Yoga*. La información sobre *bhavana*, el cultivo de los procesos de pensamiento en alineación con la Divinidad, y el *sankalpa*, el proceso de resolución y afirmación, lo encontrarás en *How To Find Your Life´s Divine Purpose*. *Bhakti*, el yoga del amor, también fue introducido en este libro, pero espero cubrirlo con más detalle en un próximo volumen.

He contestado a la cuestión de cuándo encontrar el tiempo para realizar todas estas prácticas en *Yoga Meditation*[291].

---

290 *Hatha Yoga Pradipika* IV. 24.
291 Gregor Maehle, *Yoga Meditation: Through Mantra, Chakras and Kundalini to Spiritual Freedom*, Kaivalya Publications, Crabbes Creek, 2013, p. 173-175.

Respondiendo brevemente, ¡no todas a la vez! La enseñanza Védica sobre las cuatro etapas de la vida, las *ashramas*, pide la integración de las prácticas yóguicas a lo largo de todas las etapas de la vida. Esto significa idealmente que empezamos con *asana* algo después de la pubertad, añadimos *pranayama* cuando empezamos nuestra profesión o formamos una familia, añadimos la meditación yóguica una vez que los deberes principales hacia la sociedad están completados, y entramos en la práctica de *samadhi* alrededor del momento de la jubilación. Los que tienen una gran urgencia, o los que sienten la llamada de ser maestros espirituales, pueden, obviamente, acelerar este proceso. Lo que no debemos hacer es empezar el yoga con la actitud de que esto es un esprint que se puede completar en pocos años. Yoga es más como el proceso de la vida. Está en curso si estamos vivos. El sabio indio Sri Aurobindo dijo en *A Synthesis of Yoga*, "toda vida es yoga". ¡Debemos estar en esto a largo plazo!

EFECTOS DEL ASCENSO DE LA KUNDALINI

En la evolución humana hasta la fecha, la Kundalini aporta energía a los tres *chakras* inferiores, que son funciones de suministro que van en la línea de la también llamada teoría del cerebro trino. La teoría del cerebro trino de MacMillan divide al cerebro en tres estructuras primarias, el tronco encefálico (o tallo cerebral) reptiliano (según el pensamiento yóguico alimentado por el *chakra* raíz), el cerebro límbico de los mamíferos (alimentado por el *chakra* sacral), y el neocórtex de los primates (alimentado por el *chakra* del ombligo). Ya que estas estructuras son bien comprendidas, esbozaré aquí las funciones de los tres *chakras* inferiores sólo brevemente, antes de ir a los *chakras* superiores.

CAPÍTULO 20

El *chakra* raíz, que representa el circuito cerebral reptiliano, es responsable de la supervivencia y dirige así la lucha, el vuelo y el reflejo de congelación. En el modelo evolutivo de los *chakras*, el segundo nivel es el *chakra* de los mamíferos, que determina nuestra vida familiar, la interacción con nuestra esposa, hijos, padres, y nuestra vida emocional, como el apego seguro. También es responsable de nuestro sentido de pertenencia a grupos pequeños, como los clanes y las bandas tribales, y de la necesidad de territorio. Este *chakra* alimenta al cerebro límbico y su comunicación no verbal, y la habilidad de ser visto, aceptado y apoyado, y de sentirse querido. El *chakra* del ombligo o *chakra* del poder es el plano evolutivo que ayudó a crear el cerebro de los primates, el neocórtex. Regula nuestro estatus y posición en sociedades complejas, incluyendo asuntos económicos y cívicos, y la afiliación a comunidades religiosas. Para alguien cuyo nivel operacional máximo es el *chakra* del ombligo, este *chakra* potencia su habilidad para liderar, coaccionar, manipular y dominar a los demás.

La Kundalini, en nuestra etapa actual de evolución, está potenciando estas tres funciones. Cuando usamos la expresión ascenso de la Kundalini, nos referimos a su subida más allá del tercer *chakra*, al *chakra* corazón o más allá. En un nivel psicológico, el *chakra* corazón, cuando está activado, nos revela el amor incondicional que la Divinidad experimenta por nosotros, y que la Divinidad, debido a su falta de ego, no puede negarnos la gracia, y sólo nos ve siempre en la divina perfección con la que nos ha creado. Este reconocimiento de la Divinidad en uno mismo también se extiende a todos los otros seres, y, por lo tanto, anuncia el final del conflicto.

El quinto nivel evolutivo de los *chakras* nos permite ver todo el cosmos como lícito y como el cuerpo cristalizado de una inteligencia superior. El animismo, el chamanismo, la ciencia y el arte son todas expresiones de este *chakra*. Este *chakra*, cuando se activa, nos muestra que nuestro propósito en la vida es extender el servicio a la comunidad de vida que está a nuestro alrededor (incluyendo la vida no humana). Mediante ese servicio, nuestra vida cobra sentido, y mantenemos la belleza increíble y el equilibrio del mundo natural que nos rodea. A nivel de habilidades, la activación del *chakra* de la garganta nos permite descargar habilidades directamente del intelecto de la Divinidad. Esas habilidades pueden ser evaluadas y validadas por observadores externos, y nos darán la estima y el reconocimiento de la comunidad que nos rodea, y, como resultado de esto, la autoestima.

El sexto *chakra*, el *chakra* del tercer ojo, nos abre a la realización de la inteligencia cósmica. Para la mística yóguica, esto no termina simplemente en adorar pasivamente este aspecto inmanente de la Divinidad. En lugar de eso, la mística yóguica aprende de la Divinidad a través de una visión práctica. Aprende información perteneciente a cómo la Divinidad quiere encarnarse a través del mundo natural y de nosotros. Esto está basado en la consciencia de que la Divinidad debe individualizarse a través de nosotros para ser activa en un nivel encarnado. No puede hacerlo por Sí Misma porque carece de ego (entendiendo el término como lo limitador en espacio y tiempo). La Divinidad sólo puede ser lo cósmico, lo universal y no lo individual.

El séptimo *chakra*, el *chakra* de la coronilla, potencia la revelación del aspecto trascendental de la Divinidad, la consciencia infinita. En última instancia, esto lleva a la trascendencia del ego, encontrando un sentido expandido de tu ser más allá del propio y limitante ego, y la absorción en el

Dios trascendente a través del estado místico cuando finalizan las propias encarnaciones (*Mahaparinirvana*).

Si no desarrollamos la consciencia en los *chakras* mediante la meditación *chakra-Kundalini*, la Kundalini activada podría saltar hacia arriba y activar los *chakras* superiores, ignorando los inmediatamente siguientes. Esto llevará frecuentemente al sufrimiento y a la enfermedad. La activación, por ejemplo, de los *chakras* de la garganta, el tercer ojo o la coronilla mediante drogas psicodélicas, sin tener en cuenta primero a los *chakras* del ombligo y del corazón, llevará, con gran regularidad, a tendencias psicóticas y esquizofrénicas.

Una constelación parecida, con el bloqueo adicional del *chakra* sacral (es decir, el bloqueo de la empatía), podría llevar a convertirnos en psicópatas. Si sólo está bloqueado el *chakra* del corazón, pero están todos los demás *chakras* activados, nos encontraríamos con el caso de la personalidad del líder de una secta, que utiliza los conocimientos de los *chakras* superiores para ponerlos al servicio del *chakra* del poder, es decir, para manipular a los seguidores en beneficio propio.

El ascenso de la Kundalini conduce a experiencias espirituales que están dentro de una de las cuatro categorías enumeradas anteriormente, es decir, visión de los demás como emanaciones de la Divinidad (*chakra* del corazón), visión de todo el material del cosmos como la cristalización de la ley divina (*chakra* de la garganta), realización directa de la inteligencia cósmica (*chakra* del tercer ojo), o consciencia infinita (*chakra* de la coronilla). Un experto en la Kundalini, o alguien que ha logrado maestría en la meditación *chakra-Kundalini*, puede conscientemente viajar de una experiencia a otra, sin casarse con ninguna de ellas, y sin reducir las múltiples manifestaciones de estas experiencias a una única capa.

Estos son los resultados importantes y significativos del desbloqueo de la Kundalini. Hay una percepción pública de que la actividad de la Kundalini está presente si experimentamos sensaciones corporales extrañas, o una sensación de ardor o cosquilleo subiendo y bajando por la columna vertebral. Esas sensaciones pueden aparecer por sí mismas al principio, pero no son ni prueba ni garantía de que se nos presente un caso de elevación de la Kundalini. La única prueba es poder provocar de forma fiable, previsible y repetida experiencias de revelación, realización espiritual y éxtasis expansivo, y sobre todo, que estas experiencias cambien la personalidad hacia una mayor autenticidad, amor, apoyo y amabilidad hacia otros seres, incluyendo las formas de vida no humanas.

ACCIDENTES CON LA KUNDALINI Y ELEVACIÓN ESPONTÁNEA

Hoy en día son comunes los informes sobre sensaciones corporales extrañas e intensas, que a veces implican pérdida de consciencia, intensas oleadas de energía, sensaciones de ardor acompañadas de subidas emocionales, y descargas y catarsis emocionales. Algunas de estas experiencias son descritas como extáticas o de epifanía, otras como aterradoras o amenazantes. Un distintivo común a todas ellas es que se describen como algo fuera de control. A veces estas experiencias parecen relacionadas con la experimentación del *Mula Bandha* y de la respiración, pero, a menudo parecen completamente espontáneas. Las personas con estas experiencias, después de la euforia inicial, luchan habitualmente para darles un sentido y para integrarlas significativamente en sus vidas.

Cuando investigamos en esas sensaciones, debemos primero descartar cualquier condición médica subyacente. Si

CAPÍTULO 20

tienes episodios repetidos de pérdida de consciencia, catarsis y espasmos incontrolados, etc., el primer puerto de escala debería ser un médico. Deberíamos descartar cualquier condición médica subyacente que pueda afectar a la seguridad en el manejo de maquinaria, como conducir un coche. Los siguientes componentes por descartar serían los desórdenes psiquiátricos/psicológicos como el trastorno bipolar o de personalidad múltiple, la esquizofrenia, la ansiedad/depresión, o el trastorno límite de la personalidad. Si alguna de las sensaciones físicas mencionadas anteriormente causa disfunción, merece la pena ser asesorado por un psicólogo. Habiendo descartado una condición médica o psiquiátrica, vamos a ver a continuación los orígenes de esas sensaciones físicas intensas que están ligados a la Kundalini. El padre de esta noción es el difunto yogui indio, escritor y funcionario Gopi Krishna, quien, en su libro de 1967 *Kundalini The Evolutionary Energy in Man,* describió cómo una aparentemente inocente técnica de meditación le sumergió en un abismo de locura, dolor y sensaciones de ardor durante 12 años, lo que describió como un estado entre la vida y la muerte. Cuando ya hubo transitado ese periodo, su experiencia se estabilizó y se transformó en un despertar espiritual genuino, y en una experiencia mística y extática. Viendo la vida y obra de Gopi Krishna podemos arrojar luz sobre estas experiencias físicas y energéticas extrañas relacionadas con la Kundalini.

Según su propio relato, el despertar de Gopi Krishna no fue espontáneo, sino provocado por 17 años de meditación diaria de una hora en el *chakra* de la coronilla (*Sahasrara*) sentado en la postura del loto (*Padmasana*). Como muchos críticos han señalizado, Gopi Krishna no tenía nada de instrucción yóguica derivada de la tradición del yoga. No se preparó de ningún modo significativo[292], aparte de leer sobre el tema lo que encontraba. Los adeptos al yoga nunca hubieran empezado su práctica meditando en el *chakra* de la coronilla durante un largo periodo de tiempo, especialmente sentados en *Padmasana* durante largos periodos. A juzgar por los numerosos libros sinceros que escribió Gopi Krishna, en los que describe no sólo sus propios estados místicos, sino que también investigó y evaluó los de otros, su logro es genuino. Él mismo atribuye su éxito a: a. el hecho de que se convirtió en experto en concentración y b. su herencia, ya que sus dos padres eran santos hindúes. Si añadimos a estas condiciones previas que Gopi Krishna meditó 17 años a diario en *Padmasana* en el *chakra* de la coronilla[293], y pasó otros 12 años en una crisis espiritual del tipo "Noche Oscura del Alma", el proceso entero le llevó 30 años. Por ello debemos dejar de lado la idea de que cualquier cosa en el relato de G. Krishna sucedió debido a un desbloqueo "espontáneo". No afirma haber encontrado ninguna forma de atajo. Si invertimos muchas décadas de nuestra vida en la búsqueda espiritual, debemos usar tecnología que nos haga progresar en cierta medida de forma suave, rastreable y fiable. Sin embargo, el primer libro de Gopi Krishna creó todo un nuevo género de accidentes de Kundalini y despertares espontáneos, y generó una avalancha de informes de personas que buscaban causas y explicaciones espirituales para los extraños síntomas físicos que experimentaban. La diferencia entre el relato de G. Krishna y la mayoría de estos informes nuevos fue que las experiencias de Krishna fueron

---

[292] Gopi Krishna, *Kundalini The Evolutionary Energy in a Man*, Shambala, Boston & London, 1997, p. 137.
[293] Gopi Krishna, *Kundalini The Evolutionary Energy in Man*, Shambala, Boston & London, 1997, p.364.

causadas por décadas de práctica espiritual, y los informes nuevos eran de síntomas que aparecían espontáneamente, sin estar precedidos de una práctica prolongada.

Durante este calvario de 12 años, G. Krishna se dio cuenta de que los síntomas físicos de su estado surgieron porque la Kundalini ascendió a través del *nadi* solar (*Pingala*), en lugar de por el *nadi* central (*Sushumna*). Rectificó esto brevemente meditando en el *nadi* lunar plateado (*Ida*), pero más tarde, no revisó este importante asunto. Si hubiera equilibrado los tres *nadis* desde el principio ¡habría experimentado pocos o ningún síntoma físico! Practicando *pranayama*, precisamente *Nadi Shodana* y sus dos primos *Surya* y *Chandra Bhedana*, e incluyendo *mantras*, visualización del sol/la luna, y los *kumbhakas* internos y externos, podemos, con habilidad, dirigir de forma segura la Kundalini. Obviamente, no haríamos esto todo al mismo tiempo, sino que empezaríamos gradualmente con la respiración por fosas nasales alternas. Los yoguis insistieron en este punto durante miles de años, y hace sólo unas pocas décadas T. Krishnamacharya dijo: "*pranayama* es el instrumento para alcanzar *samadhi*".

Por la razón que sea, el primer libro de G. Krishna introdujo en la esfera pública la noción de que el ascenso de la Kundalini es espontáneo y caótico. En lugar de lo que G. Krishna intentó comunicar, esto fue una narrativa que nuestra cultura deseaba escuchar en este punto. 1967, el año en que fue publicado por primera vez el libro de G. Krishna, fue el año en el que convergieron ambas revoluciones, la psicodélica y la sexual en el "Verano del Amor". Sin embargo, el desbloqueo de la Kundalini no es un suceso caótico ni espontáneo. Si se aborda mediante una práctica sistemática y duradera de *asana*, *kriya*, *pranayama*, meditación Kundalini y *samadhi*, basada en los *shastras* (escrituras) yóguicos, el ascenso de la Kundalini tiene resultados legítimos, predecibles y repetibles. El propio G. Krishna afirmó que debemos prepararnos para el despertar de la Kundalini dominando de antemano *asana, kriya* y *pranayama*[294]. Después de su "best-seller" inicial, Gopi Krishna publicó otros 10 libros en los que intentaba esclarecer que sus lectores le habían malinterpretado al creer que la Kundalini era una fuerza física. Afirmó que la Kundalini realmente es la fuerza divina creativa, incluso idéntica a la Divinidad. Pero, para entonces, el caballo de la percepción pública se había desbocado. El público quería creer que las sensaciones del cuerpo eran un signo y una prueba del desbloqueo espontáneo e impredecible de una fuerza espiritual.

Los síntomas físicos extraños que acompañan a las experiencias espirituales indican que el *nadi* solar está sobrecargado, en cuyo caso se debe practicar *pranayama*. Ya que hoy en día todo el mundo tiene un *nadi* solar sobrecargado, el ascenso de la Kundalini no debe intentarse sin una práctica seria diaria de *Nadi Shodana*. Una vez que se tenga un asidero en *pranayama*, la meditación *chakra-Kundalini* debe practicarse a diario y de una forma consistente que produzca efectos repetibles. Tanto la meditación como el *pranayama* deben estar apoyados por una práctica diaria de *asana* y *kriya*. Si todo esto se practica como un todo integrado, el progreso será firme, y no sufriremos síntomas adversos.

Una última palabra sobre la espontaneidad con la que se supone que aparecen estos estados. El mundo entero es una cadena infinita de causa y efecto. Igual que todos

---

[294] Gopi Krishna, *Kundalini The Evolutionary Energy in Man*, Shambala, Boston & London, 1997, p.130.

los demás aspectos de la vida y del mundo, también las experiencias espirituales están bajo las leyes de causalidad. Que las experiencias espirituales genuinas aparezcan espontáneamente y sin causa es casi tan improbable como que alguien te premie sin causa con un doctorado en física cuántica (o en cualquier otra disciplina académica difícil). Los despertares espirituales genuinos son provocados por largos periodos de *sadhana* (práctica espiritual). Todas las enseñanzas espirituales tradicionales, sean los indígenas chamanismo y animismo, el Daoísmo, el Sufismo, la Qabalah, el Zen, el budismo tibetano o el Yoga tienen en común que las experiencias revolucionarias vienen mediante y después de largos periodos de práctica. Que estas cosas suceden sólo espontáneamente es un producto del neocolonialismo occidental. El neocolonialismo es la creencia de que los modernos podemos conseguir lo que queramos sin dar a cambio (en este caso, un periodo de nuestra vida para practicar), y acabando con las llamadas creencias primitivas y largo tiempo arraigadas de las sociedades tradicionales e indígenas. Estas creencias no son primitivas; son exactas.

El otro motor de las llamadas experiencias espirituales espontáneas es el consumismo. El consumismo en este contexto significa que tenemos derecho a la gratificación inmediata sin poner ningún trabajo. Si estamos seriamente interesados en el despertar y la evolución espirituales, debemos primero abandonar las ideas según las cuales tenemos derecho a algo sin dar nada a cambio. El despertar espiritual está potenciado por la ley del *karma*. Podemos tener experiencias de corta duración causadas, por ejemplo, por drogas psicodélicas, pero ninguno de éstas es sostenible o puede ser integrada sin emplear tiempo en *sadhana*, prácticas espirituales como *asana, pranayama, kriyas, mudras* y meditación. Las siguientes prácticas son extremadamente poderosas y pueden llevarnos a acelerar el proceso. Sin embargo, es necesario integrarlas en una red de apoyo de prácticas yóguicas de larga duración.

Capítulo 21
MAHA MUDRA (Gran Sello)

Maha Mudra es uno de los *mudras* más importantes. Aparece en todas las recopilaciones de *mudras* habituales, incluyendo el *Goraksha Shataka*[295], el *Hatha Yoga Pradipika*[296], el *Gheranda Samhita*[297] y el *Shiva Samhita*[298].

Aparte de que este método está también recomendado en el *Hathatatva Kaumudi* de Sundaradeva[299], el *Kapala Kurantaka Yoga*[300], el *Hathayoga Manjari* de Sahajananda[301], el *Jogapradipyaka* de Jayatarama[302], la edición de 10 capítulos del *Hatha Yoga Pradipika*[303], el *Dhyanabindu Upanishad*[304], el *Yoga*

---

295 *Goraksha Shataka* estrofas 59-63.

296 *Hatha Yoga Pradipika* III. 10-18.

297 *Gheranda Samhita* III. 6-8.

298 *Shiva Samhita* III. 6-8.

299 Dr. M. L. Gharote et al (edición y traducción), *Hathatatvakaumudi*, Instituto Lonavla de Yoga, Lonavla, 2007, p. 178.

300 Swami Maheshananda et al (edición y traducción), *Kapalakurantaka's Hathabhyasa-Paddhati*, Kaivalyadhama, Lonavla, 2015, p. 91

301 O. P. Tiwari (publ.), *Hathayoga Manjari of Sahajananda*, Kaivalyadhama, Lonavla, 2006, p. 41.

302 Swami Maheshananda et al. (edición y traducción), *Jogapradipyaka of Jayatarama*, Kaivalyadhama, Lonavla, 2006, p. 121.

303 Dr. M. L. Gharote et al (edición y traducción), *Hathapradipika of Svatmarama (10 chapters)*, Instituto Lonavla de Yoga, 2006, p. 105.

304 *Dhyanabindu Upanishad* estrofas 90-93.

Chudamani Upanishad[305], el *Hatharatnavali* de Shrinivasayogi[306], el *Dattatreya's Yogashastra*[307], y el *Yoga Tattva Upanishad*[308]. El *Yoga Rahasya*, interesantemente, llama *asana* a *Maha Mudra* y la sugiere para *brahmacharis*, lo que quiere decir que debe aprenderse antes del *pranayama*, una práctica *grhasta*[309]. El *ashrama*[310] de estudiante (*brahmachari*), que comprende los 25 primeros años de vida (el intervalo temporal exacto depende de varios factores), es el periodo durante el que estamos comprometidos con la educación y las habilidades de aprendizaje para nuestra vida posterior. Ya que el *Yoga Rahasya* identifica a *Maha Mudra* como un *asana*, sugiere que lo introduzcamos pronto en nuestras vidas, y esto lo define como una técnica preparatoria para el *pranayama*. El *ashrama* de cabeza de familia (*grhastha*) comprende los siguientes 25 años de vida, y ahora la atención se desplaza a formar una familia y a atender los deberes profesionales, formando ambas las obligaciones propias hacia

---

305 Swami Satyadharma, *Yoga Chudamani Upanishad*, Yoga Publications Trust, Munger, 2003, p. 156-170, las mismas estrofas aparecen en la edición Lonavla, pp. 212-214.

306 Dr. M. L. Gharote et al (edición y traducción), *Hatharatnavali of Shrinivasayogi*, Instituto Lonavla de Yoga, Lonavla, 2009, p. 55-57.

307 Dr. M. M. Gharote (edición), *Dattatreyayogasastram,* Instituto Lonavla de Yoga, Lonavla, 2015, p. 63-63.

308 *Yoga-Tattva Upanishad* estrofa 112.

309 T. K. V. Desikachar (traducción), *Nathamuni's Yoga Rahasya*, Krishnamacharya Yoga Mandiram, Chennai, 1998, p. 102-107.

310 El término *ashrama* significa etapa de la vida. Según la filosofía Védica hay cuatro etapas en la vida: estudiante (*brahmachari*), cabeza de familia (*grhastha*), habitante de los bosques (*vanaprashta*) y sabio (*sannyasi*). Cada una de estas etapas tiene prácticas de yoga apropiadas para ella. Estas son, sin embargo, directrices generales.

la sociedad. La práctica idealmente apropiada para el *ashrama* de cabeza de familia es el *pranayama* y, obviamente, durante ese tiempo, la práctica de *asana* debe ser mantenida. Es peculiar que el *Yoga Rahasya* considere que *Maha Mudra* es una técnica de yoga mucho más básica que en otros *shastras*. La mayoría de los demás *shastras* creen que *Maha Mudra* sólo debe practicarse cuando se tiene dominio tanto en *asana* como en *pranayama*, y lo enseñan en algún sitio entre *pranayama* y *samadhi*. Considero aquí el punto de vista mayoritario como el más útil, pero es interesarse saber que algunos *yoga shastras* discrepan en un punto tan obvio e importante.

EFECTOS

El *Hatharatnavali* de Shrinivasayogi atribuye a *Maha Mudra* el efecto de bloquear los *nadis* lunar y solar (*Ida* y *Pingala*), y abrir en su lugar el *nadi* central (*Sushumna*). El *Hatha Yoga Pradipika with Jyotsna* argumenta que *Maha Mudra* es llamado el Gran Sello porque vence a las cinco formas de sufrimiento[311], los *kleshas*, mencionados por Patanjali, el autor de los *Yoga Sutra*[312]. El *Yoga Chudamani Upanishad* declara con entusiasmo que este *mudra* destruye todas las enfermedades, un reclamo cansino que varios textos de yoga atribuyen a casi todos los métodos yóguicos. El *Gheranda Samhita* afirma que *Maha Mudra* cura la tisis, el estreñimiento, las arrugas, las canas, la esplenomegalia, la indigestión y la fiebre-cura todas las enfermedades, y, según el *Gheranda*, destruye incluso la propia muerte. El *Shiva Samhita*

---

311 Kunjunni Raja (edición), *The Hathayogapradipika of Svatmarama with the Commentary Jyotsna of Brahmananda*, The Adyar Library, Madrás, 1972, p. 39.

312 *Yoga Sutra* II. 3.

opina que aumenta la vitalidad y frena la decadencia, y que todos los pecados son destruidos. Y según el *Samhita* se curan todas las enfermedades y aumenta el fuego gástrico. B. N. S. Iyengar me dijo además que *Maha Mudra* purifica los *chakras*, es útil en las enfermedades respiratorias, prepara para los *asanas* de rotación intensa de cadera, eleva la Kundalini, mejora la memoria y afina el cerebro. Uno se podría preguntar cómo una técnica simple puede cumplir todas estas afirmaciones. Aconsejo al lector no aceptarlas sin más porque estén escritas en los *shastras*, sino más bien tomarlas con una pizca de sal.

El muy estimado Dr. M. L. Gharote, fundador del Instituto Lonavla de Yoga y traductor de muchos textos esenciales de yoga, aporta en *Hatharatnavali* de Shrinivasayogi[313] y en la edición de diez capítulos del *Hatha Yoga Pradipika*[314] un resumen de las diferentes versiones de *Maha Mudra* que aparecen en distintos textos. Señala, por ejemplo, que el *Hatha Yoga Pradipika* omite *Uddiyana Bandha* en la descripción de *Maha Mudra*, mientras que el comentario del *Jyotsna* por Brahmananda habla sólo de *Jihva Bandha* en lugar de los tres *bandhas* principales. El *Gheranda Samhita* sólo menciona *Jalandhara Bandha* y *Bhrumadhya Drishti*, pero no los otros *bandhas*. El *Shiva Samhita* sigue el mismo patrón, pero omite *Bhrumadhya Drishti*. En la tradición *Madhaviya*, *Ujjayi* es enfatizado mientras que los otros textos guardan silencio al respecto. El Dr. Gharote deduce de estas omisiones una escala variable de dificultad o detalle con los que *Maha Mudra* se enseña en las distintas tradiciones. Sin embargo,

---

313 Dr. M. L. Gharote et al (edición y traducción), *Hatharatnavali of Shrinivasayogi*, Instituto Lonavla de Yoga, Lonavla, 2009, p. 55.
314 Dr. M. L. Gharote et al (edición y traducción), *Hathatatvakaumudi*, Instituto Lonavla de Yoga, Lonavla, 2007, p. 105.

CAPÍTULO 21

yo argumento que no podemos deducir de tales omisiones que algunas tradiciones enseñaran un *Maha Mudra* "light", o un *Maha Mudra* con menos detalle. Los textos tradicionales de yoga nunca fueron concebidos para dar una descripción completa y exhaustiva de una técnica. Recordad que el *Gheranda Samhita* describe la postura sobre las manos así: "pon tus manos en el suelo y sube tus piernas en el aire". La mayoría de los traductores ni siquiera se daban cuenta de que esta descripción se refiere a la postura sobre las manos. Sólo reconoces la postura sobre las manos en esta descripción si ya sabes que es a esto a lo que la descripción se refiere. No, los textos yóguicos enumeran las estrofas sólo como ayuda para memorizar y que las técnicas no fueran olvidadas. La técnica completa debe ser aprendida de un maestro y ninguno de los textos se esfuerza por dar una descripción completa. A menudo, los detalles confusos se incluyen intencionadamente para inducir a los lectores que no son parte de la tradición oral a extraviarse. Esto es porque, en los tiempos antiguos, las escuelas yóguicas eran extremadamente privadas y secretas con respecto a sus técnicas. Las técnicas estaban escritas de tal modo que únicamente el texto no era suficiente para entender y reconstruir el método. Había que ser seleccionado personalmente y ser considerado digno de recibir una enseñanza. Muchos textos, como el *Shiva Samhita*, inculcaban al practicante que los métodos debían ser practicados en secreto y nunca debían ser entregados a los no iniciados[315]. Si esto se repite en los *shastras* hasta la nausea ¿por qué deberíamos esperar descripciones lo suficientemente completas para que puedan ser practicadas a partir del texto? No, lo que esperamos

---

315 Chandra Vasu, R. B. S. (traducción), *The Shiva Samhita*, Sri Satguru Publications, Delhi, 1986, p. 20.

ver es que las descripciones se redactan a propósito para confundirnos y hacer necesaria la búsqueda de un exponente de una determinada tradición. Y esto es exactamente lo que nos encontramos cuando estudiamos los *shastras*. Esto debe ser considerado cuando se hacen averiguaciones con respecto a qué técnica es la adecuada. Cuando analizamos los *shastras* no podemos esperar nunca que una descripción sea completa. Por el contrario, debemos esperar que las descripciones omitan intencionadamente detalles vitales que sólo son adquiridos a través de la instrucción oral personal. Pero el estudio de los *shastras* junto con la instrucción personal es vital, un hecho admitido incluso por Gopi Krishna, que afirmó que el yoga en los últimos pocos siglos ha sufrido un serio proceso de deterioro[316].

El *Dattatreya's Yogashastra* enseña que la pierna izquierda debe doblarse primero[317] y que *Maha Mudra* se realiza con un *kumbhaka* interno[318]. El *Hatha Yoga Pradipika* enfatiza que el perineo debe presionarse con el talón de la pierna doblada, y agarrar el pie de la pierna estirada con el pulgar y el dedo índice. Después se inhala y se aplica un *kumbhaka* interno con *Jalandhara Bandha*. El *prana* abandona los *nadis* lunar y solar y entra en el *Sushumna*[319]. Igual que el *Pradipika*, el *Gheranda Samhita* dice que primero la pierna derecha debe estar estirada y

---

[316] Gopi Krishna, *Kundalini The Evolutionary Energy in Man*, Shambala, Boston & London, 1997, p. 119.

[317] Dr. M. M. Gharote (edición), *Dattatreyayogasastram*, Instituto Lonavla de Yoga, Lonavla, 2015, p. 62.

[318] Dr. M. M. Gharote (edición), *Dattatreyayogasastram*, Instituto Lonavla de Yoga, Lonavla, 2015, p. 63 y de nuevo en p. 108.

[319] *Hatha Yoga Pradipika* III. 11-12.

la izquierda doblada[320]. Luego la garganta se contrae por medio de *Jalandhara Bandha* y la mirada se fija en el entrecejo. El *Shiva Samhita* coincide en el orden de las piernas y la acción de las manos, pero añade el cierre de las nueve puertas sensoriales del cuerpo[321]. Las nueve puertas sensoriales son los ojos, los oídos, las fosas nasales, la boca, los genitales y el ano. Éstas son generalmente cerradas mediante *Shanmuki-*, *Vajroli-*, y *Ashvini Mudras* respectivamente, que serán cubiertos más adelante en este texto. Sin embargo, *Shanmuki Mudra* requiere que las manos cierren los ojos, las fosas nasales, los oídos y la boca. Como estamos usando las manos para agarrar el pie de la pierna estirada, debemos descartar esta sugerencia como un punto de vista esquemático.

TÉCNICA

Maha Mudra es idealmente realizado hacia el final de la práctica de *asana*, una vez que hemos calentado apropiadamente. Esto se debe a los siguientes hechos: la posición del talón de la pierna doblada contra el perineo es crucial. Esta posición conduce a una oblicuidad considerable de la pelvis con las consiguientes fuerzas de torsión sobre las articulaciones sacroilíacas. Esto no sería un problema si sólo la mantenemos brevemente, pero debemos mantener la posición durante el tiempo que mantenemos varios *kumbhakas* internos potenciales. Esto puede llevar a un retorcimiento de las articulaciones sacroilíacas, especialmente cuando no hemos calentado con una práctica de *asana*.

---

320 *Gheranda Samhita* III. 6-8.
321 *Shiva Samhita* IV. 16.

MUDRAS SELLOS DEL YOGA

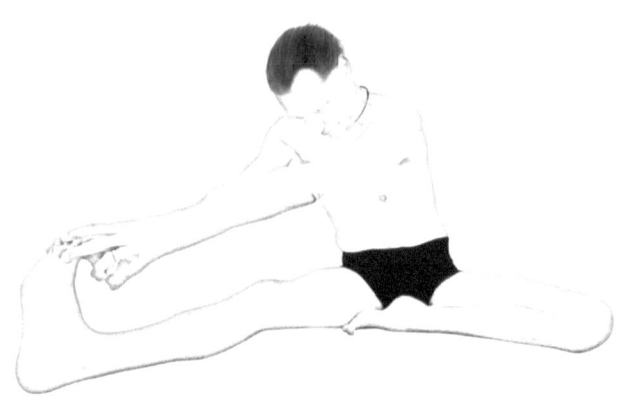

Maha Mudra con *kumbhaka* interno

Sentado en *Dandasana*, dobla la pierna izquierda y presiona el talón izquierdo contra el perineo, estimulando así el *Muladhara chakra*, mientras que mantienes la pierna derecha estirada. La posición de la pierna izquierda debe ser parecida a algo entre *Janushirsasana* A y B[322] con el muslo derecho apoyado en el suelo. En *Janushirsasna* A, la rodilla está más atrás, es decir, el ángulo entre los dos fémures es mayor, y el talón de la pierna doblada está en la ingle de esa misma pierna. En *Janushirsasana* B, la rodilla está más adelantada; por lo tanto, el ángulo entre ambos fémures es considerablemente menor. Sin embargo, en esta posición el pie entero está debajo de los isquiones, así que estamos sentados encima del pie. En *Maha Mudra* la posición del talón es algo intermedio entre ambos *asanas*, con la parte posterior del talón tocando el perineo. La diferencia con ambos *Janushirshasanas* es, obviamente, que estos *asanas*

---

[322] Para una instrucción detallada sobre estas dos posturas, por favor, ved Gregor Mahele, *Ashtanga Yoga Practice and Philosophy*, New World Library, Novato, 2007, p. 79-82.

debemos practicarlos primero con la pierna derecha doblada antes de pasar al lado izquierdo. En *Maha Mudra*, sin embargo, es la pierna izquierda la que se dobla primero. Otro punto de diferencia es, claro está, que no debemos hacer *kumbhaka* durante los *Janushirshasanas*.

Activa el cuádriceps derecho para mantener el pie derecho vertical en una posición neutral. Coge el dedo gordo del pie derecho con dos dedos de la mano derecha y con toda la mano izquierda y alinea el torso y los hombros con la pierna derecha. Si la posición de la mano es muy exigente debido a unos isquiotibiales rígidos, se debe sujetar el dedo gordo sólo con la mano derecha y agarrar la muñeca de la mano derecha con la mano izquierda. Una posición más exigente sería agarrar el pie con ambas manos. Inhala con *Ujjayi pranayama*[323] y eleva el pecho hacia arriba, especialmente el esternón. La mayoría de la gente tendrá que subir también los hombros para conseguirlo. Esto también alarga y endereza la espalda. Al final de la inhalación, inicia *Jalandhara Bandha* tragando y cerrando la garganta mientras que pones la barbilla en el esternón. Sigue elevando el esternón hacia la barbilla mientras que haces esto. Aquellos que ya dominan *Jalandhara Bandha* pueden hacer también *Jihva Bandha*, es decir, enrollar la lengua hacia atrás y presionarla contra el paladar blando.

Contrae el perineo, estimulado por el talón izquierdo, y activa *Mula Bandha*. Los que dominen esta técnica pueden activar también *Uddiyana Bandha*. El orden de importancia de los *bandhas* durante el *kumbhaka* interno es primero *Jalandhara-*,

---

[323] Está descrito con detalle en el texto anterior *Ashtanga Yoga Practice and Philosophy*, p. 9-11. Se genera un sonido susurrante o sibilante cerrando ligeramente la glotis con el objetivo de alargar la respiración.

luego *Mula-*, y por último *Uddiyana Bandha*. Los practicantes establecidos pueden activar los tres simultáneamente, pero sólo después de que se hayan perfeccionado *Jalandhara-* y *Mula Bandha*. La mirada se fija ahora en el entrecejo, lo que constituye *Bhrumadhya Drishti*, o su pariente más avanzado, *Shambavi Mudra* (Sección 3, *Mudra* 16), y nos concentramos mentalmente en el *Ajna Chakra* (*chakra* del tercer ojo).

Mantén el *kumbhaka* interno hasta tu capacidad individual, sin contar el tiempo que pasas en él, lo que habría que hacer si esto no fuera un *mudra* sino una técnica de *pranayama* propiamente dicha. Siente como el estiramiento de la columna vertebral y el estímulo del perineo obligan fuertemente al *prana* a subir. Poco a poco, exhala muy lentamente, realizando de nuevo el sonido *Ujjayi*. Haz al principio tres rondas con la pierna izquierda doblada, y después el mismo número con la pierna derecha doblada. Aumenta la duración de los *kumbhakas* y el número de rondas a medida que aumenta tu competencia. Se pueden practicar un máximo de 21 rondas en cada lado, pero esto constituye una práctica extrema. Algunos *shastras* recomiendan repetir sets de *Maha Mudra* a lo largo del día cada 8 o incluso cada 3 horas, pero sería un enfoque más holístico el combinar este *mudra* con otros métodos. Esta combinación potente será explorada en el apartado de *Shakti Chalana Mudra*, Sección 4, *Mudra* 27.

Capítulo 22
MAHA BANDHA MUDRA
(Gran Sello de la Cerradura)

También *Maha Bandha Mudra* es uno de los *mudras* más comunes y celebrados que está descrito en el *Hathatatva Kaumudi* de Sundaradeva[324], el *Kapala Kurantaka Yoga*[325], el *Yoga Makaranda*[326], el *Jogapradipyaka* de Jayatarama[327], el *Hatharatnavali* de Shrinivasayogi[328], el *Hatha Yoga Pradipika*[329], la edición de diez capítulos del *Hatha Yoga Pradipika*[330], el *Gheranda Samhita*[331], el *Yogashastra* de Dattatreya[332], y el *Shiva Samhita*[333].

---

324 Dr. M. L. Gharote et al (edición y traducción), *Hathatatvakaumudi*, Instituto Lonavla de Yoga, Lonavla, 2007, p. 181.

325 Swami Maheshananda et al (edición y traducción), *Kapalakurantaka's Hathabhyasa-Paddhati*, Kaivalyadhama, Lonavla, 2015, p. 92.

326 T. Krishnamacharya, *Yoga Makaranda*, Media Garuda, Chennai, 2011, p. 106.

327 Swami Maheshananda, et al. (edición y traducción), *Jogapradipyaka of Jayatarama*, Kaivalyadhama, Lonavla, 2006, p.121.

328 Dr. M. L. Gharote et al (edición y traducción), *Hatharatnavali of Shrinivasayogi*, Instituto Lonavla de Yoga, Lonavla, 2009, p. 58.

329 *Hatha Yoga Pradipika* III 19-22.

330 Dr. M. L. Gharote et al (edición y traducción), *Hathapradipika* de *Svatmarama (10 chapters)*, Instituto Lonavla de Yoga, 2006, p. 110.

331 *Gheranda Samhita* estrofas III. 18-20 en la traducción de Chandra Vasu, y III. 14-16 en la traducción de James Mallinson.

332 Dr M. M. Gharote (edición), *Dattatreyayogasastram*, Instituto Lonavla de Yoga, Lonavla, 2015, p. 64 y otra vez en p. 109.

333 *Shiva Samhita* IV. 21-22.

Maha Mudra Bandha podría describirse como un *Maha Mudra* sin la pierna estirada; sin embargo, no existe un acuerdo universal sobre qué postura se usa exactamente. El *Yoga Makaranda* de T. Krishnamacharya afirma que *Maha Bandha Mudra* debe hacerse en *Siddhasana* y con un *kumbhaka* interno (es decir, sosteniendo la respiración después de la inhalación). El *Hatha Yoga Pradipika* en III. 19-22 mantiene que el talón izquierdo debe presionar contra el perineo, y que el pie derecho debe colocarse en el muslo izquierdo. Un *kumbhaka* interno debe realizarse con *Jalandhara Bandha* y *Bhrumadhya Drishti*. Después de una exhalación lenta que implica el uso de *Ujjayi* se invierten los lados y se practica el *mudra* con la pierna contraria. Esto es corroborado por el *Shiva Samhita*, que dice que el *mudra* debe practicarse alternativamente, primero con el talón izquierdo y luego con el derecho.

El uso de la suspensión interna de la respiración es también confirmado en el *Jogapradpyaka* de Jayatarama, que señala además la importancia de *Uddiyana Bandha*, un punto omitido en otros textos[334]. Tanto el de Jayatarama como la edición de diez capítulos del *Hatha Yoga Pradipika* coinciden por un lado en *Bhrumadhya Drishti/Shambhavi Mudra* y en *Jihva Bandha/Khechari Mudra* por otro, siendo el último de cada par una versión más avanzada que el primero.

El *Gheranda Samhita* introduce un nuevo elemento[335]: el talón izquierdo se coloca contra el perineo y el pie derecho sobre el pie izquierdo.

Esta descripción coincide con la afirmación de T. Krishnamacharya de que debe usarse *Siddhasana* (en la que el

---

334 Swami Maheshananda, et al. (edición y traducción), *Jogapradipyaka of Jayatarama*, Kaivalyadhama, Lonavla, 2006, p.63 y otra vez en la p. 121.
335 *Gheranda Samhita* III. 14-16 (en la edición de James Mallinson).

talón izquierdo se coloca siempre primero y la pierna derecha encima). En la mayoría de los textos tradicionales tanto *Siddhasana* como *Padmasana* son posturas sensibles a la dirección[336]. Para *Siddhasana* la pierna izquierda se coloca normalmente primero y la pierna derecha encima, mientras que el orden es al contrario en *Padmasana*. El *Gheranda Samhita* afirma que el talón izquierdo debe moverse ligeramente para estimular la contracción del perineo, es decir, *Mula Bandha*, mientras que el *kumbhaka* interno se realiza con *Jalandhara Bandha*.

Entre las autoridades contemporáneas, Paramahamsa Yogeswaranand confirma que sólo se usa el talón izquierdo para estimular el perineo y que el pie derecho se coloca encima[337]. Luego se realiza una inhalación seguida de una retención respiratoria interna con *Jalandhara Bandha*. El *Vasishta Samhita* también usa *Siddhasana* combinada con *kumbhaka* interno[338].

EFECTOS

El *Jogapradpyaka* de Jayatarama argumenta que este *mudra* conduce sin esfuerzo a *samadhi* y que nada permanece oculto al practicante debido al efecto acumulativo de *Maha Mudra, Maha Bandha Mudra*

---

[336] Por favor, ten en cuenta que aparte del hecho de que el orden de las piernas es el contrario, hay puntos adicionales en los que ambas posturas difieren. Para descripciones más profundas de ambas, por favor, consulta el texto de Gregor Maehle, *Pranayama The Breath of Yoga*, Kaivalya Publications, Crabbes Creek, 2012, p. 134-138.

[337] Yogeshvaranand Paramahansa, *First Steps to Higher Yoga*, Yoga Niketan Trust, Nueva Delhi, 2001, p. 380.

[338] Swami Digambarji et al (edición y traducción), *Vasishta Samhita*, Kaivalyadhama, Lonavla, 1984, p. 39 (por favor, nótese que los números de las páginas en esta edición aparecen dos veces y esta es la segunda vez que lo hace este número de página).

y *Maha Vedha Mudra*, que se describe a continuación. El sabio Gheranda afirma que mediante este *mudra* puede conseguirse cualquier cosa. El *Shiva Samhita* sostiene que esta práctica hace que el *prana* entre en el canal central de energía, el *Sushumna*, tonifica el cuerpo, cumple todos los deseos y despierta la Kundalini.

TÉCNICA

Primero adoptamos *Siddhasana*. Con el talón izquierdo en el perineo, *Siddhasana* es la postura de elección para encender *Mula Bandha*, el cierre pélvico. Goraksha Natha y otras autoridades afirman que el talón izquierdo debe colocarse primero para estimular el *Muladhara Chakra*. Las características de *Siddhasana* difieren mucho de las de *Padmasana*, la postura de elección para *Yoga Mudra*. Mientras que en *Padmasana* ponemos las rodillas tan juntas como sea posible, en *Siddhasana* las separamos todo lo que podemos. Al principio, te puedes sentar en un cojín o en una manta doblada y luego disminuir su altura a medida que ganas competencia. El cojín te ayudará a bascular más la pelvis hacia delante.

Desde una posición sentada con las piernas estiradas (*Dandasana*), dobla la pierna izquierda y coloca el talón contra el perineo, la localización del *Muladhara Chakra*, entre los genitales y el ano. Ahora dobla la pierna derecha y pon el tobillo derecho encima del izquierdo de tal modo que el talón derecho presione contra el hueso púbico. En los hombres, el órgano genital está ahora entre los talones izquierdo y derecho. Ahora inserta los dedos gordos del pie derecho entre la pantorrilla y el muslo de la pierna izquierda. Usando ambas manos, separa la pantorrilla y el muslo de la pierna derecha, tira del dedo gordo del pie izquierdo de tal modo que se inserte entre la pantorrilla y el muslo de la pierna derecha. Presta mucha atención a cómo esto cambia la

CAPÍTULO 22

localización del talón y a lo que hace con la rotación del fémur izquierdo. Es sólo gracias a esta acción final que el talón del pie izquierdo entra en un contacto correcto con el perineo. Esta es la posición necesaria para el desbloqueo de la Kundalini.

Maha Bandha Mudra con *kumbhaka* interno

Por favor, ten en cuenta que la variación más fácil de esta postura para principiantes, llamada *Ardha* (media) *Siddhasana* es también una buena postura de meditación, pero no es probable que sea suficiente para *Maha Bandha Mudra*. Aquí, en lugar de apilar los talones uno encima del otro, están colocados uno en frente del otro, con ambos pies en el suelo. Usa esta postura sólo como calentamiento, y gradúate en *Siddhasana* en cuanto sea posible.

Inhala a través de ambas fosas nasales empleando el sonido *Ujjayi*, que nos permite tomar una inhalación lenta y profunda. Una vez que hayas completado la inhalación hasta el 80-95% de tu capacidad respiratoria, haz *kumbhaka*. El 100% de la capacidad respiratoria, es decir, inhalar tan profundamente como sea posible, sólo se usa para actividades como esprintar, en las que la inhalación es seguida inmediatamente por la exhalación. Un *kumbhaka* precedido por una inhalación así proporcionaría demasiada tensión a los alveolos, ya que no pueden retroceder inmediatamente (mediante la exhalación), y son mantenidos en un estado extendido. Por lo tanto, incluso una capacidad respiratoria del 95% es usada solo por los practicantes de *pranayama* muy experimentados que conocen sus límites.

Realiza tu *kumbhaka* interno elevando el pecho e inicia *Jalandhara Bandha* colocando la barbilla en el esternón elevado mientras tragas y contraes la garganta. Como se describió en *Yoga Mudra*, el *Jalandhara Bandha* debe ser de buena calidad. Esto se consigue intentando inhalar y exhalar, y sólo si nada de aire pasa a través de la garganta, está el *bandha* correctamente ejecutado. Si no estás seguro, por favor, revisa las notas sobre *Jalandhara Bandha* en la Sección 2, *Mudra* 12. Puedes incluso revisar las notas en las contraindicaciones del *kumbhaka* interno en la Sección 1, *Mudra* 3.

Cuando hayas aplicado *Jalandhara Bandha* puedes añadir *Mula-*, y luego *Uddiyana Bandhas*. Y *Jihva Bandha* es también una ayuda añadida, pero los otros *bandhas*, especialmente *Jalandhara Bandha*, son más importantes. Todos los *bandhas* aplicados simultáneamente constituyen el gran *bandha*, *Maha Bandha*, que da a este *mudra* su nombre. Durante el *kumbhaka*, mira hacia el entrecejo (*Bhrumadhya Drishti*) o usa *Shambhavi Mudra* (rodando los ojos hacia atrás en sus cuencas), como se ha descrito en la Sección 3, *Mudra* 16. Una vez que te hayas establecido hasta aquí en las técnicas, empieza a mover ligeramente el talón izquierdo para estimular más el perineo y el *Mula Bandha*.

Esto ayuda a encender la Kundalini. No aprendí este añadido de B. N. S. Iyengar, pero después de encontrarlo mencionado repetidamente en los *shastras,* lo intenté y me pareció útil.

En este *mudra* se pueden poner las manos con las palmas hacia abajo sobre las rodillas si se requiere una estabilidad adicional. Los brazos deben mantenerse estirados. Alternativamente, las manos pueden colocarse en *Jnana Mudra* con las palmas hacia arriba. Repite inicialmente *Maha Bandha Mudra* tres veces, con un total posible de 21 veces. Practícalo siempre justo después de *Maha Mudra* y, cuando hayas completado la fase de aprendizaje, haz el mismo número de rondas que hayas hecho de *Maha Mudra*. Aprende primero *Maha Mudra* y establécete en este *mudra* antes de añadir *Maha Bandha Mudra*.

Capítulo 23

MAHA VEDHA MUDRA
(Gran Sello Perforador)

El *Maha Vedha Mudra* es llamado a veces *Maha Bedha Mudra*. Esto se debe al gran parecido entre las letras "v" y "b" en la escritura *Devanagari*, que es el modo más común en el que se escribe el sánscrito. Se puede ver el mismo juego en las muchas formas en que se escribe *Vrindavan*, el lugar de nacimiento de Krishna. Encontramos escrituras alternativas como *Brindaban*, *Vrindaban* o *Brindavan*.

Maha Vedha Mudra forma una triada con *Maha Mudra* y *Maha Bandha Mudra* y es, otra vez, uno de los *mudras* más prolíficamente mencionados en los *shastras*. Entre otros sitios, lo encontramos catalogado en el *Hatha Yoga Pradipika*[339], *Gheranda Samhita*[340], *Yoga Makaranda*[341], *Hathapradipika* (10 capítulos)[342], *Kapala Kurantaka Yoga*[343], *Hathatatva Kaumudi*

---

[339] *Hatha Yoga Pradipika* III. 26-31.
[340] *Gheranda Samhita* III. 22-24 en la edición de James Mallinson.
[341] T. Krishnamacharya, *Yoga Makaranda*, Media Garuda, Chennai, 2011, p. 106.
[342] Dr. M. L. Gharote et al (edición y traducción), *Hathapradipika de Svatmarama (10 chapters)*, Instituto Lonavla de Yoga, 2006, p. 113.
[343] Swami Maheshananda et al (edición y traducción), *Kapalakurantaka's Hathabhyasa-Paddhati*, Kaivalyadhama, Lonavla, 2015, p. 93.

de Sundaradeva[344], *Yogashastra* de Dattatreya[345] y *Hathayoga Manjari* de Sahajananda[346].

El peculiar método principal de *Maha Vedha Mudra* consiste en sentarse en *Padmasana*, realizar *kumbhaka*, levantarse del suelo por medio de los brazos y volver a caer repetidamente, golpeando así el suelo con las nalgas. He visto un video en el que este método fue promocionado como el método principal realizado por ciertos yoguis tibetanos, aunque esto nunca se mencionó cuando yo me entrené en yoga tibetano. El yogui tibetano del video saltó en el aire y luego aterrizó en lo que parecía ser un grueso colchón de plástico. El video estaba repleto de mensajes advirtiendo que este no era un método para los no iniciados. El colchón, en este caso, mitigaría el impacto de una caída desde gran altura, pero incluso entonces, podría provocar lesiones en los discos lumbares y en las articulaciones sacroilíacas y las rodillas. No es algo que yo recomendaría.

Maha Vedha Mudra es también como el llamado "vuelo yóguico", realizado por los practicantes avanzados de la Meditación Trascendental. Aquí uno también se sienta en *Padmasana* en un colchón, pero se empuja hacia arriba presionando rápidamente las piernas y rodillas dobladas contra el suelo, produciendo así un movimiento de salto. De nuevo existe un cierto riesgo para las articulaciones de las rodillas, y yo prefiero la técnica de *Maha Vedha Mudra* como se describe en

---

344 M. L. Gharote et al (edición y traducción), *Hathatatvakaumudi*, Instituto Lonavla de Yoga, Lonavla, 2007, p. 183.

345 Dr. M. M. Gharote (ed.), *Dattatreyayogasastram*, Instituto Lonavla de Yoga, Lonavla, 2015, p. 65.

346 O. P. Tiwari (publicación), *Hathayoga Manjari de Sahajananda*, Kaivayadhama, Lonavla, 2006, p. 42.

los *shastras*. La introducción de un colchón también requiere la caída desde una altura mucho mayor para producir el mismo impacto. El *Hatha Yoga Pradipika* en III. 23-31 sugiere realizar *kumbhaka* en *Padmasana* con los tres *bandhas*, apoyar las manos y elevarte del suelo. Luego se golpean las nalgas repetidamente, pero con suavidad contra el suelo. Esto mueve el *prana* desde los *nadis* más externos al canal de energía central, *Sushumna*. El *Pradipika* aconseja que esta caída no se produzca desde una gran altura o con gran fuerza.

El *Hathayoga Manjari* de Sahajananda hace hincapié en sentarse en *Padmasana* colocando la pierna derecha primero, y en realizar el método con *kumbhaka* interno, es decir, sosteniendo la respiración después de la inhalación[347]. Otra vez aquí se hace hincapié en golpear repetidamente las nalgas contra el suelo. El método de golpear con la espalda también se confirma en el *Hatharatnavali* de Shrinivasayogi[348] y en el *Dattatreya's Yogashastra* [349]. Paramahamsa Yogeswaranand aporta dos métodos con los que *Maha Vedha Mudra* puede hacerse[350]. Uno es la forma convencional de sentarse en *Padmasana*, haciendo *kumbhaka* y golpeando repetidamente las nalgas contra el suelo, que es descrito como el método superior. Yogeshvaranand ofrece luego un segundo método diseñado para aquellos que

---

347 O. P. Tiwari (publicación), *Hathayoga Manjari de Sahajananda*, Kaivayadhama, Lonavla, 2006, p. 42.

348 Dr. M. L. Gharote et al (edición y traducción), *Hatharatnavali of Shrinivasayogi*, Instituto Lonavla de Yoga, Lonavla, 2009, p. 61.

349 Dr. M. M. Gharote (edición), *Dattatreyayogasastram*, Instituto Lonavla de Yoga, Lonavla, 2015, p. 65.

350 Yogeshvaranand Paramahansa, *Fist Steps to Higher Yoga*, Yoga Niketan Trust, Nueva Delhi, 2001, p. 380.

no están preparados para sentarse en *Padmasana*. Aquí una pierna se coloca sobre el muslo contrario y el talón de la otra pierna se usa para golpear repetidamente contra el perineo, mientras que te sostienes arriba, fuera del suelo. Encontré este método extremadamente incómodo y no estoy seguro de si esta forma ofrece mucho en el camino de la mejora, en el caso de que *Padmasana* esté fuera de tu alcance. Yogeshvaranand dice que cuando usas *Padmasana* las piernas pueden intercambiarse. Esto fue algo que incluso sostuvo Krishnamacharya. Pero ninguno de los dos fue tan lejos como B. K. S. Iyengar, que enseñaba que las piernas deben ser intercambiadas[351]. Soy un caso de aquellos que, aunque después de un comienzo inestable, practicaron *Padmasana* con la pierna derecha primero durante la mayor parte de su vida adulta, sin sentir ningún tipo de desequilibrio o problema por eso. ¿Dónde está entonces la utilidad de "tener" que cambiar el orden de las piernas? Esto sólo tiene sentido si la práctica del método tradicional de colocar primero la pierna derecha en *Padmasana* conduce a problemas.

Swami Muktibodhananda argumenta que, si uno no puede hacer Padmasana, no se puede hacer adecuadamente *Maha Vedha Mudra*, lo que es probablemente una actitud sensata[352]. Ella también confirma la inclusión de *kumbhaka* interno y de *Jalandhara Bandha*, pero añade que las nalgas y la parte posterior de los muslos deben tocar el suelo simultáneamente. Esto vuelve a ser sensato ya que, si uno sólo golpea con los isquiones, el impacto en la columna vertebral sería cualquier cosa menos

---

[351] Instrucción dada al autor por B. K. S. Iyengar en el Instituto Ramamani Iyengar, Pune, Maharashtra, en 1993.
[352] Swami Muktibodhananda, *Hatha Yoga Pradipika*, Yoga Publications Trust, Munger, 1993, p. 305.

suave, lo que pide el *Hatha Yoga Pradipika*. Muktibodhananda sugiere golpear las nalgas de 3 a 7 veces y repetir tres rondas en total. Sin embargo, otra variación del método sugiere sentarse en una postura similar a la de *Siddhasana,* con el talón izquierdo tocando el perineo. Luego, levantarse con los brazos y volver a soltar el perineo sobre el talón. La desventaja aquí es que los golpes deben realizarse con precisión, ya que esta técnica podría conducir a articulaciones sacroilíacas retorcidas. La variación de *Padmasana* sigue siendo la opción preferida.

Maha Mudra, Maha Bandha Mudra y *Maha Vedha Mudra*, aunque forman una secuencia, deben aprenderse inicialmente de forma individual, esto es, empezando con *Maha Mudra*, y luego graduándote en *Maha Bandha Mudra*. Sólo cuando estas dos se practican con competencia se añade *Maha Vedha Mudra* a la mezcla. Cuando se practican con maestría, las tres deben realizarse como una secuencia.

CUÁNDO Y CON QUÉ FRECUENCIA

Un buen momento para comenzar a aprender los tres *mudras* es justo después de la práctica de *asana*. Esta es un momento obvio porque las caderas y las articulaciones de los hombros están calientes. Particularmente en *Maha Mudra* hay que tener cuidado de no retorcer las articulaciones sacroilíacas. Sin embargo, el momento más lógico para la secuencia de los tres *mudras* es después de la secuencia de *pranayama* y antes de la meditación *chakra-Kundalini* (la meditación podría hacerse incluso fuera de secuencia en cualquier momento del día). Los tres *mudras* constituyen una práctica que requiere un cierto éxito en la sincronización de los *nadis* lunar y solar mediante la respiración por fosas nasales alternas. Esto se puede comprobar fácilmente asegurándose de que uno respira más o menos tan predominantemente a través de la fosa nasal derecha durante un período de dos semanas como lo hace a través de la izquierda. Esto es una subciencia yóguica que es normalmente llamada *Svara Yoga* y de la que el texto *Shiva Svarodaya* es el texto autoritativo[353]. Algunos textos de yoga como la edición de diez capítulos del *Hatha Yoga Pradipika*[354] y el *Hathatatva Kaumudi* de Sundaradeva[355] sugieren practicar un conjunto de 8 rondas de *Maha Vedha Mudra* cada 3 horas. Esto sería apropiado si estuviéramos desesperados por un evento Kundalini y lo estuviéramos persiguiendo en un enclave monástico o de tipo retiro. Es exactamente este tipo de enclave al que se refieren algunos textos medievales de *Hatha*, el *Hatha Yoga Pradipika* entre ellos, es decir, el de una persona apartada del mundo durante un periodo extenso de tiempo para practicar sólo yoga. Por el contrario, T. Krishnamacharya enseñó el yoga integrado en el enclave de un padre de familia, en el que se puede continuar con las responsabilidades familiares y de trabajo y enfrentar la práctica con una visión a largo plazo. Esta es la visión adaptada por el *Yoga Yajnavalkya*, el *Vasishta Samhita* y, hasta cierto grado, el *Gheranda Samhita*. Desde mi experiencia, este método funciona mejor, ya que las experiencias que se introducen gradualmente se integran más fácilmente en la vida de uno. Sin embargo, el enclave de retiro

---

[353] Traducido en Swami Muktibodhananda, *Svara Yoga*, Yoga Publications Trust, Munger, 1984.

[354] M. L. Gharote et al (edición y traducción), *Hathapradipika of Svatmarama (10 chapters)*, Instituto Lonavla de Yoga, 2006, p. 113.

[355] M. L. Gharote et al (edición y traducción), *Hathatatvakaumudi*, Instituto Lonavla de Yoga, Lonavla, 2007, p. Lxxv.

también merece la pena considerarse y será descrito con más detalle bajo el epígrafe *Shakti Chalana Mudra*.

KUMBHAKA INTERNO O EXTERNO

El *Hatha Yoga Pradipika* se refiere claramente a *Maha Vedha Mudra* realizado durante *kumbhaka* interno[356]. El *Gheranda Samhita* es tan ambiguo en su descripción que hay un elemento de especulación para averiguar qué está queriendo decir. El sabio *Gheranda* sugiere que *Maha Vedha Mudra* significa aplicar *Uddiyana* en la posición de *Maha Bandha Mudra*, pero viendo que *Uddiyana* es descrito en III. 8 como retraer el abdomen hacia atrás por encima y por debajo del ombligo, debemos asumir que esto se refiere a un *kumbhaka* externo[357]. El término *Uddiyana* en los textos medievales es a menudo poco consistente con la forma de *Uddiyana Bandha* que es aplicada permanentemente por los practicantes de Ashtanga *vinyasa* durante la práctica de *asana*. La versión Ashtanga *vinyasa* de *Uddiyana Bandha* es aplicada a lo largo de todo el ciclo respiratorio y consiste en activar la parte baja de los músculos abdominales transversos. Durante la versión *Hatha* de *Uddiyana*, la pared abdominal está relajada y es succionada hacia dentro exclusivamente durante la retención respiratoria externa (*kumbhaka*). Por lo tanto, nos enfrentamos a dos métodos distintos que no deben confundirse.

T. Krishnamacharya enseñó *Maha Vedha Mudra* realizándolo con *kumbhaka* externo[358]. Swami Niranjanananda también

---

356 *Hatha Yoga Pradipika* III. 26.

357 *Gheranda Samhita* III. 18.

358 T. Krishnamacharya, *Yoga Makaranda*, Media Garuda, Chennai, 2011, p. 106.

lo enseñó de esta forma[359], pero el *Hathayoga Manjari* de Sahajananda se refiere claramente al *kumbhaka* interno durante este *mudra*[360], que es también el modo al que se refiere Swami Rama[361]. Con esta división entre las autoridades, nos queda realizarlo tanto durante el *kumbhaka* interno como durante el externo para averiguar cuál funciona mejor para cada individuo.

EFECTOS

El *Hatha Yoga Pradipika* en la estrofa III. 24 sugiere que este *mudra* perfora el Brahma *Granthi*, el más bajo de los tres *granthis* que bloquean el *Sushumna*. También menciona que el *mudra* saca el *prana* de *Ida* y *Pingala* (los *nadis* lunar y solar) y produce así la inmortalidad[362].

Sin embargo, debemos considerar simplemente esto como un caso de exageración (*stuti*) para que los practicantes se enreden con ello, una tendencia por la que son conocidos estos textos. En la estrofa 29-30, el *Hatha Yoga Pradipika* atribuye además al *mudra* la capacidad de superar la vejez, el pelo gris y la debilidad, y también la de aumentar el apetito.

El *Hathatatva Kaumudi* de Sundaradeva argumenta que *Maha Vedha Mudra* perfora los tres *granthis*[363]. Esto tiene más sentido

---

359 Swami Niranjanananda Saraswatim, *Yoga Darshan*, Yoga Publications Trust, Munger, 2009, p. 420.
360 O. P. Tiwari (publicación), *Hathayoga Manjari of Sahajananda*, Kaivayudhama, Lonavla, 2006, p. 42.
361 Swami Rama, *Path of Fire and Light*, vol. 1, Himalayana Institute Press, Honesdale, 1988, p. 54.
362 *Hatha Yoga Pradipika* III. 28.
363 Dr. M. L. Gharote et al (edición y traducción), *Hathatatvakaumudi*, Instituto Lonavla de Yoga, Lonavla, 2007, p. 183.

porque ¿por qué debería esa perforación estar limitada sólo al Brahma *Granthi*? El *Kaumudi* también sugiere que *Maha Vedha Mudra* te hace feliz para siempre[364], lo que es consistente con la perforación de los *granthis*, porque los *granthis* son bloqueos pránicos que limitan la expansión de nuestro sentido del ser y nuestra evolución espiritual. Es esta restricción, según la filosofía india, la que limita nuestra felicidad. El *Hathayoga Manjari* de Sahajananda afirma que *Maha Vedha Mudra* perfora los seis *chakras* y despierta la Kundalini[365]. Esto es consistente con la perforación de los *granthis* porque los *granthis* son sólo bloqueos pránicos que evitan que la Kundalini se eleve a través de los *chakras*. Es un caso de decir lo mismo con distintas palabras. El *Hatharatnavali* de Shrinivasayogi promete que la secuencia de los tres *mudras* da *siddhi*[366]. Esto suena otra vez como un caso de *panem et circensis* (pan y juegos) para los crédulos. El *Shiva Samhita* va incluso más allá y cubre todas las bases, prometiéndonos libertad de muerte y de decadencia, activación de los *chakras* y la Kundalini, la conquista de la muerte en seis meses, *siddhi* e incluso poder[367].

TÉCNICA

La importancia de *Padmasana* se deriva de la inclinación hacia delante de la pelvis, lo que alinea la columna vertebral como

---

[364] Dr. M. L. Gharote et al (edición y traducción), *Hathatatvakaumudi*, Instituto Lonavla de Yoga, Lonavla, 2007, p. 208.

[365] O. P. Tiwari (publicación), *Hathayoga Manjari of Sahajananda*, Kaivalyadhama, Lonavla, 2006, p. 42.

[366] Dr. M. L. Gharote et al (edición y traducción), *Hatharatnavali of Shrinivasayogi*, Instituto Lonavla de Yoga, Lonavla, 2009, p. 61.

[367] *Shiva Samhita* IV. 25-30.

si fuera la de una cobra lista para atacar-necesario para que se eleve el poder de la serpiente. Sin embargo, no alargues de golpe el tiempo que pasas en *Padmasana*. Añade sólo un minuto, o como mucho unos pocos minutos a la semana. La postura es extremadamente poderosa, y sólo se debe practicar en periodos largos cuando se haya logrado el dominio de las prácticas diseñadas para *Padmasana*, es decir, *kumbhakas*, *kriyas*, meditación *chakra-Kundalini* y *mudras*. *Padmasana* no es un *asana* apto simplemente para "sentarse". No debes acercarte a *Padmasana* por ambición. Nunca te fuerces a entrar en la posición o permanezcas a la fuerza en la postura si sufres dolor. Golpear las nalgas hacia abajo puede generar tensión adicional en las rodillas, así que debes estar ya practicando confortablemente *Padmasana* durante *pranayama* para tomar este paso adicional.

Maha Vedha Mudra en *Padmasana*

CAPÍTULO 23

Para entrar en la postura con seguridad desde una posición con las piernas estiradas, flexiona la rodilla derecha completamente, llevando el talón derecho a la nalga derecha. La incapacidad para tocar la nalga con el talón indicaría que el cuádriceps es demasiado corto para entrar en *Padmasana* con seguridad. Si puedes tocar la nalga con el talón, deja caer la rodilla hacia el lateral, poniendo el pie derecho en punta e invirtiéndolo. Lleva ahora el talón derecho a la ingle derecha para asegurarte de que la articulación de la rodilla derecha permanece completamente flexionada en esta posición abducida. Desde aquí, eleva el talón derecho hacia el ombligo, llevando la rodilla más cerca de la línea central. Manteniendo la rodilla en línea con el ombligo, pon el empeine en la ingle contraria.

Repite estos pasos con el lado izquierdo, como si la pierna derecha estuviera aún estirada. Primero, flexiona completamente la articulación de la rodilla hasta que la parte inferior del muslo toque la parte posterior de la pierna en toda su longitud. Llevando la rodilla hacia la izquierda, primero coloca el tobillo izquierdo debajo del tobillo derecho en el suelo. Desde aquí, levanta el pie izquierdo sobre el tobillo derecho hacia el ombligo, mientras sacas la rodilla izquierda hacia un lado. No levantes el pie izquierdo sobre la rodilla derecha, ya que esto significaría abrir la articulación de la rodilla izquierda, lo que induciría un movimiento lateral hacia la rodilla durante la transición. Mantén la rodilla izquierda en la transición tan flexionada como te sea posible, lo que te permitirá mover el fémur (el hueso del muslo) y la tibia (la espinilla) como una unidad, sin hueco entre ellos. Ahora coloca el pie izquierdo en la ingle derecha y luego mueve ambos talones uno hacia el otro para que toquen el área del ombligo. Acerca ambas rodillas para que los fémures queden casi paralelos (dependiendo de la proporción de longitud entre el fémur y la tibia). Ahora gira los fémures hacia adentro hasta que los bordes frontales de las tibias apunten hacia abajo y las plantas y los talones de los pies miren hacia arriba. De este modo, las rodillas están completamente cerradas y protegidas. No te sientes en *Padmasana* mientras que mantienes la rotación lateral inicial de los fémures usada para entrar en la postura. La clave para dominar *Padmasana* es rotar internamente los fémures mientras que estás en la postura. Esto es difícil de aprender sentándote simplemente en *Padmasana* sin haber calentado. Una herramienta ideal para aprender esto es el patrón de rotación del fémur de la Primera Serie, como se describe en mi libro *Ashtanga Yoga: Practice and Philosophy*.

Haremos primero *Maha Vedha Mudra* con un *kumbhaka* interno, que es menos exigente. Inhala hasta tu capacidad usando el sonido *Ujjayi*. Luego levanta el pecho y baja la barbilla mientras tragas para inducir la contracción de la garganta. Coloca la barbilla en *Jalandhara Bandha* para realizar *kumbhaka* como se ha enseñado previamente. Ahora pon las manos en el suelo y levanta las piernas y las caderas del suelo como si estuvieras practicando *Utpluthi*, la última postura de la secuencia de Ashtanga, aunque, obviamente, durante *Utpluthi* no hacemos *kumbhaka*. Elevarse es sorprendentemente fácil cuando estás sentado en *Padmasana*, al menos si está presente la fuerza de brazos y hombros que se requiere. De forma diferente a *Utpluthi*, no nos mantenemos arriba, sino que dejamos que los muslos y las nalgas caigan. Al principio, haz esto incluso más suavemente de lo que te parezca razonable. Las razones para esto no son sólo mantener a salvo las rodillas y los discos lumbares inferiores. Cualquier impacto puede subir al cuello y llegar a los discos cervicales (los discos intervertebrales del cuello) y causar daño aquí. Queremos evitar aquí el exceso de celo.

Empieza la técnica haciendo el primer día sólo tres golpes por *kumbhaka*, y sólo un *kumbhaka*. Cuando hayas comprobado durante las siguientes 24 horas que ninguna sensación adversa está presente en el cuello, las rodillas y la espalda baja, puedes aumentar sensiblemente el número de *kumbhakas* y de golpes, y la velocidad con la que dejas el cuerpo caer, pero sin tirar la prudencia por la borda. Recuerda que los tejidos blandos y el cartílago, como los que forman los discos intervertebrales lumbares y cervicales, no contienen nervios. Por lo tanto, los discos intervertebrales no pueden brindarte retroalimentación en ese momento cuando te excedes. Si no estás seguro, siempre puedes hacer el *mudra* sobre una manta doblada para mitigar el impacto.

El máximo es, otra vez, de 21 golpes por sesión. Algunos textos recomiendan hacer 8 sets cada 3 horas. Cuántos golpes puedes hacer por *kumbhaka* también depende de tu competencia en la práctica de *kumbhaka*. Las diferencias entre los individuos son significativas y se pueden dar pocas directrices generales. Se sugiere practicar el mismo número de repeticiones en *Maha Mudra* y en *Maha Bandha Mudra*. Puedes también probar la versión en *Siddhasana*, cayendo sobre un talón o golpeando las nalgas con un talón. Ninguna versión me funcionó muy bien, pero puede ser que a ti sí.

Cuando hayas ganado una cierta maestría en la realización del *mudra* durante el *kumbkaka* interno, intenta el mismo método con *kumbhaka* externo, que es más avanzado. Como te quedarás sin oxígeno más rápido (debido a que los pulmones están vacíos), es más difícil hacer el mismo número de golpes por *kumbhaka*. Podría decirse que durante un *kumbhaka* externo la técnica es más potente porque la succión ascendente del *Bahya* (externo) *Uddiyana* proporciona un tirón adicional a la Kundalini. Una vez que conoces bien el método con ambos tipos de *kumbhaka*, elige el que prefieras y luego realiza siempre *Maha Vedha Mudra* de forma secuencial con *Maha Mudra* y *Maha Bandha Mudra*. Así estaremos practicando los tres *mudras* con un número igual de rondas y repeticiones.

Capítulo 24
ASHVINI MUDRA (Sello del Caballo)

Los siguientes dos *mudras* son *Ashvini-* y *Vajroli Mudras*, que son la contracción/retracción rítmica hacia adentro y la posterior liberación/proyección hacia afuera del esfínter anal y la uretra, respectivamente. Esto se hace para sellar pránicamente ambos orificios, que, de otro modo, son responsables de la pérdida del *prana* solar. Mientras que las aberturas de los sentidos, es decir, los ojos, los oídos, etc., se sellan para evitar la pérdida del *prana* lunar (el *prana* responsable de alimentar los órganos sensoriales, también llamados *jnanendriyas*[368]), los dos *mudras* actuales evitan la pérdida del *prana* asociado con la extroversión de los órganos de acción (también llamados *karmendriyas*[369]). *Ashvini Mudra* se cubre aquí, mientras que *Vajroli Mudra* se trata bajo el siguiente epígrafe. *Ashvini Mudra* se llama así por el hábito de los caballos de expandir y contraer el ano varias veces después de la defecación. Un efecto secundario de *Ashvini Mudra* es que provoca un mejor entendimiento de *Mula Bandha*, que es la contracción del perineo.

---

368 El *prana* lunar potencia los sentidos olfativo, gustativo, visual, táctil y auditivo.
369 El *prana* solar potencia el agarre, la locomoción, el habla, el acto sexual, el parto, la micción y la defecación.

El *Yoga Kundalini Upanishad* nos instruye para inducir el *prana* dentro del *Sushumna*, realizando *kumbhaka* en *Padmasana* con la adición de *Ashvini Mudra*[370]. El *Upanishad* afirma que con esta acción se mezclarán el fuego (*agni*) y el aire (*vayu*) y subirán juntos por el *Sushumna* (canal central de energía). También el *Gheranda Samhita* define a *Ashvini Mudra* como la contracción y dilatación repetida del esfínter anal hasta que Shakti (es decir, la Kundalini) se levanta[371]. El ano y el acto de defecación están relacionados muy estrechamente con el *apana*, la corriente vital descendente. El *apana* mantiene a la Kundalini abajo, y revertir el *apana* hacia arriba es uno de los motores principales para conducir la Kundalini. En las estrofas III. 49-51, el *Gheranda Samhita* nos instruye además en que si la Kundalini está dormida en el *chakra* raíz, *Muladhara*, somos simples animales y no podemos alcanzar el conocimiento verdadero. Al contrario que el *Yoga Kundalini Upanishad*, el sabio *Gheranda* adopta *Siddhasana* para aplicar *Ashvini Mudra* durante *kumbhaka* y así inducir a la Kundalini a elevarse por el *Sushumna*[372].

El pionero del yoga de mediados del siglo veinte, Theos Bernard, argumenta que *Ashvini Mudra* es un prerrequisito para *Mula Bandha*[373]. Sugiere aprender *Ashvini Mudra* estando sobre las manos y las rodillas. Se realiza *kumbhaka* externo con *Uddiyana* externo y luego se intenta vigorosamente acercar el ano y el ombligo el uno hacia el otro tan a menudo como se pueda. En otro sitio, Bernard argumenta que se debe practicar *Ashvini Mudra* durante una hora al día, después de lo cual debe ser

---

[370] *Yoga Kundalini Upanishad* estrofas 83-84.
[371] *Gheranda Samhita* III. 82.
[372] *Gheranda Samhita* III. 54-56.
[373] Theos Bernard, *Hatha Yoga*, Rider, London, 1950, p. 70.

perfeccionado en dos semanas[374]. Esto parece excesivo, pero hay que tener en cuenta que Bernard era conocido por sus prácticas excesivas, manteniendo la postura sobre la cabeza durante más de 3 horas al día (aunque en sesiones separadas), y haciendo más de 1500 golpes al día de *Nauli* y *Agnisara Kriya*. Practicar hazañas similares puede llevar al desbloqueo de la Kundalini, pero también a artritis de los discos cervicales, aneurismas cerebrales, agravamiento severo de *pitta* (debido a demasiado *Nauli*), y a una visita a la sala de psiquiatría. Recomiendo encarecidamente que se introduzcan estas prácticas poco a poco a largo plazo, y que se renuncie a la búsqueda de beneficios espectaculares a corto plazo.

El pionero del yoga de 1960, Andre Van Lysebeth coincide en que *Ashvini Mudra* prepara para *Mula Bandha*[375]. Considera necesario desarrollar un diafragma pélvico fuerte para desviar la presión creada por los *kumbhakas* internos hacia arriba. Este es un razonamiento para *Ashvini Mudra* no aplicable a los practicantes de Ashtanga *vinyasa* (que no eran ni Bernard ni van Lysebeth), que desarrollan un diafragma pélvico fuerte listo para el *pranayama* activando siempre el *Mula Bandha* durante su práctica de *asana*. Van Lysebeth dice que *Ashvini Mudra* es contraer fuertemente el ano y succionarlo hacia dentro, y luego relajarlo y empujarlo hacia fuera. Cada fase debe durar 3 segundos[376].

---

[374] Theos Bernard, *Heaven Lies Within Us*, Charles Scribner's Sons, Nueva York, 1939, p. 249.

[375] Andre van Lysebeth, A., *Die Grosse Kraft des Atems*, O. W. Barth, Berna, 1972, p. 223.

[376] Andre van Lysebeth, A., *Die Grosse Kraft des Atems*, O. W. Barth, Berna, 1972, p. 224.

El legendario académico tántrico Sir John Woodroffe fue un juez del Tribunal Supremo del Raj británico. Mientras estaba ordenado como tal, no podía ser visto conspirando con los gobernantes, y por lo tanto, para mantener su afinidad con la cultura india en secreto, escribió bajo el seudónimo Arthur Avalon. Sólo cuando se hubo retirado de sus deberes oficiales publicó muchos textos tántricos con su nombre legal. Sir Woodroffe afirmó que *Ashvini Mudra* debe ser repetido hasta que el *prana* sea inducido dentro del *Sushumna*[377]. También dijo que una de las aplicaciones principales de *Ashvini Mudra* es como complemento para *Shakti Chalana Mudra*, donde va precedido por *Nauli* en *Siddhasana*, y luego combinado con *kumbhaka* interno y *Shanmukhi Mudra*. Debemos recordar que Woodroffe hizo muchas de estas afirmaciones al final de 1800. Un auténtico pionero en lo que respecta a la comprensión occidental del yoga y del tantra. Las variaciones de *Shakti Chalana Mudra* serán exploradas más de cerca bajo el *mudra* 27, el último *mudra* de la Sección 4.

Paramahansa Yogeshvaranand enseña *Ashvini Mudra* como la contracción y expansión del ano en una posición sentada, que según él debe realizarse durante varios minutos, elevándose después rápidamente el *prana* y despertándose la Kundalini[378]. Otro importante efecto colateral de este *mudra* es su papel durante *Basti*, el enema yóguico. Antiguamente, los yoguis indios se hacían enemas en masas de agua abiertas, como los ríos, dilatando simplemente el orificio anal y luego succionando agua usando *kumbhaka* externo con *Uddiyana* externo. Cuando se

---

[377] Sir John Woodroffe, *The Serpent Power*, Ganesh & CO, Madrás, 1995, p. 207.
[378] Yogeshvaranand Paramahansa, *First Steps to Higher Yoga*, Yoga Niketan Trust, Nueva Delhi, 2001, p. 386.

ha succionado suficiente agua, se realiza un movimiento de tipo *Nauli*, y luego se expulsa el agua. Con las actuales vías fluviales contaminadas esto no puede hacerse en masas de agua abiertas. En otro orden de cosas, incluso con agua limpia, las implicaciones higiénicas de estas prácticas en masas de agua abiertas de áreas pobladas, debería considerarse. Un efecto similar se puede conseguir usando un dispositivo aplicador de enemas.

Hay opiniones contradictorias sobre si las contracciones de *Ashvini* deben realizarse durante el *kumbhaka* o durante la inhalación y relajarlas durante la exhalación o viceversa. Swami Kuvalayananda, el fundador del Instituto Kuvalayananda, argumenta que las contracciones deben iniciarse en la exhalación. Desde mi experiencia, Kuvalayananda tiene razón, pero intenta lo que sea más efectivo para ti. En qué punto del ciclo respiratorio se inicia exactamente el *mudra* no ha sido especificado en los *shastras*. Las referencias escritas con respecto a él son generalmente raras, ya que la mayoría de las escuelas yóguicas lo enseñan por tradición oral. Aparte del pasaje ya citado del *Gheranda*, el *mudra* es también mencionado en el *Jogapradipyaka* de Jayatarama, pero aquí es llamado *Samkshobhani Mudra*[379]. Jayatarama usa diferentes nombres para la mayoría de las técnicas de yoga.

TÉCNICA

Siéntate en *Padmasana* o en *Siddhasana*. Alterna la dilatación y el empuje hacia fuera del ano con su contracción y succión hacia dentro. Puedes empezar esto con la inhalación o con la exhalación. Esto se hace al principio sin *kumbhaka*. Alternativamente

---

[379] Swami Maheshananda et al (edición y traducción), *Jogapradipyaka of Jayatarama*, Kaivalyadhama, Lonavla, 2006, p. 110.

puedes también intentar a cuatro patas realizar *kumbhaka* externo con *Uddiyana* externo (succionando los contenidos abdominales hacia la cavidad torácica) y acercar el ano y el ombligo el uno hacia el otro y separarlos. Empieza practicando cualquiera de las técnicas durante un minuto al día y añade un minuto a la semana hasta que llegues a 3 minutos. Esto es suficiente a menos que practiques el *mudra* en un contexto de *Shakti Chalana*, que será cubierto en la Sección 4, *Mudra 27*.

Una práctica adicional, cuando *Vajroli Mudra* también se ha aprendido: alterna entre *Ashvini Mudra, Mula Bandha* y *Vajroli Mudra*. Realiza cada uno de los tres *mudras* contrayendo y relajando rápidamente durante un minuto antes de pasar al siguiente, empezando con *Vajroli Mudra*, luego *Ashvini Mudra*, y finalmente *Mula Bandha*.

EFECTOS

Ashvini Mudra es un complemento útil para desbloquear la Kundalini, pero es realizado así dentro del contexto de *pranayama*, de la meditación *chakra-Kundalini* y de *Shakti Chalana Mudra*. *Ashvini Mudra ayuda a establecer Mula Bandha.*

Capítulo 25
VAJROLI MUDRA
(Sello del Rayo)

El *vajra nadi* (conducto del rayo) es el *nadi* que suministra el *prana* a la uretra, la vejiga urinaria y el sistema reproductor. Dentro del yoga, *Vajroli Mudra* es uno de los temas más difíciles e insatisfactorios sobre los que escribir. Es un gran ejemplo de cómo el lenguaje crepuscular fue contraproducente. En muchos tratados en Sánscrito, se emplea el lenguaje crepuscular (*sandhya*). Lenguaje crepuscular quiere decir que hay más de un significado para una frase o selección de palabras. Uno de los significados es normalmente obvio y literal, pero conduce a malentendidos, mientras que el otro significado es a menudo metafórico, inicialmente oculto, pero refleja el significado real de la estrofa en cuestión. La razón de esto es que todas las escuelas yóguicas se envolvían a sí mismas en el secretismo para que sus enseñanzas no fueran descubiertas, diluidas y bastardeadas por los no iniciados. Debido a esta preocupación, durante milenios, las enseñanzas nunca eran escritas, y, cuando finalmente lo eran, sólo lo eran con significados dobles y ocultos, para que nadie que no había sido personalmente inducido en un linaje pudiera improvisar los métodos de las escuelas sólo porque tenía, simplemente, un manuscrito en sus manos. Esta tendencia es aún más destacada por el mandato constante en los textos medievales de mantener estos métodos en secreto a toda costa y no transmitirlos a los no iniciados, ya que de otro modo su valor se perdería.

Incluso los textos indios más importantes, los *Vedas*, no se escribieron hasta el siglo diecinueve, y sólo mediante coerción de los funcionarios del Raj británico. También la filosofía *Vedanta*, que podemos ver hoy como muy no esotérica y benevolente, no debía ser divulgada a los no ascetas hasta muy recientemente, sin invocar amenazas para su vida. La razón de este sorprendente hecho reside en la creencia de que esas enseñanzas radicales podrían agitar el orden social del día. Mansur al-Hallaj, el místico Sufí de Bagdad del siglo catorce, fue sentenciado a muerte por pronunciar la frase hoy aparentemente inofensiva "Ana-al-Haq", "yo soy la Verdad".

Uno de los ejemplos más conocidos del lenguaje crepuscular en la literatura yóguica es la afirmación del *Hatha Yoga Pradipika* de que los que comen la carne de la vaca e ingieren diariamente el licor inmortal son considerados nobleza, y aquellos que no lo hacen son una desgracia[380]. Hay, obviamente, quien se toma esto como una invitación para comer carne y consumir alcohol de forma excesiva, pero cualquier antropólogo podría confirmar que no hay un vínculo estadístico demostrado entre un estilo de vida carnívoro y el hábito de consumo de alcohol, por un lado, y la nobleza por el otro. Así que ¿qué significa entonces esta estrofa? Brahmananda explica en su comentario del *Pradipika* que la palabra *"gau"*, que normalmente significa "vaca", aquí significa lengua, y comer se refiere a "tragar" la lengua, es decir, a hacer *Jihva Bandha o Khechari Mudra*[381]. Esta técnica se hace

---

[380] Pancham Sinh, *The Hatha Yoga Pradipika*, Sri Satguru Publications, Delhi, 1991, p. 34.

[381] Kunjunni Raja (edición), *The Hathayogapradipika of Svatmarama with the Commentary Jyotsna of Brahmananda*, The Adyar Library, Madrás, 1972, p. 35.

para detener la mente y, con la mente fuente de toda corrupción ahora suspendida, la nobleza es el resultado. El líquido inmortal no es alcohol, sino el *prana* lunar que exuda del almacén lunar de *prana* adyacente al *Ajna chakra*, que es "ordeñado" mediante la práctica de *Khechari Mudra o Jihva Bandha*. Nos encontramos aquí con que el significado profundo de la estrofa es exactamente contrario al significado superficial, es decir, la estrofa sugiere apartarse de la corrupción en lugar de ir hacia ella.

El problema aquí es como la literatura Sufí de los iluminados como Hafiz u Omar Khayyam. Superficialmente, su éxtasis puede tomarse como una llamada para ser un borrachín, pero cuando los poetas Sufíes hablaban de la embriaguez, se referían a emborracharse con amor a la Divinidad, y cuando hablaban de la taberna, se referían a la comunidad de devotos o al estado en el que es vista la Divinidad. Simplemente vistieron sus enseñanzas de términos coloquiales para no ser descubiertos y perseguidos por enseñanzas espirituales heréticas. Comprensiblemente, ya que a veces eran ejecutados por estas enseñanzas.

En nuestro tema actual de investigación, *Vajroli Mudra*, el caso es más complejo y la traducción perfecta para *sandhya* aquí no sería el lenguaje crepuscular, sino el doble sentido. El término doble sentido significa una palabra o frase abierta a dos interpretaciones, una de las cuales es, a menudo, indecente, explícita, o subida de tono. *Vajroli Mudra* solía ser simplemente la misma técnica que *Ashvini Mudra*, sin embargo, esta vez aplicada a la uretra. La uretra debe ser alternativamente contraída y succionada hacia dentro, y luego dilatada y empujada hacia fuera. Esto queda claro cuando examinamos el *Hathatatva Kaumudi* de Sandaradeva, donde *Ashvini Mudra* (la contracción y dilatación del ano) es catalogada bajo el nombre *Vajroli* etapa 1, siendo *Vajroli* etapa 2 el *Vajroli* propiamente dicho, que es realizar la misma acción con la uretra[382]. La misma idea se describe en el *Jogapradipyaka* de Jayatarama, pero esta vez bajo los nombres *Bijarupini Mudra* y *Virajarupa Mudra*. Estos nombres elegantes no nos conciernen. A Jayatarama le encanta dar nombres nuevos a técnicas establecidas. Lo que importa es que, aquí también, encontramos la acción de *Ashvini Mudra* aplicada al órgano reproductor[383]. El objetivo aquí es de nuevo proteger el *prana* solar, es decir, el *prana* asociado con un órgano de acción (aquí la micción o el acto sexual) para proyectarlo de vuelta al cuerpo. Los autores medievales de los *shastras* y los escribas aprovecharon la oportunidad para aplicar el doble sentido (*sandhya*), y lo hicieron sonar como si el *Vajroli Mudra* fuera realmente la clave para los excesos carnales sin fin, mientras que al mismo tiempo avanzaba la propia espiritualidad. Ese concepto prendió como la pólvora.

Los maestros y comentaristas modernos fueron rápidos al señalar que tomar estos pasajes en su sentido literal era contrario al espíritu del yoga. Así dice Shyam Sundar Goswami que *kumbhaka* y sexo no van juntos, y que *Vajroli Mudra* debe usarse para aprovechar la energía sexual en lugar de para explotarla[384]. Dr. M. L. Gharote, en su traducción de la edición de diez capítulos del *Hatha Yoga Pradipika*, señala que las descripciones de *Vajroli* emplean el lenguaje crepuscular y

---

[382] Dr. M. L. Gharote et al (edición y traducción), *Hathatatvakaumudi*, Instituto Lonavla de Yoga, Lonavla, 2007, p. 180.

[383] Swami Maheshananda et al (edición y traducción), *Jogapradipyaka of Jayatarama*, Kaivalyadhama, Lonavla, 2006, p. 115.

[384] Shyam Sundar Goswami, *Laya Yoga*, Inner Traditions, Rochester, 1999, p. 303.

no tienen nada que ver con el sexo[385]. El *Hatha Yoga Pradipika* con el comentario *Jyotsna* señala que los términos mujer, acto sexual y fluido seminal en la descripción de *Vajroli* no pueden ser comprendidos literalmente, ya que de los yoguis se espera que se adhieran a los *yamas y niyamas*[386](códigos éticos) y que los términos se refieren a procesos místicos internos[387]. Hasta ahora todo va bien. Este proceso místico interno es exactamente el que vemos cuando Hafiz de Shiraz u Omar Khayyam habla de vino, embriaguez y la taberna.

Sin embargo, en ese punto, muchos yoguis habían ya caído en la lectura corrupta de *Vajroli Mudra* y para evitar cualquier confusión, los maestros más ortodoxos como T. Krishnamacharya afirmaron que este *mudra* no debía ser practicado para evitar que nos corrompiéramos[388]. Para comprender la advertencia de Krishnamacharya, vamos a ver una de las descripciones de Vajroli Mudra más preocupante, encontrada en *Kapala Kurantaka Yoga*[389]. La descripción empieza con instrucciones para ensanchar la uretra insertando una caña verde concreta más y más profundamente en el pene. Nos advierte de que esto

---

385 Dr. M. L. Gharote et al (edición y traducción), *Hathapradipika* of *Svatmarama (10 chapters)*, Instituto Lonavla de Yoga, Lonavla, 2006, p. Xxvi.

386 Kunjunni Raja (edición), *The Hathayogapradipika of Svatmarama with the Commentary Jyotsna of Brahmananda*, The Adyar Library, Madrás, 1972, p. 44.

387 Kunjunni Raja (edición), *The Hathayogapradipika of Svatmarama with the Commentary Jyotsna of Brahmananda* , The Adyar Library, Madrás, 1972, p. 63.

388 T. Krishnamacharya, *Yoga Makaranda*, Media Garuda, Chennai, 2011, p. 104.

389 Swami Maheshananda et al (edición y traducción), *Kapalakurantaka's Hathabhyasa-Paddhati*, Kaivalyadhama, Lonavla, 2015, p. 80.

podría generar un dolor severo y fiebre, en cuyo caso, el acto sexual con mujeres (en plural) se aconseja como remedio[390]. Luego nos dice que fabriquemos varios tubos delgados de cuerno, marfil, plata y oro y que los insertemos también en el pene para hacer su orificio más ancho, de tal modo que el aire y posteriormente el agua puedan ser succionados dentro de la vejiga urinaria (prácticamente hecho realizando *Madhyama Nauli*). Después se aplican diversas hierbas en el pene para curar las lesiones infligidas por tales acciones[391]. Con el tiempo, el deseo sexual se despierta y de nuevo se practica el acto sexual con varias mujeres[392]. Cuando, durante el coito, estás cerca de la eyaculación, el semen debe succionarse hacia dentro. Nos aconsejan elegir para tales interacciones sólo mujeres guapas locas de deseo, y, evitando a las mujeres sin pasión, elegir sólo a las apasionadas[393]. Un consejo así hace al texto un verdadero pozo de entusiasmo en la objetivación de las mujeres. En la página siguiente, nos alegramos de leer que la violación no debe entrar en la ecuación, pero, que, si hacemos las cosas bien, podemos, incluso sin recurrir a la violación, ser capaces de tener relaciones sexuales con 16 mujeres al día, sin desarrollar ningún apego hacia ninguna de ellas[394]. Entonces, ¿la fornicación en serie está

---

[390] Swami Maheshananda et al (edición y traducción), *Kapalakurantaka's Hathabhyasa-Paddhati*, Kaivalyadhama, Lonavla, 2015, p. 82.

[391] Swami Maheshananda et al (edición y traducción), *Kapalakurantaka's Hathabhyasa-Paddhati*, Kaivalyadhama, Lonavla, 2015, p. 84.

[392] Swami Maheshananda et al (edición y traducción), *Kapalakurantaka's Hathabhyasa-Paddhati*, Kaivalyadhama, Lonavla, 2015, p. 87.

[393] Swami Maheshananda et al (edición y traducción), *Kapalakurantaka's Hathabhyasa-Paddhati*, Kaivalyadhama, Lonavla, 2015, p. 89.

[394] Swami Maheshananda et al (edición y traducción), *Kapalakurantaka's Hathabhyasa-Paddhati*, Kaivalyadhama, Lonavla, 2015, p. 90.

bien siempre y cuando no pensemos dos veces en estas mujeres después? Esto se lee como el manual de un proxeneta para aspirantes a ascetas, no como un *shastra* de yoga. Deberíamos imaginar por un momento que los sexos fueran intercambiados. Le ahorraré al lector los términos vulgares que nuestra cultura dirige hacia las mujeres que muestran tal comportamiento, pero para los aspirantes espirituales masculinos, aparentemente, están bien.

Al final del *Kapala Kurantaka Yoga*, los traductores señalan que el propósito de *Vajroli* es *brahmacharya* (traducido normalmente como castidad o celibato), y destruir el deseo sexual. Cómo puede ser destruido o reducido el deseo sexual pasando primero por un proceso que implica mantener relaciones sexuales con más de una docena de mujeres al día va más allá de mi entendimiento. Los traductores señalan que *Vajroli* no tiene nada que ver con el hedonismo, pero cumple la definición de *brahmacharya* del *Kurantaka*, descrito como la habilidad para succionar la eyaculación hacia arriba (*bindorapatanam*) y también la sangre menstrual de la mujer durante el coito (*raja adyarkarshanam*). Aparte de la descripción profundamente sexista que parece utilizar a las mujeres, nos dicen que cuando el hombre yogui tiene la uretra suficientemente ensanchada y logra la succión interna de la eyaculación, puede mantener relaciones con tantas mujeres como estén disponibles. ¿¡Mientras los fluidos reproductivos sean succionados hacia arriba, el yogui masculino aparentemente no está incumpliendo *brahmacharya*!? ¡Qué conveniente! ¿Alguien más encuentra esto poco convincente? Me recuerda la racionalización del propietario de un burdel de casta alta que una vez me dijo que el *karma* negativo de la venta de sus cuerpos sólo se acumularía para las trabajadoras sexuales que trabajaban duro en su salón. Debido a que siempre dejaba que los clientes pusieran la tarifa por los actos sexuales comerciales directamente en el mostrador frente a él, sin tocarlo físicamente, el *karma* negativo supuestamente no podía transferirse al dueño del burdel. Y el propio dinero no podría tampoco transferir el *karma*. Como vemos, la teoría del *karma* puede ser modificada incluso para justificar el proxenetismo.

Si los términos semen y fluidos menstruales están realmente representando los procesos místicos internos, como algunos escritores sugieren, esto se perdió después en el texto del autor, el propio *Kurantaka*, o al menos del escriba que anotó el *Kapala Kurantaka Yoga* en su forma actual. Este texto gasta casi el 20% de su longitud en describir cómo ensanchar el conducto del pene. Esto va más allá de *sandhya*, que es normalmente aplicado en una única palabra o frase.

Para recapitular, al principio *Vajroli Mudra* era una técnica como *Ashvini Mudra*, pero aplicada a la uretra. El doble sentido (*sandhya*) fue aplicado a la descripción de *Vajroli Mudra* para hacerla más difícil de descifrar. Sin embargo, desafortunadamente, a veces, incluso los propios autores y escribas de los textos malinterpretaban esta aplicación de *sandhya* y consideraban las descripciones como si fueran literales. Luego se les ocurrió una descripción elaborada que involucraba un número creciente de mujeres y fornicaciones. El *Hathayoga Manjari* de Sahajananda, por ejemplo, describe *Vajroli Mudra* como la succión inicial de aire dentro del pene, un proceso que será después repetido con leche[395]. Luego mediante *Nauli* durante el coito la eyaculación es enviada hacia arriba, lo que abrirá el *Sushumna*. El *Hatharatnavali* de Shrinivasayogi apoya

---

395 O. P. Tiwari (publicación), *Hathayoga Manjari of Sahajananda*, Kaivayadhama, Lonavla, 2006, p. 52.

la importancia de ensanchar la uretra con un tubo, y asegura que *Vajroli Mudra* aporta éxito más rápido que el *pranayama* y la meditación[396].

El *Hatha Yoga Pradipika* empieza su descripción de *Vajroli* con la afirmación de que incluso un sensualista, evitando cualquier forma de restricción (sexual) puede tener éxito en el yoga mediante *Vajroli Mudra*[397]. ¿Por qué entonces molestarse con la restricción o moderación? Nos dicen que debemos procurarnos un ingrediente difícil de conseguir, una mujer comportándose como uno desea[398], aunque en la siguiente estrofa, el *Pradipika* afirma que *Vajroli* puede ser realizado también por mujeres. *Vajroli* es después descrito como llevar los fluidos sexuales de vuelta al interior del cuerpo durante el coito, y aquí encontramos el uso de una pipa o un tubo recomendado para ensanchar la uretra, y la práctica introductoria de succionar aire hacia dentro.

También, en el *Shiva Samhita Vasu* encontramos descrito a *Vajroli* y la idea de que, mediante él, incluso los hedonistas pueden lograr la emancipación[399]. El practicante masculino debe succionar hacia arriba por la uretra el fluido de las mujeres (otra vez en plural) durante el coito. Se recomienda ejercitar la succión primero con leche y miel y, una vez dominado esto, con los fluidos reproductores masculino y femenino, llamados *soma* y *rajas*[400]. El yogui debe luego crear la unión mística entre ambos en su cuerpo. Este pasaje pasa de describir el método

---

[396] Dr. M. L. Gharote et al (edición y traducción), *Hatharatnavali of Shrinivasayogi*, Instituto Lonavla de Yoga, Lonavla, 2009, p. 71.

[397] *Hatha Yoga Pradipika* III. 82.

[398] *Hatha Yoga Pradipika* III. 83.

[399] *Shiva Samhita Vasu* IV. 54ff.

[400] *Shiva Samhita Vasu* IV. 58-59.

como técnica sexual, por un lado, a describirlo metafóricamente como un proceso místico interno por otro. *Soma y rajas* son nombres para el *prana* lunar y solar, equilibrados para generar la precondición para que el *prana* entre en el canal central. Su equilibrio se logra normalmente mediante *pranayama*. Algunos textos han malversado la unión de *soma y rajas* como la unión de los fluidos reproductivos durante el coito. Incluso el piadoso *Dattatreya´s Yogashastra* nos advierte de abordar "con la máxima precaución" a una dama comprometida con la práctica de yoga", pero luego nos deja que nos imaginemos los detalles[401]. El texto luego se desvía hacia descripciones esotéricas opacas y nos quedamos preguntándonos qué hacer con la "dama comprometida con el yoga".

Otros textos, incluyendo el *Yoga Chudamani Upanishad*, han entendido y descrito exclusivamente la unión de *soma y rajas* como un proceso místico interno[402]. Dr. M. L. Gharote en su traducción del *Yuktabhavadeva* de Bhavadeva Mishra resume que, aparte de sus elaboradas descripciones, la práctica de *Vajroli Mudra* es sólo para los ignorantes y encaprichados[403]. Cuando aprendí los *mudras* de B. N. S. Iyengar en los años 90, el mensaje era aún más marcado. Él me enseñó que el método consistía en meter una pipa por el pene y practicar la succión de agua, leche, luego miel y, con el tiempo, el fluido genital femenino durante el

---

401 *Dattatreya´s Yogashastra* estrofas 154-155, (p. 74-75 de la edición Lonavla).
402 *Yoga Chudamani Upanishad* estrofas 57-62, (p. 209-211 en la edición Lonavla).
403 Dr. M. L. Gharote, et al, (edición y traducción), *Yuktabhavadeva of Bhavadeva Mishra,* Instituto Lonavla de Yoga, Lonavla, 2002, p. Lxxvii.

coito. Sin embargo, insistía en que era una técnica degenerada, y en que, si yo lo hacía, ¡terminaría en el infierno! En mis múltiples viajes, sin embargo, conocí muchos hombres yoguis que me dijeron que mantenían relaciones sexuales con tantas mujeres como era posible, y en estas ocasiones practicaban lo que ellos creían que era *Vajroli Mudra*. No es de extrañar entonces que en el *Gheranda Samhita* se cambiara el método a un *kumbhaka* durante la postura sobre las manos (descrito en este texto como *Vajroni Mudra* en la Sección 1, *Mudra* 3), y que algunos maestros como T. Krishnamacharya hayan desaprobado *Vajroli* por completo.

Sentí que era necesario dar espacio aquí para desenterrar la confusa historia de este *mudra*. El yoga es una gran herramienta para la transformación, pero los yoguis modernos estamos llamados a analizar autocríticamente nuestra tradición y exponer conflictos internos y malas interpretaciones. Durante la Edad Media, el término yogui en India significaba normalmente poco más que sinvergüenza, ya que los yoguis eran a menudo vistos como hechiceros cuyo objetivo principal era hipnotizar a las mujeres para obtener favores sexuales. Hay aquí algo de curación por hacer si queremos estar a la altura del potencial que ofrece el yoga.

TÉCNICA

Siéntate en *Padmasana* o *Siddhasana*. Contrae la uretra como si quisieras detener la micción. Alterna la dilatación y el empuje hacia fuera de la uretra con su contracción y succión hacia dentro. Puedes empezar con la inhalación o con la exhalación. Esto se hace al principio sin *kumbhaka*. Empieza practicando 1 minuto al día y añade un minuto a la semana hasta que hayas alcanzado los 3 minutos. Esto es suficiente, a menos que practiques el *mudra* en un contexto *Shakti Chalana*, que será cubierto en la Sección 4, *Mudra 27*.

Una práctica adicional, cuando ya hayas aprendido también *Ashvini Mudra*: alternar entre *Ashvini Mudra, Mula Bandha* y *Vajroli Mudra*. Practica cada uno de los tres *mudras* contrayendo y relajando rápidamente durante 1 minuto antes de pasar al siguiente, empezando con *Vajroli Mudra*, luego *Ashvini Mudra*, y, finalmente, *Mula Bandha*.

Cuando estés confortable en *kumbhaka* puedes insertar *Vajroli Mudra* en los *kumbhakas* interno y externo. Debes aspirar a combinar y alternar *Vajroli Mudra* con *Ashvini Mudra* en *Shakti Chalana Mudra*. Esto implicará a menudo *kumbhaka*.

EFECTOS

Vajroli Mudra proyecta el *prana* solar hacia el interior del cuerpo. Eleva el *apana*, la corriente vital descendente, ayudando a desbloquear la *Kundalini*.

Capítulo 26
PASHINI MUDRA
(Sello del Lazo)

De acuerdo con el *Gheranda Samhita* este *mudra* se realiza colocando ambas piernas detrás de la cabeza y cruzándolas detrás del cuello como si fueran un lazo[404]. De este *mudra* se dice que despierta la Kundalini y aporta fuerza. Sin embargo, el sabio *Gheranda* aconseja practicarlo con cuidado. Este es el típico ejemplo de una descripción que no tiene sentido sin ninguna instrucción adicional. Pero ¿cómo podría ser, si sólo consta de dos frases? Este *mudra* debe ser practicado sólo por los yoguis que ya son practicantes avanzados de *asana* y que dominan con gran facilidad las posturas de la pierna detrás de la cabeza. Alguien que no esté preparado por muchos años de práctica de *asana* podría romperse los discos intervertebrales de la espalda baja cuando practique este difícil *mudra*. *Pashini Mudra* se practica asumiendo *Dvipada Shirsasana* (postura con ambas piernas detrás de la cabeza), y levantándote del suelo, y luego golpeando las nalgas contra el suelo. La acción de golpear es como la que se hace en *Maha Vedha Mudra*. Para ese *mudra*, fuimos instruidos en que los muslos golpeen el suelo al mismo tiempo que las nalgas para mitigar el impacto. En *Dvipada Shirsasana* esto no es posible ya que sólo los isquiones pueden llevarse hasta el suelo. Cualquier técnica pobre o alineación subóptima significará que

---

404 *Gheranda Samhita* III. 84.

cualquier impacto causado por el golpe será absorbido por los discos de la espalda baja.

TÉCNICA

Ya he descrito *Dvipada Shirsasana* con gran detalle en *Ashtanga Yoga The Intermediate Series*[405] y he dado algunos calentamientos para mejorar la realización de las posturas de la pierna detrás de la cabeza. Pero incluso entonces, *Dvipada Shirsasana* aparece normalmente en el medio de la práctica de *asana,* cuando estás completamente caliente. Entrar en la postura más o menos frío durante la práctica del *mudra* exige un nivel diferente de práctica y una excelente apertura de las articulaciones de la cadera. Para intentar este *mudra*, debemos ser capaces de hacer las posturas de la pierna detrás de la cabeza como *Ekapada Shirshasana* y mejor incluso *Durvasasana y Viranchyasana* A[406] con ambos lados y aparente facilidad. *Pashini Mudra* está contraindicado cuando hay problemas en las articulaciones sacroilíacas, oblicuidad pélvica, lesiones previas en la espalda baja, y debilidad en los músculos del cuello y del abdomen.

Para entrar en la postura, nos sentamos en el suelo, extendiendo la pierna derecha recta y poniendo la pierna izquierda sobre el brazo izquierdo. Procederemos ahora a poner primero la pierna izquierda detrás de la cabeza y luego la derecha encima de la izquierda. La forma tradicional de hacer las posturas con ambas piernas detrás de la cabeza (incluyendo *Supta Kurmasana y Yoganidrasana*) es poner primero en posición

---

405 Gregor Maehle, *Ashtanga Yoga The Intermediate Series*, New World Library, Novato, 2009, p. 144-146.

406 Ambas son posturas difíciles de la Serie Avanzada A de Ashtanga Yoga que pueden romperte el cuello.

la pierna izquierda y luego la derecha[407]. A este respecto, las posturas con ambas piernas detrás de la cabeza siguen el mismo orden que *Siddhasana*, en la que se coloca la pierna izquierda primero.

Estas posturas entran en conflicto con la disposición en las posturas del loto, como *Padmasana y Supta Vajrasana*, donde la pierna derecha se pone primero en medio loto, y luego la pierna izquierda. La razón de que pongamos las piernas en este orden y no al contrario es acomodar la asimetría de las cavidades abdominales y torácicas. Especialmente en lo que respecta al orden de las piernas en todas las variaciones de la postura del loto, muchos *shastras* son directos. Sin embargo, T. Krishnamacharya insistía en que el orden de las piernas podía ser intercambiado para adaptarse a las necesidades individuales. Esto sería el caso si está presente un desequilibrio pélvico que hace que la realización de la postura del modo tradicional sea muy difícil.

Si la flexibilidad y la fuerza te lo permiten, pon la pierna izquierda detrás de la cabeza rotando lateralmente el muslo, usando todos los pasos y precauciones descritos para *Ekpada Shirshasana* en mi libro *Ashtanga Yoga The Intermediate Series*[408]. Esto llevaría varias páginas para describirlo, e incluso entonces, no podría emprenderse con seguridad fuera de contexto y sin preparación. Cuanto más lleves la pierna izquierda hacia abajo

---

407 Esto no se aplica en posturas en las que sólo se coloca al mismo tiempo una pierna detrás de la cabeza, como en *Ekapada Shirshasana, Kashyappasana, Bhairavasana* o *Durvasana*. Estas posturas siguen una estructura energética completamente diferente.

408 Gregor Maehle, *Ashtanga Yoga The Intermediate Series*, New World Library, Novato, 2009, p. 137-143.

detrás del cuello, más fácil será soportar el peso adicional de la segunda pierna. Será imposible llevar las dos piernas sobre la nuca, mientras que llevarlas sobre o por debajo de C7 será bastante cómodo y seguro. Sin embargo, llevar la pierna tan abajo y tan atrás del cuello requiere una flexibilidad excepcional en la cadera, que he adquirido con muchos años de sadhana. Nunca se debe "probar" a la ligera tales posturas sin adquirir antes las cualificaciones.

Mantén ahora la primera pierna en posición llevando la cabeza hacia atrás y colocando la mano izquierda en el suelo delante de ti para mantener el equilibrio. Dobla la pierna derecha rotando lateralmente el muslo, y, usando la mano derecha, coge el tobillo, o, si la flexibilidad te lo permite, la pantorrilla más cerca de la rodilla.

Exhalando, inclínate un poco hacia delante y levanta la pierna derecha por detrás del hombro y luego el tobillo derecho por detrás del tobillo izquierdo. Mantén la suficiente tensión en el cuello para que la pierna izquierda no se deslice de detrás de la cabeza. Puedes permitir esto en la etapa inicial de acostumbramiento a la postura, pero *Dvipada Shirshasana* no está ejecutada adecuadamente hasta que ambas piernas están claramente mantenidas detrás de la cabeza y puedes permanecer así mientras cuentas la respiración completa.

Llevar ambas piernas lo más abajo posible de la espalda garantizará que los hombros soporten parte de su peso, en lugar de que todo él presione la columna vertebral cervical. Cuando se haya dominado la postura, pon ambos pies en punta (flexión plantar). En las etapas iniciales, puedes preferir usar la flexión (dorsiflexión) de los pies, lo que hace más fácil enganchar el segundo pie en el primero. Sin embargo, en la versión final de la postura los pies están idóneamente en flexión plantar (en punta).

CAPÍTULO 26

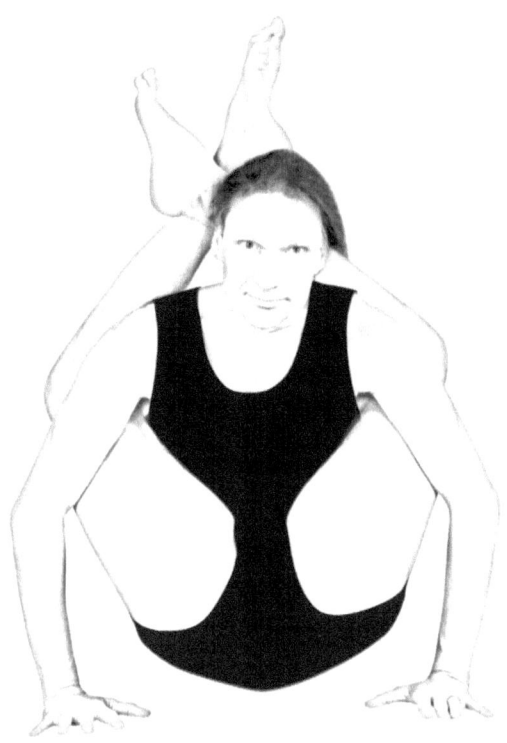

Pashini Mudra

Cuando ambas piernas se sostengan detrás del cuello, activa los extensores de la espalda y estírate todo lo que puedas. Levanta el pecho y baja el hueso púbico. Lleva la cabeza hacia atrás cuanto sea posible, lo que permitirá que las piernas se deslicen más hacia abajo. Ahora pon ambas manos en el suelo en frente de ti, e, inhalando, estira los brazos y eleva los isquiones del suelo. Intenta aquí mantener los pies en punta y respira profundamente en el pecho. Usa aquí el esfuerzo combinado de los extensores de la espalda y de los flexores del tronco para llevar los isquiones al suelo mientras que la coronilla se extiende hacia arriba, poniendo así la columna vertebral en tracción. Poner la columna vertebral en tracción, aunque al principio parezca imposible, es la clave para una postura de piernas detrás de la cabeza efectiva, ya que aumenta el espacio entre las vértebras, y así mejora el flujo de la Kundalini. La mirada es hacia la frente (*Brumadhaya Drishti*) y los que se sientan a gusto, pueden usar *Shambhavi Mudra*.

El siguiente paso es ahora golpear con los isquiones contra el suelo. Esto lo hacen tres veces los que están empezando con el método (reflejando el número de *gunas*), siete veces los que están establecidos en este *mudra* (una vez por cada *chakra*), o veintiuna veces (número de *gunas* multiplicado por número de *chakras*) los practicantes avanzados. Cuando lo hagas, debes tener precaución para no usar demasiada fuerza que pueda dañar los discos intervertebrales cervicales. Los brazos y los hombros deben ser lo suficientemente fuertes para *permitir* aterrizar suavemente. Adicionalmente, las articulaciones de la cadera deben ser muy flexibles para que la espalda baja no sea demasiado cifótica, lo que comprometería la posición de los discos lumbares y de las vértebras. En cualquier caso, sugiero realizar al principio *Pashini Mudra* en una o dos mantas dobladas para mitigar el impacto. Cuando se practica el *mudra* en una secuencia con otras prácticas, es idóneo si se hace después de la práctica de *asana y pranayama* pero antes de la meditación *chakra-Kundalini*. Este es un *mudra* poderoso, pero es cuestionable si merece la pena el riesgo para los discos lumbares. Mi consejo personal es escoger *mudras* que sean físicamente menos exigentes.

EFECTOS

Despierta la Kundalini y genera fuerza.

Capítulo 27
SHAKTI CHALANA MUDRA. (Sello de Conducción del Poder)

Shakti Chalana Mudra es un tema tan amplio que se podría escribir un libro entero sobre él. He dividido este artículo en dos secciones, una sección teórica explicando por qué practicamos ciertos métodos, y una sección práctica, describiendo lo que estamos haciendo. El término *Shakti Chalana* significa conducción de poder. ¿Qué poder debe ser conducido? Como te habrás dado cuenta, en este texto, los términos Shakti y Kundalini, cuando aparecen solos, no han sido escritos en cursiva. Todos los términos Sánscritos, aparte de los nombres de las personas o los nombres de la Divinidad, han sido escritos en cursiva. Shakti y Kundalini son ambos nombres de la Divinidad Femenina, la Diosa Madre. Ambos términos son sinónimos en gran medida, pero a menudo Kundalini es la fuerza creativa de la Divinidad Femenina elevándose en el cuerpo, mientras que el término Shakti es habitualmente usado para describir el acto de la gracia divina, que es un movimiento descendente de la misma energía. Shakti es también el nombre de la fuerza que crea y mantiene el universo entero. Cuando aprendemos o estudiamos *Shakti Chalana*, deberíamos renunciar a la idea de que manejamos sólo una cantidad limitada de energía física, relegada a nuestros pequeños cuerpos. Shakti es la Diosa Madre tal y como se manifiesta en nuestros cuerpos. En verdad, todos los cuerpos, ya sean de seres sensibles o cuerpos celestes como estrellas, galaxias, agujeros negros, toda la materia en conjunto constituye Su cuerpo.

SECCIÓN TEÓRICA

En muchas escuelas yóguicas, *Shakti Chalana Mudra* es el *mudra* más importante porque representa el enfoque individual de cada escuela, por lo general celosamente guardado, sobre la conducción del poder. *Shakti Chalana Mudra* no es habitualmente un solo *mudra*, una técnica independiente, sino que es la forma en que cada escuela secuencia las técnicas más poderosas que enseña para que la conducción del poder esté asegurada. Implica normalmente una combinación de *bandhas*, *kumbhaka*, *asana*, *kriyas* y otros *mudras*, y habitualmente *Maha Mudra* juega también un papel. Así dice el *Hathatatva Kaumudi* que el primer paso para *Shakti Chalana* es aplicar los cinco *bandhas*[409] y *Maha Mudra*[410]. Sabiendo que *Jalandhara Bandha* siempre implica una retención respiratoria, incluir *kumbhaka* es evidente ya desde el principio. El *Kaumudi* dice que el *kumbhaka* ayuda a despertar a Shakti[411] y en otro sitio, que mediante la práctica de *pranayama*, Shakti se despierta[412]. Como ya he descrito en mi texto de 2012

---

[409] El número incluye aquí a *bandhatraya*, que no es otra cosa que *Mula-Uddiyana-*, y *Jalandhara Bandha*s más *Jihva Bandha*.

[410] Dr. M. L. Gharote et al (edición y traducción), *Hathatatvakaumudi*, Instituto Lonavla de Yoga, Lonavla, 2007, p. 509.

[411] Dr. M. L. Gharote et al (edición y traducción), *Hathatatvakaumudi*, Instituto Lonavla de Yoga, Lonavla, 2007, p. 407.

[412] Dr. M. L. Gharote et al (edición y traducción), *Hathatatvakaumudi*, Instituto Lonavla de Yoga, Lonavla, 2007, p. 504.

CAPÍTULO 27

Pranayama The Breath of Yoga, la culminación del *pranayama* también se llama *Shakti Chalana Pranayama*[413], que en la mayoría de las escuelas consiste en la concentración secuencial en todos los *chakras* durante *kumbhaka* y con la aplicación de *bandhas*. Esto también es confirmado en el *Hathatatva Kaumudi*, que aconseja, entre otros enfoques, *Shakti Chalana* como un conjunto de los cinco *bandhas* más *kumbhaka* con una concentración añadida en los *chakras*[414].

También otros *mudras* son esenciales en este proceso de conducción del poder, según el *Kaumudi*, ya que, sin *mudras*, el *prana* no entrará en el *Sushumna*[415]. Theos Bernard asegura que *Shakti Chalana* sólo puede intentarse cuando se dominan todos los otros *mudras* primarios del *Hatha Yoga Pradipika*[416]. Recordemos que esta lista sólo incluía diez *mudras*, tres de los cuales son *bandhas*. Shyam Sundar Goswami acepta que este es el *mudra* más avanzado y que deben dominarse antes *Maha Mudra*, *Maha Bandha Mudra* y *Maha Vedha Mudra*[417]. Esto es así porque estos tres *mudras* son esenciales para perforar los *granthis*, sin los que *Shakti Chalana* no puede ser intentado.

Como hemos aprendido en este volumen, revertir el flujo descendente general de *apana* es uno de los objetivos principales

---

413 Gregor Maehle, *Pranayama The Breath of Yoga*, Kaivalya Publications, Crabbes Creek, 2012, p. 307ff.
414 Dr. M. L. Gharote et al (edición y traducción), *Hathatatvakaumudi*, Instituto Lonavla de Yoga, Lonavla, 2007, p. 679.
415 Dr. M. L. Gharote et al (edición y traducción), *Hathatatvakaumudi*, Instituto Lonavla de Yoga, Lonavla, 2007, p. 141.
416 Theos Bernard, *Hatha Yoga*, Rider, Londres, 1950, p. 72.
417 Shyam Sundar Goswami, *Laya Yoga*, Inner Traditions, Rochester, 1999, p. 74.

de los *mudras*. En *Shakti Chalana* necesitamos otro ingrediente importante, el fuego (*agni*). Removida por *apana* y *agni*, Shakti pronto se despierta, dice Sundaradeva[418], el autor de los *shastras*. En otro sitio añade que se debe recorrer la avenida del *prana* (el *apana* es uno de los *pranas* principales, pero el término aquí puede referirse más generalmente al *pranayama*, también), fuego y mente[419]. El término mente aquí en este contexto se aplica al empuje hacia arriba de la Kundalini por medio de la concentración mental (enfocándonos en la Kundalini y los *chakras*). Otra vez más adelante en el *Kaumudi*, Sundaradeva añade que el despertar de Shakti no tendrá lugar a menos que se haya ganado el control sobre el *prana* y el fuego (*agni*)[420].

LOS CONSTITUYENTES PRINCIPALES: *NAULI, BHASTRIKA, SURYA BHEDANA*

Vamos a ver algunos elementos de los que se compone *Shakti Chalana* normalmente. Los ingredientes principales para avivar el fuego son *Nauli, Bhastrika*, y a menudo, *Surya Bhedana*. Así dice la edición de diez capítulos del *Hatha Yoga Pradipika* que la Kundalini se despierta por la práctica diaria de *Nauli, Bhastrika y Surya Bhedana* cada una durante una hora y media[421]. Luego se usa *Shitali* para

---

418 Dr. M. L. Gharote et al (edición y traducción), *Hathatatvakaumudi*, Instituto Lonavla de Yoga, Lonavla, 2007, p. 505.

419 Dr. M. L. Gharote et al (edición y traducción), *Hathatatvakaumudi*, Instituto Lonavla de Yoga, Lonavla, 2007, p. 513.

420 Dr. M. L. Gharote et al (edición y traducción), *Hathatatvakaumudi*, Instituto Lonavla de Yoga, Lonavla, 2007, p. 562.

421 Dr. M. L. Gharote et al (edición y traducción), *Hathapradipika* of *Svatmarama (10 chapters)*, Instituto Lonavla de Yoga, 2006, p. 170.

amortiguar tanto fuego. Esto llevaría a un tiempo de práctica total de seis horas. Enumero estas prácticas extremas aquí sólo para ser completo. No son factibles si necesitas haber practicado décadas de *asana, pranayama, kriya* y meditación para fortalecerte a ti mismo contra la embestida de la fuerza creada mediante esta práctica. Mi práctica me lleva sobre cuatro horas al día, más o menos. De éstas, sólo 30 minutos están dedicados a las prácticas mencionadas y el resto es empleado en *asana*, meditación *chakra-Kundalini* y *samadhis*. Si dedicara realmente seis horas a las prácticas anteriores mi tiempo total de práctica sería de 10 horas al día. Esto es a lo que me refiero con que no es factible.

El *Hathayoga Manjari* define *Shakti Chalana* de un modo muy parecido[422]. Debemos practicar *Bhastrika* con *kumbhaka* durante una hora y cuarenta y cinco minutos, y luego hacer *Surya Bhedana* hasta que ambas fosas nasales están igual de abiertas (lo que es recomendable cuando intentas inducir el *prana* dentro del *Sushumna*), y la Kundalini se elevará. De acuerdo con el *Hathayoga Manjari, Bhastrika kumbhaka* es la forma definitiva de despertar la Kundalini. *Bhastrika* es también catalogada como el método principal en muchos pasajes del *Hathatatva Kaumudi* de Sundaradeva[423].

El *Hatha Yoga Pradipika* con el comentario de Jyotsna toma una ruta parecida[424]. Debemos practicar *Surya Bhedana y Nauli*

---

[422] O. P. Tiwari (publicación), *Hathayoga Manjari of Sahajananda*, Kaivalyadhama, Lonavla, 2006, p. 54.

[423] Dr. M. L. Gharote et al (edición y traducción), *Hathatatvakaumudi*, Instituto Lonavla de Yoga, Lonavla, 2007, p. 516, 518 y 521. .

[424] Kunjunni Raja (edición), *The Hathayogapradipika of Svatmarama with the Commentary Jyotsna of Brahmananda*, The Adyar Library, Madrás, 1972, p. 57-58.

por la mañana y por la tarde, una hora y media cada vez. Luego se usa *Siddhasana* para estimular el *Mula Bandha*, y *Bhastrika* se practica a continuación. La edición de cuatro capítulos del *Hatha Yoga Pradipika* también propugna la combinación de periodos extremos de varias horas de *Bhastrika y Nauli*[425]. El *Pradipika* luego hace hincapié en la restricción sexual, una dieta moderada, y la aplicación constante de *asana, pranayama, bandhas* y otros *mudras* para apoyar a estas prácticas extremas[426]. Encontramos otra vez la recomendación de *Nauli* en el *Hathatatva Kaumudi* de Sundaradeva, pero aquí se aconseja incluso practicar durante varios *muhurtas* (un *muhurta* es una hora y tres cuartos)[427]. La importancia de *Nauli* es también confirmada por Theos Bernard, quien recomienda practicar primero *Surya Bhedana* durante una hora y media, y luego *Bhastrika* seguido de *Nauli* durante una hora y media cada uno[428]. Bernard sigue muy de cerca al *Pradipika*. Esta es una práctica formidable, y de nuevo él confirma en el mismo texto que deben realizarse cien rondas de *Nauli*[429].

SURYA VERSUS *CHANDRA BHEDANA*

Los textos medievales de *Hatha* muestran una preferencia hacia *Surya Bhedana*[430] (más que hacia *Chandra Bhedana*) para la

---

425 *Hatha Yoga Pradipika* III. 108-115.

426 Kunjunni Raja (edición), *The Hathayogapradipika of Svatmarama with the Commentary Jyotsna of Brahmananda*, The Adyar Library, Madrás, 1972, p. 59.

427 *Hathatatva Kaumudi of Sundaradeva* XLIV. 11.

428 Theos Bernard, *Hatha Yoga*, Rider, Londres, 1950, p. 74.

429 Theos Bernard, *Hatha Yoga*, Rider, Londres, 1950, p. 303.

430 El método de *pranayama* durante el que todas las inhalaciones se

elevación de la Kundalini. Esto se debe al hecho de que *Surya*, el *nadi* solar, aumenta el fuego (*agni*), un motor para impulsar la Kundalini. Aparte de los muchos pasajes ya citados, el *Hathatatva Kaumudi* de Sundaradeva también sugiere empezar *Shakti Chalana* inhalando a través de *Surya*, la fosa nasal derecha durante 90 minutos por la mañana y por la tarde[431]. Este enfoque lo encontramos también apoyado por la edición de diez capítulos del *Hatha Yoga Pradipika*[432], y otra vez en el *Hathatatva Kaumudi* de Sundaradeva[433]. Se podrían citar muchos otros ejemplos, pero con estos será suficiente.

Sin embargo, no debemos dejarnos engañar sobre que la técnica opuesta, *Chandra Bhedana*, no se aconseje nunca. Durante *Chandra Bhedana* todas las inhalaciones se hacen por la fosa nasal izquierda, y todas las exhalaciones por la derecha. Este método invierte la disposición de *Surya Bhedana*. Así dice el *Hathatava Kaumudi* que un yogui debería siempre practicar a través de la fosa nasal izquierda, lo que controla *amrita*, el néctar de la inmortalidad[434], y que la fosa nasal izquierda es el señor de la mente. El *Kaumudi* también dice que la fosa nasal derecha conduce a un sobrecalentamiento y a las toxinas[435]. De forma

---

toman a través de la fosa nasal derecha y todas las exhalaciones se hacen a través de la fosa nasal izquierda.

431 Dr. M. L. Gharote et al (edición y traducción), *Hathatatvakaumudi*, Instituto Lonavla de Yoga, Lonavla, 2007, p. 513.

432 *Hatha Yoga Pradipika* (edición de diez capítulos) V41-42.

433 Dr. M. L. Gharote et al (edición y traducción), *Hathatatvakaumudi*, Instituto Lonavla de Yoga, Lonavla, 2007, p. 518.

434 Dr. M. L. Gharote et al (edición y traducción), *Hathatatvakaumudi*, Instituto Lonavla de Yoga, Lonavla, 2007, p. 526.

435 Dr. M. L. Gharote et al (edición y traducción), *Hathatatvakaumudi*, Instituto Lonavla de Yoga, Lonavla, 2007, p. 366.

similar, el *Khechari Vidya* de Adhinata en la estrofa II. 46 afirma que *Surya*, la fosa nasal derecha, es la portadora del veneno, mientras que *Chandra*, la fosa nasal izquierda es la portadora del néctar. Por lo tanto, se debe siempre inhalar por la izquierda y exhalar por la derecha[436]. También el *Yoga Kundalini Upanishad* enseña un enfoque de *Shakti Chalana* que implica *Chandra Bhedana, kumbhaka, Jalandhara Bandha* y *Khechari Mudra*[437]. Hay varios pasajes adicionales en el *Hathatatva Kaumudi* de Sundaradeva (XLIV. 21 & 47), que, entre otras afirmaciones, incluyen el mandato de que un yogui practique siempre a través de la fosa nasal lunar izquierda, a través de la cual fluye el néctar[438]. En el verso siguiente, estrofa 48, el *Kaumudi* sugiere que la práctica a través de la fosa nasal izquierda trae el éxito en el yoga. ¿Por qué entonces esta discrepancia entre todos estos pasajes?

Una de las desventajas del *nadi Surya* es que genera demasiado calor. Para ser justos, podemos mitigar la mayoría de ese calor mediante *Shitali* y *Kaki Mudra*. Sin embargo, podemos necesitar ya estas dos técnicas para equilibrar el exceso del calor generado mediante *Kapalabhati y Nauli*, el último de los cuales es posible que tengamos que realizar en exceso. Si tres técnicas generadoras de calor se producen juntas, incluso *Shitali* y *Kaki*

---

[436] James Mallinson (edición y traducción), *Khecarividya of Adinatha*, Indica Books, Varanasi, 2010, p. 125.

[437] Dr. M. M. Gharote et al (edición y traducción), *Critical Edition of Selected Yogopanisads*, Instituto Lonavla de Yoga, Lonavla, 2017, p. 111.

[438] Dr. M. L. Gharote et al (edición y traducción), *Hathatatvakaumudi*, Instituto Lonavla de Yoga, Lonavla, 2007, p. 519, también p. 526 estrofa XLIV. 47.

Mudra pueden no ser suficientes para equilibrar los *pitta* y *agni* exacerbados.

Para comprender cuál de ambos métodos, *Surya* o *Chandra* debemos emplear tenemos que ver cómo influyen ambos en el cerebro y la mente. Veamos primero *Surya Bhedana*. La técnica de *pranayama* mediante la que todas las inhalaciones se toman a través de la fosa nasal derecha y las exhalaciones se hacen por la izquierda potencia el almacén pránico solar, que es adyacente al *Manipura Chakra* (*chakra* del poder o del ombligo). El término "*chakra* del poder" viene del hecho de que hay dos almacenes de fuerza vital en el cuerpo, el almacén solar, asociado con el *chakra* del ombligo, y el almacén lunar, asociado con el *chakra* del tercer ojo. El almacén pránico solar y con él el *chakra* del ombligo, potencia las funciones siguientes:

1) Hemisferio izquierdo analítico.
2) Fosa nasal derecha solar.
3) Mente fundamentalista.
4) Sistema nervioso simpático.
5) Extroversión.
6) Corrientes nerviosas eferentes (de salida).
7) Motoneuronas.
8) Catabolismo (descomposición de los tejidos).

Este almacén pránico solar potencia las funciones que son más masculinas en su naturaleza que el almacén pránico lunar. Esto refleja que muchas culturas le dan al sol un género natural masculino y a la luna un género natural femenino. Ten en cuenta que muchas sociedades humanas y de primates están dominadas por los machos. Bajo el dominio del *chakra* del ombligo nuestra sociedad también se convirtió en una más orientada a la ciencia y más empírica. En nuestra cultura, se valora ser extrovertido en lugar de introvertido. La vida moderna se está convirtiendo en algo cada vez más estresante debido a la sobrecarga del sistema nervioso simpático (que activa la lucha, el reflejo de huida y congelación, mientras que el descanso y la relajación retroceden a un segundo plano). Como nuestras corrientes nerviosas eferentes (de salida) están sobrecargadas, sufrimos de falta de sueño. Se espera de nosotros que tengamos una presencia física fuerte, y las personas que no la tienen son raramente elegidas como líderes, incluso si están altamente desarrolladas ética e intelectualmente. Nuestra cultura entera es muy catabólica (descompone los tejidos, y, por extensión, cualquier estructura) y, por lo tanto, destructiva con la naturaleza y con las comunidades tradicionales. Mediante nuestras actividades insostenibles, nuestra cultura está desintegrando la totalidad de la biosfera, con muchas especies de plantas y animales que se extinguen a diario. En lugar de ser causado por el destino o estar predeterminado, el estado de desequilibrio de la humanidad moderna se ha producido a través de las elecciones culturales que hemos hecho en los últimos milenios, influenciadas por el *chakra* de poder y el *Surya nadi*. El *chakra* del ombligo y la batería pránica solar han conformado una sociedad en la que las instalaciones de producción están dominadas por los hombres, y, mientras que todo el mundo en una posición de poder cree que necesitamos disolver y diseccionar el mundo, extraer los minerales, construir fábricas y obtener beneficios (todos ellos conceptos catabólicos masculinos), la idea de que todo el planeta es un organismo vivo que debe ser nutrido (un concepto anabólico ligado a la espiritualidad femenina), un proceso que puede incidir en la rentabilidad, es aún considerado por muchos demasiado intuitivo y del cerebro derecho.

CAPÍTULO 27

Si te imaginas India hace 500 u 800 años, la tendencia solar mencionada habría sido considerada progreso innovador. Si, por ejemplo, miramos la crianza de Paramahamsa Ramakrishna (1836-1886), él creció en una sociedad que aún estaba absorta en el pensamiento mágico y místico. Lo que hoy consideraríamos criaturas de cuento de hadas eran entonces percibidas fácilmente por los campesinos indios, que estaban aún mucho más cerca de lo que consideraríamos hoy cultura indígena. En aquellos días la práctica de *Surya Bhedana* era considerada muy importante. El individuo yogui tenía que salir de la superstición, de la excesiva dependencia de la comunidad y de la opinión de los demás, e incrementar su fuerza de voluntad y disciplina. *Shakti Chalana* es un sistema bastante comparable al de un científico retirado en su laboratorio para diseñar largos experimentos, mientras que su vida social y su comunidad sufren. Sólo que, en el caso del yogui, el laboratorio consiste en el cuerpo y la psique del científico, en lugar de ser un montaje externo.

Hoy, sin embargo, después de un proceso largo de 1000 años durante los que el mundo se ha hecho más y más solar, se han cambiado las tornas. El lado oscuro del *nadi* solar significa que si éste se exacerba (es decir, demasiada carga pránica en el *nadi* solar *versus nadi* lunar), el yogui puede convertirse en una personalidad de Tipo A: ego megalómano, potencialmente fálico-narcisista y buscavidas.

Nuestras sociedades ya están dominadas por este tipo de personalidad masculina y blanca, lo que podemos observar del hecho de que más y más riqueza se concentra en menos y menos manos cada año. Mientras que escribo esto, los 100 individuos más ricos poseen tanta riqueza como el 50% de la población más pobre de la humanidad. Mientras que la desigualdad va en aumento, las masas de clase trabajadora deben trabajar cada año más horas simplemente para salir adelante. Y esto tiene lugar contra el telón de fondo de la destrucción medioambiental y de la extinción masiva de vida. Ten en cuenta que la mayoría de las actividades asesinas de la historia han sido realizadas por hombres (que son más solares), mientras que las mujeres que llevan y dan a luz una nueva vida son arquetípicamente más lunares, empáticas y orientadas a la comunidad. Esto no quiere decir que ellas no puedan también cometer atrocidades.

La exacerbación del *Surya nadi* en la humanidad nos ha hecho perseguir la competencia, la guerra, el capitalismo, y la conversión sistemática de la naturaleza y de las relaciones humanas en dinero, acercándonos cada vez más al abismo del holocausto ambiental y del ecocidio. Esto no quiere decir que no haya nunca ningún caso en el que *Surya Bhedana* no sea apropiado. Un yogui debe empezar el *pranayama* a través del *nadi* solar si sufre de una exacerbación lunar. India, durante la mayor parte de los últimos 2000 años ha sufrido una exacerbación lunar. Podríamos decir que durante los últimos 2000 años India ha sido la cultura madre lunar del planeta. Pero durante los 300 años de gobierno de Mogul y los siglos siguientes del Raj británico, India, como respuesta, se volvió cada vez más solar. Este proceso se completó cuando, tras la adquisición de la autonomía, India adoptó la ciencia occidental, el capitalismo, y, a continuación, la informática. No estoy sugiriendo que India no tuviera derecho a hacer esto; podríamos especular que tuvo que hacerlo para liberarse del colonialismo occidental. Mirando desde el punto de vista del equilibrio global, sin embargo, que la anterior cultura madre lunar del planeta se haya convertido en solar, ha acelerado radicalmente el desequilibrio global y la destrucción natural.

Ahora sólo quedan unos pocos bastiones remanentes de la cultura lunar en el planeta, las culturas más indígenas. Como resultado, el planeta se recalienta (cortesía de la exacerbación solar) y se aceleran la destrucción medioambiental y la extinción masiva de la vida. Si queremos recorrer el camino hacia la sanación y el equilibrio, debemos evitar cualquier aumento adicional del *Surya nadi*. En este caso, la mayoría de la gente necesitará practicar el *pranayama* lunar, es decir, *Chandra Bhedana*. El yoga puede hacer una contribución enorme y sanadora para conformar la sociedad futura.

Veamos ahora qué influencia tienen el *nadi* lunar y *Chandra Bhedana* en el cerebro y la mente. Cuando aplicamos este método, todas las inhalaciones se toman por la fosa nasal izquierda y todas las exhalaciones se hacen por la derecha. Este proceso carga el almacén de *prana* lunar, o la batería pránica lunar, que es adyacente al *chakra* del tercer ojo (*Ajna chakra*). La función del *chakra* del tercer ojo es femenina, nutritiva y anabólica. La batería pránica lunar potencia las siguientes funciones:

1) Hemisferio derecho holístico.
2) Fosa nasal lunar izquierda.
3) Mente relativista.
4) Sistema nervioso parasimpático.
5) Introversión.
6) Corrientes nerviosas aferentes (de entrada).
7) Neuronas sensoriales.
8) Anabolismo (construcción de tejidos).

La Kundalini puede elevarse mediante ambas fosas nasales, izquierda o derecha. Elevarla mediante la fosa nasal derecha era importante hace 500 años cuando la era de la Ilustración y la revolución científica e industrial todavía estaban por delante de nosotros. Ahora nos enfrentamos a una situación diferente que requiere soluciones diferentes. *Chandra Bhedana* activa el hemisferio cerebral holístico derecho. Esto es importante para el pensamiento global, pero también para aportar soluciones a los problemas de la sociedad moderna de manera no convencional. El hemisferio derecho del cerebro es responsable del pensamiento holístico e intuitivo. En este contexto, por ejemplo, significa que somos conscientes de que el valor de una única especie como la mariposa Monarca o el pejerrey Delta incluye todas las interacciones complejas que tiene con todas las otras especies de su biotipo, lo que en el análisis final interacciona con todos los otros biotipos del planeta. Los pequeños cambios, causados por la extinción de las especies como las mencionadas, pueden ser aceptables para el hemisferio analítico izquierdo. Sin embargo, el hemisferio derecho holístico intuitivo reconoce lo poco que sabemos. También reconoce que cada especie tiene el derecho a existir, un derecho que nosotros los humanos no tenemos derecho a invadir. El especismo, la creencia de que una especie (generalmente la humana) es superior a otra caerá, como los anteriores sexismo y racismo, una vez que el hemisferio cerebral derecho esté completamente activado. Si sobrevivimos, dentro de cientos de años miraremos nuestro especismo de hoy con la misma vergüenza y culpa con la que ahora objetamos la esclavitud. Toda vida es una emanación de la Divinidad, no sólo la vida humana.

Chandra Bhedana también cambia nuestra mente del fundamentalismo al relativismo. La frase de Sócrates, "sólo sé que no sé nada", es un epítome del relativismo. Con esta máxima, siempre estamos listos para escuchar a otros, para aprender más, y nuestra curiosidad permanece activa. Las diversas formas del fundamentalismo religioso han recibido un criticismo significativo. Lo que menos se investiga es cuánto destruye el fundamentalismo científico y económico nuestro mundo y la naturaleza. Según estas dos formas de fundamentalismo se debe primero probar cómo una política concreta reduce el CO_2 o aumenta los puestos de trabajo para que atraiga cualquier financiación. Por ejemplo, en mi país de residencia, Australia, todavía estamos destruyendo la Gran Barrera de Coral, el organismo más grande de La Tierra (y el único lo bastante grande como para ser visto desde el espacio). Hacemos esto porque la Gran Barrera de Coral proporciona menos ganancias que las gigantescas minas de carbón localizadas cerca de ella. Mientras que escribo esto, se otorgan nuevas concesiones de minería de carbón, se están dragando más canales a través del arrecife para brindar acceso a los barcos, se está construyendo un nuevo puerto de carbón gigante y, cada vez que ocurren grandes lluvias, el desagüe de las minas contamina el arrecife. Mientras tanto, las industrias obsoletas se mantienen vivas gracias a los subsidios gubernamentales, y los estudios científicos que muestran su naturaleza destructiva pierden su financiación.

La mente fundamentalista, causada por la exacerbación solar, reduce las múltiples verdades a una sola verdad. Una vez que ha hecho esto, ignora cualquier cosa que vaya en contra de esa única verdad. Cuando sufres de exacerbación solar, sigues un conjunto de reglas particularmente estrecho, como, por ejemplo, la maximización de las ganancias, y te vuelves cerrado y arrogante hacia cualquier cosa fuera de tu túnel de realidad. Entonces, puedes sostener la posición de que el chamanismo y el animismo indígenas, que mantienen que todo es una forma de espíritu y por lo tanto merece respeto y ser escuchado, es una amenaza. Mientras que en la superficie el paradigma científico puede tener todas las cartas triunfadoras ¿por qué entonces unos meros 300 años de revolución científica destruyeron la mayor parte del mundo natural y extinguieron millones de especies? ¿Por qué las culturas de los aborígenes australianos, que según el paradigma científico occidental hasta hace poco eran tratados como fauna, causaron en más de 60.000 años de asentamiento menos daño a este continente que los científicos blancos en 200 años?

La mente relativista, empoderada por *Chandra Bhedana*, sabe que sabemos poco y está siempre preparada para escuchar y aprender más. Cuando mantenemos esta apertura, pueden surgir nuevas ideas de las direcciones más inesperadas. Un descargo de responsabilidad aquí: no estoy proponiendo que debamos ignorar la ciencia occidental. El avance de la medicina occidental en cuanto a cirugía y enfermedades infecciosas no se puede discutir. Estoy argumentando contra la filosofía de la ciencia occidental, el reduccionismo materialista, es decir, el argumento fundamentalista de que sólo la ciencia occidental es el camino al conocimiento, y que todo lo que no está basado en datos empíricos no se debe tener en cuenta.

Chandra Bhedana también potencia el sistema nervioso parasimpático. Cuando le preguntaron a Paramahamsa Ramakrishna cómo entró tan fácilmente en *samadhi*, su respuesta fue "recibiéndolo totalmente". Un problema con el *nadi* solar es que te da la impresión de que el progreso sólo puede hacerse mediante disciplina, trabajo duro, práctica, fuerza de voluntad y control. Mientras que todo esto es una parte importante del yoga, lo contrario, las actitudes de receptividad y de rendición, también son necesarias para el éxito en el yoga. Esto se confirma en los *Yoga Sutra* I. 12, que dice: "la suspensión de la mente se logra mediante el medio dual de práctica y desidentificación". Patanjali habla aquí sobre la importancia del equilibrio entre los *nadis* solar y lunar.

CAPÍTULO 27

La desidentificación significa dejar de lado cualquier definición estrecha de quiénes somos. Mediante ese "dejar de lado" nos volvemos receptivos y abiertos a recibir el conocimiento que no puede obtenerse con trabajo duro. Tener la actitud de que sólo el trabajo duro y nada más dará sus frutos, nos lleva al desarrollo de creencias rígidas sobre lo que somos. No estoy diciendo que el trabajo duro no tenga su lugar. Lo tiene. Pero debemos equilibrar la disciplina y el esfuerzo, por un lado, y el descanso, la relajación, el dejar ir, la receptividad y la rendición por el otro. *Chandra Bhedana* nos puede ayudar aquí porque nos abre a recibir.

Nuestra sociedad exige de una persona exitosa que sea extrovertida, sociable, alegre, que tenga una presencia física fuerte y que esté interesada en los deportes y la competición. La prueba de personalidad corporativa de Briggs-Myers incluso encuesta a los solicitantes de empleo para conocer algunos de estos rasgos. El problema de la extroversión es que nos predispone a depender de los estímulos externos y sensoriales. El almacén pránico lunar potencia la introversión, las neuronas sensoriales y las corrientes nerviosas aferentes (las de entrada), estando las tres, como es obvio, estrechamente relacionadas. Las tres nos dirigen hacia el hecho de que la felicidad y la libertad pueden encontrarse en el interior, y puede hacerse que irradien hacia fuera desde allí y transformen nuestra personalidad. *Chandra Bhedana*, por lo tanto, nos guía para ser menos dependientes de los estímulos externos y sensoriales. Esto es un prerrequisito importante para un yoga superior. Todas las adicciones, por ejemplo, están basadas en el concepto erróneo de que la felicidad duradera y la libertad deben encontrarse fuera de nosotros. Esto es erróneo porque todo lo que está fuera de nosotros está en flujo constante, todo cambia, nada permanece. *Chandra Bhedana* vuelve el foco hacia dentro.

El almacén pránico lunar también potencia el anabolismo, la parte de nuestro metabolismo que construye los tejidos. El catabolismo, la habilidad para romper las células en sus constituyentes (que son luego reconstruidos como nuevas células por el ciclo anabólico), y el anabolismo deben tener un equilibrio en un sistema metabólico funcional. Hay también una importante dimensión mental en estos términos. Por ejemplo, mira cuánto de nuestro entretenimiento, particularmente la industria del cine y de los deportes violentos, está basado en conceptos catabólicos, es decir, los de destrucción. ¿Cuánto nos divertimos todos viendo al villano punitivamente golpeado y finalmente asesinado? Estamos enseñándonos a nosotros mismos y a nuestros hijos que la violencia y las medidas coercitivas son un aspecto viable de la resolución de conflictos. Así pues, esto influye en nuestra disposición para ir a la guerra. Recuerdo vívidamente haber visto imágenes de entrevistas del 11 de septiembre con personas en la calle gritando a la cámara: "¡Señor Presidente, manda a los bombarderos!" A dónde enviar los bombarderos no se preguntó en ese momento. No fue considerado importante. Lo importante era la obtención de una víctima sacrificial, un chivo expiatorio. En aquel momento, ninguna población étnica del mundo parecía lo suficientemente buena para completar el ciclo de la violencia retributiva. Esto se aprende a través de nuestra elección del entretenimiento y de nuestro culto a la competitividad gracias a los deportes competitivos. Esta elección del entretenimiento, con nuestra economía capitalista hiper competitiva, ha fomentado una situación en la que hoy, como sociedad, tenemos colectivamente demasiado *prana* en nuestros *nadis* solares, es decir, nuestra sociedad entera sufre de una exacerbación solar.

Colectivamente, como sociedad, debemos dirigirnos hacia la activación del componente lunar de nuestra psique, aquel que engendra la escucha, la empatía y la compasión hacia todas las especies. Sólo entonces podremos evitar el descenso al abismo del ecocidio y el holocausto medioambiental. Esto debe llevarnos a la conclusión de que hoy, para la mayoría de nosotros, *Chandra Bhedana* es más importante que *Surya Bhedana*.

Cuál de las dos técnicas realizaremos depende, obviamente, de la situación del individuo, es decir, de si el practicante individual tiende a la exacerbación lunar o solar. La prueba más fácil para esto es determinar si durante un período de 14 o 28 días respiras aproximadamente durante el mismo tiempo por la fosa nasal izquierda que por la derecha. Para hacer la prueba, cierra una de las fosas nasales con un dedo o con el pulgar y respira exclusivamente por la otra. Sé consciente de la cantidad de restricción o de libertad de flujo. Luego revierte el ejercicio y hazlo con la otra fosa nasal. Compara otra vez la restricción y congestión con respecto al flujo no restringido. Notarás que en el 99% de los casos una fosa nasal está más restringida que la otra. Percibe mentalmente cuál está abierta. Repite esta comprobación cada dos horas. Al final del periodo de 14 o 28 días compara si ambas fosas nasales estaban equilibradas o si hay un desequilibrio en una u otra dirección. Normalmente lo hay. La mayor parte de la gente moderna tiene una exacerbación solar, es decir, que la fosa nasal derecha está abierta con más frecuencia que la izquierda. En este caso, usa *Chandra Bhedana* para elevar la Kundalini. Para más detalles sobre cómo diagnosticar y equilibrar un desequilibrio lunar-solar, por favor, estudia mi texto *Pranayama The Breath of Yoga*, y especialmente, los capítulos de la purificación de los *nadis*[439] y *Chandra*[440] *Surya*[441]*Bhedana*.

¿POR QUÉ NO *NADI SHODHANA* DURANTE *SHAKTI CHALANA MUDRA*?

Los *shastras* de yoga son sorprendentemente silenciosos sobre la opción de elevar la Kundalini mediante *Nadi Shodhana Pranayama*, el método de *pranayama* que combina a ambos *Chandra y Surya Bhedana* en un único ciclo respiratorio. Aquí se inhala primero por la fosa nasal izquierda y luego se exhala por la derecha, continuando con una inhalación por la derecha y una exhalación por la izquierda. Después de esto, el ciclo empieza otra vez con una inhalación por la fosa nasal izquierda, etc. Los *kumbhakas* son realizados idóneamente después de cada inhalación y exhalación. *Nadi Shodhana* es el método preferido si no existe un desequilibrio importante de los *nadis*. Si es así, entonces la práctica de *Nadi Shodhana* se marca gradualmente, y los esfuerzos extremos y asimétricos para elevar la Kundalini se consideran innecesarios.

Como describiré con más detalle en la sección práctica, *Shakti Chalana Mudra* es una práctica extrema que debe realizarse durante un periodo de tiempo relativamente pequeño en un periodo de retiro. Sin embargo, aún así, es necesario introducir y eliminar gradualmente esta práctica extrema. Si los *nadis*

---

439 Gregor Maehle, *Pranayama: The Breath of Yoga*, Kaivalya Publications, Crabbes Creek, 2012, p. 233ff.

440 Gregor Maehle, *Pranayama: The Breath of Yoga*, Kaivalya Publications, Crabbes Creek, 2012, p. 289ff.

441 Gregor Maehle, *Pranayama: The Breath of Yoga*, Kaivalya Publications, Crabbes Creek, 2012, p. 283ff.

CAPÍTULO 27

están relativamente equilibrados, no iremos hacia el escenario de retiro, sino que intensificaremos gradualmente *Nadi Shodhana Pranayama* durante años. Este es el escenario que T. Krishnamacharya prefería y practicaba, también. Sin embargo, en una persona en la que el desequilibrio continúa persistiendo incluso después de haber hecho esfuerzos razonables por contrarrestarlo, deberíamos considerar ir a una situación de retiro. Entonces sobrecargaríamos el *nadi* opuesto a nuestra preponderancia general y elevaríamos la Kundalini en un único gran esfuerzo, realizado durante varias semanas o meses.

¿Debe preferirse uno u otro método? ¿Hay alguna ventaja significativa en elevar lenta y gradualmente la Kundalini durante años de práctica de *Nadi Shodhana*, o es la opción de retiro con una explosión de práctica intensa de *Chandra-*o *Surya Bhedana* la que debe preferirse? En realidad, no tenemos elección. Una persona con poco desequilibrio, para quien *Nadi Shodhana* es suficiente, está normalmente equipada con una personalidad poco inclinada a esfuerzos intensos y cortos de práctica. Y, generalmente, no lo necesitan, ya que es suficiente para ellos ir eliminando poco a poco los obstáculos. Pero una persona que, a pesar de los esfuerzos continúa viviendo con desequilibrios significativos, experimenta a menudo una cierta cantidad de sufrimiento en su vida. Este sufrimiento potencia la sed y el deseo de prácticas intensas. Es este impulso e intensidad lo que eventualmente hará que una persona decida que es apropiada una situación de retiro para elevar la Kundalini.

¿QUÉ POSTURA ELEGIR PARA *SHAKTI CHALANA*?

Hay una larga discusión a través de los *shastras* sobre si se prefiere *Siddhasana* o *Padmasana* para el acto presente de desbloquear la Kundalini. La diferencia de opinión refleja el hecho de dónde sitúan las diversas autoridades el también llamado *kanda* (bulbo), la sede de la Kundalini. Algunas autoridades identifican el *kanda*, el asiento de la Kundalini, con el *Muladhara Chakra*, y, en este caso, suelen preferir *Siddhasana*, que estimula el *Muladhara* con el talón izquierdo. Las escuelas que visualizan el *kanda* en el *Svadhishthana Chakra* prefieren normalmente *Padmasana*, ya que esta postura presiona el abdomen inferior con ambos talones. Shyam Sunder Goswami enseñó que el *kanda* está en el perineo (es decir, en el *Muladhara*) y, por lo tanto, recomienda *Siddhasana*[442]. Se adhiere al método tradicional de usar el talón izquierdo para estimular el *kanda* en el perineo[443]. Theos Bernard también aprendió de su maestro, el Maharishi, que *Siddhasana* es la postura preferida para elevar la Kundalini[444]. Estos maestros contemporáneos tomaron su inspiración del *siddha* Goraknath, quien en el *Goraksha Shataka* mostraba una clara preponderancia hacia *Siddhasana*.

Sundaradeva, en su *Hathatatva Kaumudi*, también muestra una preferencia por *Siddhasana*, con el *Kaumudi* sugiriendo incluso heréticamente que se coloque el talón derecho en el perineo[445]. Lo sé, esto lanza el gato de la incertidumbre entre nuestras palomas sobre el orden *shastra* perfectamente establecido, pero prefiero informar auténticamente de lo que dicen los *shastras* en lugar de simplemente

---

[442] Shyam Sundar Goswami, *Laya Yoga*, Inner Traditions, Rochester, 1999, p. 169.

[443] Shyam Sundar Goswami, *Laya Yoga*, Inner Traditions, Rochester, 1999, p. 74.

[444] Theos Bernard, *Heaven Lies Within Us*, Charles Scribner's Sons, Nueva York, 1939, p. 304.

[445] Dr. M. L. Gharote et al (edición y traducción), *Hathatatvakaumudi*, Instituto Lonavla de Yoga, Lonavla, 2007, p. 683.

omitir la evidencia que no concuerda con mis puntos de vista. Sundaradeva muestra que esta sugerencia de usar el talón derecho no es un error caprichoso o una omisión al azar, sino de nuevo un pasaje diferente recomendando la versión con el lado derecho primero de *Siddhasana*, esta vez con *Kaki-*, y *Shanmukhi Mudras*[446].

Cuando estudié los *mudras* con B. N. S. Iyengar, era claramente *Padmasana* la postura preferida, e Iyengar situaba el *kanda* en el abdomen inferior. La Kundalini debía ser estimulada con ambos talones en la postura del loto. El *Hathatatva Kaumudi* de Sundaradeva tiene ambas formas y en la estrofa XLIV. 5 confirma a *Padmasana* como la postura para *Shakti Chalana*[447]. Sundaradeva lo hace otra vez en la estrofa XLIV. 21 y en muchos otros pasajes[448]. T. Krishnamacharya también enseñó *Shakti Chalana Mudra* en *Padmasana* más que en *Siddhasana*[449]. Esto también es confirmado por el *Hatha Yoga Pradipika*, que enseña a adoptar *Vajrasana* (otro nombre para *Padmasana*), en la que el *kanda* está cerca de los talones, con los que debe ser estimulado[450]. La disputa entre escuelas de pensamiento es hasta cierto punto discutible porque ambos *chakras*, el *Muladhara* y el *Svadhishthana* son asientos de la Kundalini, así que podrían usarse ambas posturas. Esto es confirmado por Theos Bernard, que escribió que su maestro

---

446 Dr. M. L. Gharote et al (edición y traducción), *Hathatatvakaumudi*, Instituto Lonavla de Yoga, Lonavla, 2007, p. 684.

447 Dr. M. L. Gharote et al (edición y traducción), *Hathatatvakaumudi*, Instituto Lonavla de Yoga, Lonavla, 2007, p. 514.

448 Dr. M. L. Gharote et al (edición y traducción), *Hathatatvakaumudi*, Instituto Lonavla de Yoga, Lonavla, 2007, p. 519.

449 T. Krishnamacharya, *Yoga Makaranda*, Media Garuda, Chennai, 2011, p. 109.

450 *Hatha Yoga Pradipika* III. 107.

le aconsejó que ambas posturas eran adecuadas[451]. Desde mi experiencia, no hay una elección de una sobre la otra, sino que ambas posturas deben usarse activamente, ya que ambas aportan cualidades únicas a la mezcla. Mi enfoque preferido es usar *Padmasana* para todas las sesiones que implican *pranayama* y *kumbhaka*, y *Siddhasana* para todas aquellas que van enfocadas hacia la meditación *chakra-Kundalini*.

EL PAPEL DE LA MEDITACIÓN EN LOS *CHAKRAS*

Lo que nos trae al papel de la meditación en los *chakras*. Yo veo a *Shakti Chalana* y a otros *mudras* como una alternativa para aquellos quienes, por la razón que sea, rehúyen un compromiso de larga duración con un *pranayama* y una meditación en los *chakras* extensos. A lo que me refiero es al compromiso de emplear alrededor de dos horas al día al conjunto del *pranayama* y la meditación en los *chakras*, típicamente 30 minutos al *pranayama* y alrededor de 90 minutos a la meditación *chakra-Kundalini*. El compromiso de larga duración con la meditación en los *chakras* parece fácil para aquellos con una orientación más cerebral, pero puede ser desafiante para los que están más inclinados a la cinestesia. Con el *mudra* y el enfoque *Shakti Chalana* nuestro método cubre en mayor grado las necesidades de la inclinación cinestésica, es decir, la necesidad de tener sensaciones corporales como una confirmación de que algo está pasando espiritualmente. Aunque hay que estar en guardia con respecto a la necesidad de sentir una sensación cinestésica energética como confirmación de un progreso espiritual. Como se ha dicho, la Kundalini es una fuerza espiritual y no física, y sólo un cambio de comportamiento iniciado mediante experiencias

---

451 Theos Bernard, *Heaven Lies Within Us*, Charles Scribner's Sons, Nueva York, 1939, p. 301.

espirituales confirma que hemos experimentado realmente algo espiritual. Mucha gente, sin embargo, tiene una fuerte orientación cinestésica y registran o procesan con sus cuerpos. Esto puede llegar tan lejos que hay gente que no puede tener pensamientos inspiradores o realizaciones y revelaciones sin mover sus cuerpos para registrarlas o procesarlas de forma cinestésica. Tienen que casi "sentirse" en estados espirituales. En el pasado, nuestro sistema educativo en general y en el yoga en particular, ha etiquetado a menudo a estas personas como personas con problemas de aprendizaje, y les han cerrado las puertas insistiendo en el mantenimiento de una postura rígidamente congelada como campamento base para la búsqueda espiritual y cerebral. Si el yoga quiere de verdad cambiar nuestra sociedad, es el momento de rechazar estas rígidas tendencias. El punto aquí es no alentar a los estudiantes a ir más allá en esa dirección, pero tampoco desanimarlos a explorar si esa es su tendencia actual.

La práctica de *mudras* nos da la oportunidad de reducir el tiempo empleado en la meditación *chakra-Kundalini*; sin embargo, esto no quiere decir que podamos disponer de él completamente. Un mínimo de práctica de meditación *chakra-Kundalini* debe ser mantenido porque, sea cual sea el método que empleamos para desbloquear la Kundalini, deberemos usar sesiones cortas de meditación en los *chakras* para colocar y mantener la Kundalini en el *chakra* concreto requerido para nuestro objetivo particular durante esa sesión[452]. Así, por ejemplo, el *Jogapradipyaka* de

---

[452] El tipo de *samadhi* en el que entramos está determinado por el *chakra prana* que se mantiene durante nuestra práctica de *samadhi*, de forma similar al modo en el que el giro del dial de un receptor de radio determina la estación de radio. La habilidad de mantener el *prana* en un *chakra* concreto se consigue mediante la meditación *chakra-Kundalini*.

Jayatarama llama a *Shakti Chalana* con el nombre *Dravani Mudra* y lo describe consistiendo en *Khechari Mudra* (que será descrito en la Sección 5, *Mudra* 31), y en la concentración en los seis *chakras*[453]. Lo mismo es confirmado por Sir John Woodroffe, que dice que en un ritual llamado *bhuta shuddhi* (otro nombre para la meditación en los *chakras*), el ascenso y el descenso son sólo imaginados[454]. Al leer detenidamente esta peculiar redacción debemos recordar que el libro se escribió al final de 1800. Con "sólo imaginados" Woodroffe se refiere a que es un acto mental más que a un acto físico. Woodroffe afirma otra vez que la Kundalini se despierta meditando secuencialmente en los *chakras*[455]. También, Theos Bernard describe cómo durante cada *kumbhaka* pasó mentalmente por despertar la Kundalini conduciéndola a través de los *chakras* hasta que se unió con la consciencia[456].

ASHVINI MUDRA

Continuando la investigación de los constituyentes de *Shakti Chalana*, vamos ahora con *Ashvini Mudra*. Como técnica independiente, este *mudra* ya se describió en la Sección 4, *Mudra* 24. El *Gheranda Samhita* en la estrofa III.4 recomienda *Ashvini Mudra* para estimular la Kundalini en *Shakti Chalana*[457]. La conexión

---

453 Swami Maheshananda, et al. (edición y traducción), *Jogapradipyaka of Jayatarama*, Kaivalyadhama, Lonavla, 2006, p.110.

454 Sir John Woodroffe, *The Serpent Power*, Ganesh & CO, Madrás, 1995, p. 242.

455 Sir John Woodroffe, *The Serpent Power*, Ganesh & CO, Madrás, 1995, p. 206.

456 Theos Bernard, *Hatha Yoga*, Rider, Londres, 1950, p. 95.

457 James Mallinson, *The Gheranda Samhita*, YogaVidya.com, Woodstock, 2004, p. 74.

de *Ashvini Mudra* con *Shakti Chalana* es también confirmada por Yogeshvaranand Paramahansa, que aboga por este *mudra* para inducir el *prana* al interior del *Sushumna* durante *kumbkaka*[458]. Sin embargo, también recomienda la manipulación del *kanda*, que él sitúa entre el ombligo y el órgano reproductor, es decir, en el *Svadhishthana Chakra*. También sugiere el uso de ambos talones, para lo que otra vez es *Padmasana* la mejor postura. *The Serpent Power* también apoya a *Ashvini Mudra*[459]. Su autor sugiere practicar *Ashvini Mudra* combinado con *Nauli* en *Siddhasana* y *Shanmukhi Mudra*, hasta que el *prana* se manifieste en el *Sushumna*. Y Theos Bernard hace hincapié en el papel de *Ashvini Mudra* como herramienta de elección para elevar el *apana*[460]. Para que *Ashvini Mudra* tenga su máximo efecto, como pronto descubriremos, se debe practicar por turnos con *Vajroli Mudra*.

SHANMUKHI MUDRA (YONI MUDRA)

Este breve pasaje sólo cubre la relevancia de *Shanmuki Mudra* como componente de *Shakti Chalana*. Como técnica independiente, este *mudra* será cubierto en la Sección 5, *Mudra* 29. El *Yoga Chudamani Upanishad* sugiere combinar *Shanmuki Mudra*, *Vajroli Mudra* y *Ashvini Mudra* para cerrar las nueve puertas pránicas del cuerpo[461]. Las nueve puertas incluyen ojos, oídos, fosas nasales, boca, genitales y ano. A través de estas puertas el cuerpo

---

[458] Yogeshvaranand Paramahansa, *First Steps to Higher Yoga*, Yoga Niketan Trust, Nueva Delhi, 2001, p. 384.
[459] Sir John Woodroffe, *The Serpent Power*, Ganesh & CO, Madrás, 1995, p. 207.
[460] Theos Bernard, *Heaven Lies Within Us*, Charles Scribner's Sons, Nueva York, 1939, p. 299.
[461] *Yoga Chudamani Upanishad* estrofa 107.

pierde el *prana,* y los *mudras* rectifican y revierten esto. *Vajroli-,* y *Ashvini Mudras* ya están cubiertos. *Shanmuki Mudra* es una técnica en la que todos los orificios faciales se cierran con los dedos. La eficacia de *Shanmuki Mudra* en este proceso también está confirmada en *The Serpent Power* de Sir John Woodroffe[462]. Woodroffe enseña *Shakti Chalana* como un compendio de *Nauli* en *Siddhasana,* realizándose después de esto *kumbhakas* internos con *Shanmukhi-,* y *Ashvini Mudras.*

PRERREQUISITOS PARA *SHAKTI CHALANA*

Shakti Chalana no es un tema para practicantes, sino una práctica avanzada de yoga. No se debe empezar a hacer yoga con la expectación de elevar pronto a Shakti. Esto puede estar claro para algunos lectores, sin embargo, con bastante regularidad contacto con practicantes noveles con antecedentes yóguicos insuficientes, que se aventuran a estas técnicas y piden luego consejos sobre cómo manejar las fuerzas que convocaron. Para usar con seguridad *Shakti Chalana Mudra,* la preparación en tres áreas debe obtenerse de primera mano.

Lo primero es que los prerrequisitos para la práctica deben cumplirse. Estos incluyen el establecimiento en una práctica diaria de *asana, Nauli, pranayama* con *kumbhakas* internos y externos, inclusión de todos los *bandhas,* y meditación *chakra-Kundalini* con *mantras* y visualización sol/luna. Esto suena como una pregunta seria, pero muchos estudiantes que han trabajado durante algunos años con mis libros anteriores e integrado sus enseñanzas ya estarán cualificados aquí. Con respecto a *asana,* se requiere una práctica diaria larga de 60-90 minutos

---

[462] Sir John Woodroffe, *The Serpent Power,* Ganesh & CO, Madrás, 1995, p. 207.

durante varios años. Para una persona más mayor, 60 minutos son suficientes, mientras que una persona joven requiere una práctica diaria de *asana* más larga. La consistencia es más importante que la habilidad para hacer posturas elegantes. Lo más importante es el dominio de *Padmasana, Siddhasana, Shirshasana y Sarvangasana.* Es importante una práctica diaria de 3 minutos de *Nauli* y 5 minutos de *Kapalabhati,* ambas comprendidas de varios cientos de golpes. También, una práctica diaria de 3 minutos de *Bhastrika* y aproximadamente 20 minutos de *pranayamas* de respiración lenta, como *Nadi Shodhana, Chandra-,* o *Surya Bhedana*[463] es importante, preferentemente con *kumbhakas* internos y externos en el mismo ciclo respiratorio. Se requieren al menos cinco minutos de meditación *chakra-Kundalini* al día durante varios años. Son mejores, claro está, prácticas de meditación diaria más largas, pero no olvidemos que estamos explorando aquí una vía que podría reemplazar la meditación *chakra-Kundalini* extensa a largo plazo para aquellos que no están tan inclinados a ella. Estas directrices no están escritas en piedra, y son posibles las variaciones en función de las situaciones personales, pero yo, personalmente, no abordaría *Shakti Chalana* sin todos estos sistemas en su sitio. La razón principal para ello es que una vez que comienza la práctica de *Shakti Chalana,* usaremos las prácticas mencionadas como un trampolín, meseta o campamento base desde el que aventurarnos más arriba. Si estos sistemas no están en su sitio, no tendremos base desde la que despegar. Para aquellos que

---

463 Todos estos métodos fueron descritos con detalle hasta la nausea en mi texto *Pranayama The Breath of Yoga.* Como las descripciones ocupaban varios cientos de páginas, no puedo repetirlas aquí, y abreviar las descripciones haría muy poca justicia a estas magníficas técnicas.

aún dudan, citaré de nuevo al inventor no intencionado del accidente Kundalini y de los despertares de género espontáneo, Gopi Krishna, que afirmó que debíamos estar establecidos al menos en *asana, kriya y pranayama* para prepararnos para el desbloqueo de la Kundalini[464].

El siguiente prerrequisito es la preparación correspondiente para el estado de la vida, es decir, *ashrama*. Un ejemplo aclarará este punto. Si tienes que cuidar de tres niños pequeños, además de regentar un negocio mientras que haces un doctorado por otro lado, con rembolsos de hipoteca respirando por tu cuello, este no es el momento de tu vida para empezar *Shakti Chalana*. De nuevo esto puede parecer obvio para algunos, pero el valorado lector se sorprendería de oír cuántos triunfadores en exactamente la situación anterior se han acercado a mí para obtener apoyo técnico para el levantamiento de Kundalini.

Shakti Chalana es una práctica típicamente *vanaprashta*, siendo esta la tercera etapa (*ashrama*) de la vida. Preferentemente tus hijos serán autosuficientes, no tendrás deudas y podrás, por tanto, reducir tus obligaciones laborales, de tal modo que no tengas demasiadas responsabilidades. Necesitarás espacio extra en tu vida y un ancho de banda mental disponible para enfrentarte a *Shakti Chalana*. También deberás considerar que, después, tu vida puede tomar una dirección distinta. Debes tener la libertad de cambiar de dirección si se requiere, ya que, de otro modo, es posible que no haya habido un punto para comenzar con *Shakti Chalana* desde el principio. No esperes de *Shakti Chalana* que te aporte la energía para llevar un estilo de vida de gran apostador o de alto rendimiento. Podría resultar que te dirijas hacia el otro lado.

---

464 Gopi Krishna, *Kundalini The Evolutionary Energy in Man*, Shambala, Boston & London, 1997, p.130.

El tercero y último requerimiento es la preparación espiritual. El objetivo de *Shakti Chalana* es ponerte al servicio de un poder más grande que tú, es decir, ponerte al servicio de la Divinidad. Mientrás que este compromiso de entrega o rendición (*ishvara pranidhana*) es fuertemente amplificado mediante el propio proceso de *Shakti Chalana*, debe haber empezado antes. Debes saber por qué haces esto, es decir, idóneamente ya tienes una idea de qué servicio estás prestando a la Divinidad, para el que necesitas conducción del poder. No debes querer practicar *Shakti Chalana* como un experimento, es decir, con la idea: "vamos a conseguir la energía y luego veremos qué hacer con ella una vez que la tengamos". Hay peligro en usar la Kundalini para la manipulación espiritual de otros y para jugar al gurú, lo que puede suceder fácilmente si no has resuelto tus conflictos narcisistas, o simplemente quieres ser amado o que los demás reconozcan tu grandeza. Esto son asuntos comunes entre los seres humanos, pero no tienen cabida en *Shakti Chalana*. Debes entrar en la conducción del poder con una preparación para servir a la Divinidad, para servir a la naturaleza y para servir a otros, más que desear lograr grandeza y autoengrandecimiento. La clave de esto es que se ha encontrado la libertad en dar y servir para el progreso de otros. Para encontrar esta libertad en dar y servir, debes haber superado la *necesidad de recibir*. Esta actitud forma el lecho rocoso del proceso espiritual que he descrito en *How to Find Your Life's Divine Purpose-Brain Software For a New Civilization*.

SITUACIÓN DE RETIRO

Shakti Chalana no es un proceso que continue hasta el infinito, sino que es una explosión intensa y corta en la propia práctica, que posiblemente dure varias semanas o meses. No se hace permanentemente, sino sólo hasta que se alcanza el resultado deseado. Una vez que la conducción del poder ha tenido lugar, entramos en un periodo en el que estabilizamos la Kundalini, y los esfuerzos pueden ir reduciéndose gradualmente. Como ya he dicho, este escenario no es adecuado para todo el mundo. Para algunos practicantes establecerse en una práctica a largo plazo con intensidad media es más adecuado. Para otros, la mejor opción es la práctica de la conducción del poder con alta intensidad durante unas pocas semanas o meses. El escenario de retiro es más adecuado para las personas con fuerte impulso e intensidad, lo que está normalmente potenciado por un sufrimiento kármico continuo. Con esto no me refiero a los enfermos mentales, sino a los que practican lo que el místico armenio G. I. Gurdjieff llamaba sufrimiento consciente.

ELEMENTOS DE *SHAKTI CHALANA*

Estos son los elementos principales de la conducción del poder:

1) Nivel avanzado de *Nauli y Bhastrika* para generar el fuego y el aire que mueven a Shakti. Debemos empezar esta práctica con 3 minutos al día de cada una, y aumentarlas a 5, 10, 15, 20 minutos diarios de cada una. Por favor, asegúrate de que tienes todos los prerrequisitos.

2) La composición de *Maha Mudra, Maha Bandha Mudra y Maha Vedha Mudra* para perforar los *granthis*. Esto debe ir precedido de un nivel intermedio de práctica a largo plazo de *Bhastrika* combinado con *Nadi Shodhana* que incluya *kumbhakas* internos y externos.

3) *Chandra* o *Surya Bhedana* con *kumbhakas* internos y externos y todos los *bandhas*. Preferentemente esto se hace en *Padmasana*, incluyendo *Ashvini y Vajroli Mudras* hasta que

Shakti se levanta. Estimula el *kanda* en el *Svadhishthana Chakra* moviendo suavemente ambos talones.
4) Cuando Kundalini se desbloquee, usa la meditación *chakra-Kundalini* en *Siddhasana*, incluyendo *Ashvini* y *Vajroli Mudras* para consolidarla. También aquí el talón del pie de abajo es movido suavemente para estimular, en este caso, el *Muladhara Chakra* en el perineo.
5) Practica *Kaki Mudra* y *Shitali* para eliminar cualquier exceso de *agni* y *pitta*. Esto por sí solo puede llevar 15, 20 o más minutos.

ORDEN DE LAS TÉCNICAS

El orden de las técnicas no tiene que ser exactamente éste. Por ejemplo, yo practico *Nauli* todas las mañanas lo primero de todo. El *agni* generado mediante esta técnica está presente durante todo el día. Es recomendable hacer una sesión larga de *Bhastrika* justo antes de la sesión de *pranayama* principal, que implica *Chandra* o *Surya Bhedana*. La composición de *Maha Mudra, Maha Bandha Mudra* y *Maha Vedha Mudra* puede practicarse antes o después del *pranayama*. Encuentro útil practicar mi meditación *chakra-Kundalini* por la mañana temprano, justo después de *Nauli*. Así mi mente está fresca y receptiva.

Hay un buen argumento para practicar el conjunto de *Maha Mudra, Maha Bandha Mudra* y *Maha Vedha Mudra* y *Chandra* o *Surya Bhedana* con *kumbhakas* internos y externos y *Ashvini* y *Vajroli Mudras* justo después de la práctica de *asana*. Es útil llevar a cabo la sesión de *Kaki Mudra/Shitali* al final. Comprueba todos los días las sensaciones de calor y ardor o de sueño interrumpido. En este caso, *Kaki Mudra/Shitali* deben aumentarse o *Nauli* disminuirse. No permitas que un exceso de *agni* deteriore tu equilibrio mental. La enorme ventaja de usar *Chandra Bhedana* en lugar de *Surya Bhedana* es que la primera no exacerba el *agni,* mientras que la última sí lo hace. Esto significa que si escoges *Chandra Bhedana* tu práctica de *Kaki Mudra/Shitali* sólo tendrá que equilibrar el fuego extra generado mediante *Nauli.* Incluir *Shitali* también significa que no se puede practicar *Shakti Chalana* en una metrópolis con aire malo y contaminado. *Kaki Mudra/Shitali* requieren una calidad excelente del aire, es decir, que no haya polución. Si practicas *Kaki Mudra/Shitali* en aire pobre y contaminado es muy probable que contraigas una infección de garganta o de pecho. Esta es otra de las razones por las que *Shakti Chalana* se practica en situación de retiro en algún lugar de la naturaleza, porque esto te permite escoger un lugar con una excelente calidad del aire, una ventaja significativa para una práctica avanzada de *pranayama.*

NAULI

Esta es una descripción técnica simplificada de *Nauli.* Era necesario incluirlo en esta relato de *Shakti Chalana Mudra,* ya que es una parte esencial del mismo. Puedes encontrar un ensayo más extenso sobre *Nauli* en mi libro *Pranayama The Breath of Yoga*[465]. *Nauli* es la agitación de los músculos abdominales. Los abdominales rectos se aíslan y luego se inicia un movimiento ondulatorio, que primero se agita verticalmente hacia arriba y hacia abajo, luego de derecha a izquierda y luego de izquierda a derecha. El *Hatha Yoga Manjari* afirma que *Nauli a*yuda a girar los *chakras* hacia arriba[466]. Los

---

[465] Gregor Maehle, *Pranayama: The Breath of Yoga,* Kaivalya Publications, Crabbes Creek, 2012, p. 176.
[466] *Hatha Yoga Manjari of Sahajananda* II. 48.

chakras siempre están de frente a la Kundalini. En una persona que no ha despertado la Kundalini, los *chakras*, considerados como flores de loto, cuelgan con la cabeza gacha hacia abajo frente a la Kundalini en el *Muladhara (chakra* raíz). *Nauli* es un ejercicio importante para elevar la Kundalini; por lo tanto, Sahajananda, el autor del *Hatha Yoga Manjari*, afirma que ayuda a girar los lotos hacia arriba. *Nauli* tiene muchos más beneficios. Sin embargo, su discusión no es esencial en *Shakti Chalana Mudra*.

CONTRAINDICACIONES DE *NAULI*

Nauli no debe practicarse si existe hiperacidez ni tampoco hasta seis semanas después de dar a luz. Y no debe practicarse durante el embarazo ni la menstruación, o si se padece hipertensión, problemas cardiacos, úlceras, hernia o glaucoma. Debido al intenso intercambio de presión, *Nauli* no debe practicarse durante el tiempo en el que la mujer quiere concebir. Si sufres de una condición *pitta* exacerbada, haz menos *Nauli*, particularmente la etapa 1. Sin embargo, *Nauli* es parte de la parcela de técnicas usadas para purificar *pitta/agni. Nauli* se enseña en cuatro etapas. La primera etapa de *Nauli* en la literatura yóguica es llamada de diversas formas, *Agnisara* (avivar el fuego digestivo) o a veces *Uddiyana*. Como la actual técnica forma un preludio necesario para las etapas más avanzadas de *Nauli*, lo llamaré simplemente *Nauli* etapa 1.

ETAPA 1 DE *NAULI*

La acción debe realizarse con el estómago vacío y después de la evacuación de los intestinos. Es idóneo practicarlo por la mañana temprano, antes de otras prácticas de yoga como *asana y pranayama. Nauli* puede hacerse en *Padmasana* o en una postura similar de meditación, pero es más fácil aprenderlo estando de pie. Coloca los pies separados el ancho de la caderas y las manos sobre los muslos justo por encima de las rodillas. Ahora agáchate hacia adelante y mira tu abdomen. Es útil desnudar el abdomen para que veas y entiendas el efecto de tus acciones. Exhala ahora completamente, y al final de la exhalación, usa la contracción de los músculos abdominales para expulsar la última porción de aire. Bloquea y contrae la garganta, y relaja completamente los abdominales. Manteniendo la garganta firmemente contraída, realiza una inhalación falsa. Esto quiere decir que actuas como si estuvieras inhalando, pero no puedes porque la garganta está bloqueada. Se produce una expansión limitada de la caja torácica con los músculos intercostales. Eleva la caja torácica hacia la cabeza. El efecto de estas acciones combinadas es que el vacío en los pulmones succionará los mismos hacia las clavículas. Esto eleva y estira el diafragma, que succiona ahora el contenido de la cavidad abdominal dentro de la cavidad torácica, con todos los efectos de cambio de presión que esto tiene para los órganos abdominales. Comprenderás ahora que necesitas tener una salud media (no una salud pobre), y sin desórdenes importantes en los órganos abdominales y torácicos para realizar esta acción tan intensa.

CAPÍTULO 27

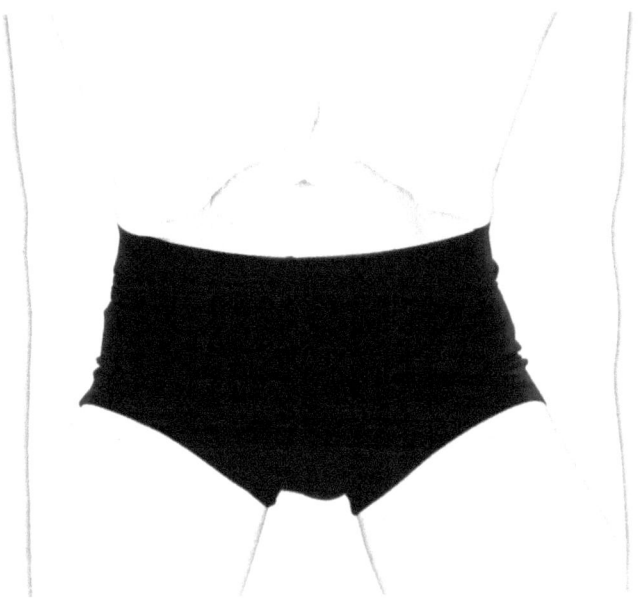

Bahya Uddiyana

Si estás cómodo y acostumbrado a los *kumbhakas* externos, libera repentinamente los músculos intercostales, el músculo dorsal ancho y el trapecio inferior y suelta la succión ascendente de los pulmones. El diafragma caerá de golpe, y los órganos abdominales volverán a su posición original. La acción se realiza sin comprometer los músculos abdominales, sino sólo mediante la creación y liberación de succión con el tórax y los pulmones. Cuando los órganos abdominales hayan vuelto a su lugar de origen, habrás completado un golpe de la etapa 1 de *Nauli*. Cuando esto se consigue, se aprende a repetir un golpe tras otro, manteniendo el *kumbhaka*, lo que generará en la pared abdominal un movimiento aleteante de onda vertical. Cuando hayas llegado al límite de tu capacidad, suelta la garganta, inhala suavemente y ponte de pie del todo. El número de golpes por *kumbhaka* es aumentado gradualmente hasta que se pueda realizar alrededor de 60 golpes en una única ronda. Durante ese proceso, no sacrifiques la amplitud de los golpes para aumentar la frecuencia. Asegúrate de que cada golpe individual es vigoroso, ya que, de otro modo, el ejercicio pierde potencia. No se recomienda un aumento rápido de golpes y rondas durante el verano, especialmente si hay ola de calor. Poco a poco, construye tu práctica hasta que puedas hacer tres rondas, cada una constituida por un *kumbhaka* externo que incluya 60 golpes de *Nauli*. Esto hace un total de 180 golpes de la etapa 1 de *Nauli*, que es parte de nuestra práctica de referencia a largo plazo desde la cual eventualmente podemos ascender a la cima de *Shakti Chalana*.

ETAPA 2 DE *NAULI, MADHYAMA*

Cuando estés firmemente establecido en tu práctica de la etapa 1, practica adicionalmente la etapa 2. La etapa 2 de *Nauli* empieza en el mismo sitio que la etapa 1. Colócate en la misma posición, exhala, bloquea tu garganta y haz una inhalación falsa para que el contenido de la cavidad abdominal sea succionado en el tórax. Sin reducir la succión así generada, presiona hacia abajo el músculo dorsal ancho, el trapecio y la parte inferior del diafragma, y presiona las rodillas con las manos. Activa ahora los dos lados de los abdominales rectos y empújalos hacia fuera mientras que sigues elevando el tórax. Comprobarás ahora que destacan los dos lados del abdominal recto, mientras que las partes más laterales de la pared abdominal frontal, donde se localizan los músculos abdominales oblicuos, están siendo succionados hacia dentro. Esto se debe a que, al empujar hacia fuera los abdominales rectos, se crea un vacío detrás de ellos. Es este vacío el que utilizaremos en *Nauli*. Al principio, haz sólo un *kumbhaka*, y lentamente aumenta hasta tres rondas, llevándote a un total de seis *kumbhakas* externos (esto incluye los tres de la etapa 1 de *Nauli*). Esta etapa de *Nauli* se llama *Madhyama* (central) porque los músculos abdominales sobresalen en el centro.

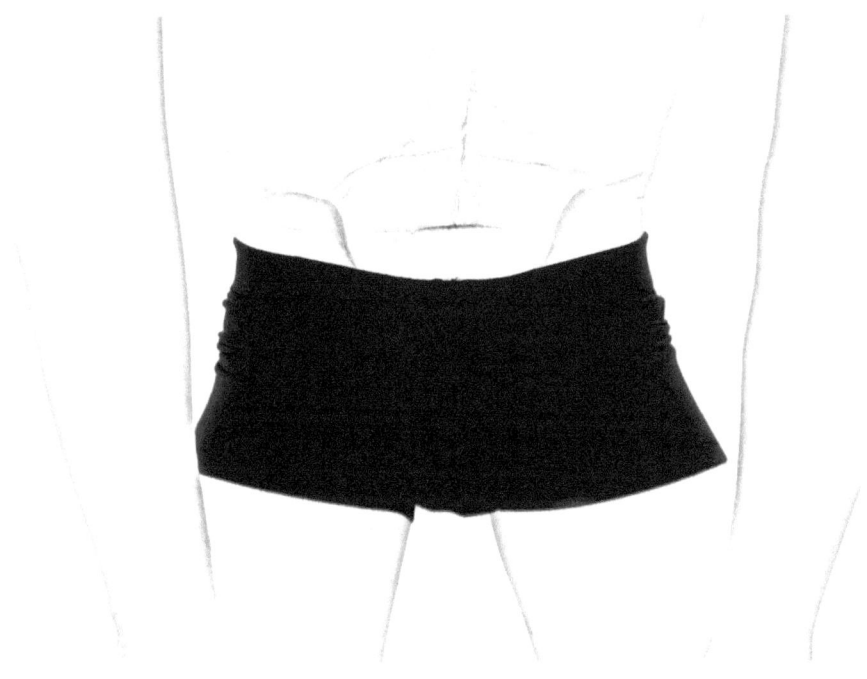

Madhyama Nauli

ETAPA 3 DE *NAULI, VAMA* Y *DAKSHINA*

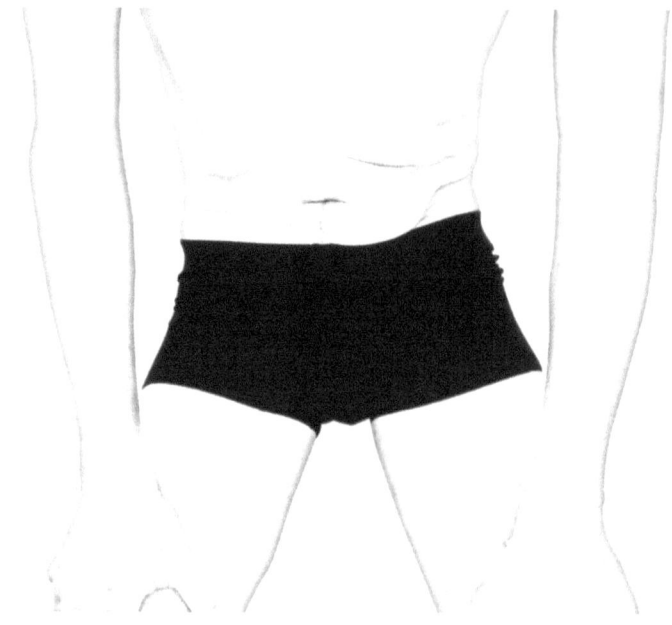

Vama Nauli

Cuando hayas practicado la etapa 2 y estés cómodo en ella, avanza a la etapa 3. La etapa 3 empieza como la etapa 2. De pie, dóblate hacia delante y haz *kumbhaka* externo con *Uddiyana* externo. Manteniendo los contenidos abdominales succionados hacia arriba, saca los abdominales rectos hacia el centro (*Madhyama*) presionando con los brazos en las rodillas, como en la etapa 2. Asegúrate de no contraer nunca los músculos abdominales empujándolos hacia afuera. Los músculos abdominales están relajados y sólo se contraen como resultado de la presión de los brazos en las rodillas. Este punto es importante ya que, de otro modo, usarás las cuatro capas de los músculos abdominales para reforzar, en lugar de aislar sólo el abdominal recto. Inclínate ahora hacia la izquierda y presiona con el brazo izquierdo la rodilla izquierda mientras relajas el brazo derecho. Puedes exagerarlo inicialmente levantando la mano derecha de la rodilla derecha. Esta acción relaja el lado derecho del abdominal recto, y notarás que el lado derecho se retrae y es succionado hacia el abdomen, sobresaliendo sólo el lado izquierdo. Esto se llama *Vama Nauli*, es decir, *Nauli* con el lado izquierdo. Mantenlo el tiempo que dure tu *kumbhaka* y sigue activando el lado izquierdo del abdominal recto empujando hacia abajo sólo la rodilla izquierda. Relaja ahora la garganta, inhala suavemente y ponte de pie del todo. Cambia ahora el lado izquierdo por el derecho y haz el ejercicio con la derecha. Primero, haz *kumbhaka* externo con *Madhyama Nauli*. Relaja luego el abdominal recto por el lado izquierdo y continua activando el abdominal recto de la derecha apoyándote con el brazo derecho en la rodilla derecha. De nuevo, manténlo durante el *kumbhaka* externo. Cuando estés acostumbrado al ejercicio, tómate tu tiempo para aislar los dos lados del músculo, repitiendo el ejercicio una o dos veces. Ahora puedes interrumpir la etapa 2 de Nauli, *Madhyama*, ya que siempre entras en *Vama* y *Dakshina Nauli* a través de *Madhyama*. En las etapas tempranas lo que es importante no es cuántas repeticiones puedes hacer, sino la intensidad y precisión del aislamiento. Continua con la etapa 1 de *Nauli* según se ha explicado anteriormente.

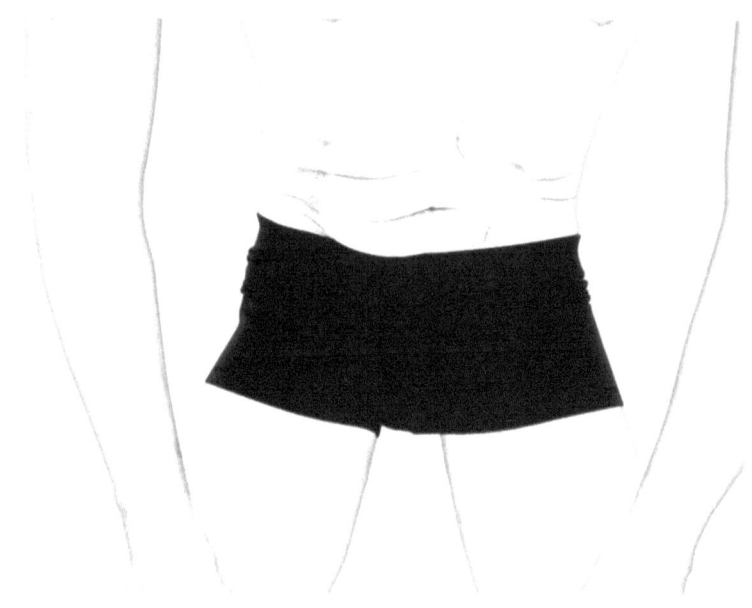

Dakshina Nauli

ETAPA 4 DE *NAULI*, ONDULANTE, VERSIÓN COMPLETA

La etapa 4 es el *Nauli* horizontal propiamente dicho. Cuando ya se haya aprendido, pueden interrumpirse las etapas 2 y 3, que sólo tienen objetivos didácticos. Sin embargo, se debe continuar con la etapa 1. Doblándote hacia delante, haz *kumbhaka* externo con *Uddiyana* externo. Activa ahora el abdominal recto por el centro, realizando *Madhyama Nauli*. A continuación, quita la presión del brazo derecho y haz *Vama Nauli*, activando el abdominal recto por el lado izquierdo. Después de que hayas aislado claramente el abdominal recto por el lado izquierdo, quita el peso de los dos brazos, relaja completamente el abdominal recto y succiona los contenidos abdominales dentro de la cavidad torácica realizando *Uddiyana* externo completo. Mantén esto durante un segundo y luego empuja con el brazo derecho y activa el abdominal recto por el lado derecho *(Dakshina Nauli)*. Esta es la primera vez que accedes a *Dakshina Nauli* directamente desde el *Uddiyana* externo y no desde *Madhyama Nauli*. Puede llevarte un par de rondas hasta que te acostumbres. Ve ahora de *Dakshina Nauli* a *Madhyama Nauli*, lo que constituye un batido. Toma una respiración y repite luego el ejercicio en el mismo orden: *Bhaya Uddiyana, Madhyama, Vama, Uddiyana, Dakshina y Madhyama*. Lo que es esencial es que mantengas adecuadamente aislada cada posición y que no te preocupes por lo rápido que puedas hacerlo.

Repite ahora el ejercicio en el orden contrario. Primero haz *Bahya Uddiyana* (externo), luego saca la parte central *(Madhyama)*; desde aquí, ve hacia la derecha *(Dakshina)*, succiona de nuevo hacia dentro con *Bahya Uddiyana*, ve hacia el lado izquierdo *(Vama)*, y vuelve al centro *(Madhyama)*. Incorpórate, toma unas cuantas respiraciones y luego haz un segundo *kumbhaka*, batiendo de nuevo hacia la derecha. Repite esto diariamente durante un tiempo, si es necesario durante varias semanas, hasta que hayas controlado todas las etapas.

Cuando puedas aislar todas las posiciones, haz dos o más batidos en un *kumbhaka*. A medida que te vuelves más eficiente y rápido en este ejercicio, notarás un movimiento ondulatorio atravesando tu abdomen. Sin embargo, no consigas este efecto perdiendo precisión. El orden de la izquierda es: *Kumbhaka, Bahya Uddiyana*, sacar *Madhyama*, luego *Vama*, luego de vuelta a *Bahya Uddiyana*, luego *Dakshina* y luego *Madhyama*; desde aquí, directamente a *Vama* y vuelta a *Uddiyana*, luego a la derecha, *Dakshina*, y vuelta al centro, *Madhyama*. Luego toma unas cuantas respiraciones y realiza otro *kumbhaka* para hacer la ondulación hacia la izquierda, realizando tantas batidas como te sientas cómodo sin perder la precisión del aislamiento. El objetivo es otra vez realizar tres *kumbhakas* o rondas, consistiendo cada una en 60 golpes, es decir, 180 golpes de *Vama Nauli* distribuidos en tres *kumbhakas*.

Haz luego la misma cantidad hacia la izquierda: *Kumbhaka, Bahya Uddiyana, Madhyama, Dakshina, Bahya Uddiyana, Vama, Madhyama, Dakshina, Bahya Uddiyana,* etc. Otra vez el objetivo vuelve a ser llegar a 180 golpes de *Dakshina Nauli* distribuidos en tres *kumbhakas*. Nuestra práctica base de *Nauli* consiste ahora en 540 golpes, distribuidos uniformemente a lo largo de la etapa 1 de *Nauli*, etapa 4 de *Vama Nauli* y etapa 4 de *Dakshina Nauli*.

BHASTRIKA

Esto es, de nuevo, una descripción técnica simplificada de *Bhastrika*, sin el cual la cuenta de *Shakti Chalana Mudra* no se habría completado. Para una descripción más extensa, por favor, consulta mi libro *Pranayama The Breath of Yoga*[467]. *Bhastrika* es una técnica de respiración rápida con el mayor volumen respiratorio, y el método de *pranayama* más poderoso. Se usa para sobrecargar el organismo entero de *prana*. Reduce y expulsa simultáneamente los tres *doshas* (humores), *vata, pitta y kapha*. Así que puede practicarse, igual que *Nadi Shodhana*, sin crear un desequilibrio en los humores. Si se introduce adecuadamente en una práctica de un yogui bien preparado, acelera rápidamente el crecimiento espiritual. Sin embargo, si se maneja mal, puede resultar completamente contraproducente.

---

[467] Gregor Maehle, *Pranayama: The Breath of Yoga*, Kaivalya Publications, Crabbes Creek, 2012, p. 263.

PRERREQUISITOS

Bhastrika es el *pranayama* más atlético. Para practicar *Bhastrika*, debes ser competente en *Kapalabhati* y *Nadi Shodhana*. También debes ser competente en una postura de meditación de alta calidad, idóneamente *Padmasana*. Cuanto mejor sea tu práctica general de *asana*, más lejos podrás llegar en *Bhastrika*. También es aconsejable ser competente en hacer inversiones largas.

CONTRAINDICACIONES

Bhastrika está contraindicado en el embarazo y la menstruación, y en casos de hipertensión, epilepsia, ictus, enfermedades cardiacas y trombosis venosa profunda. No practiques *Bhastrika* cuando las fosas nasales estén bloqueadas o casi bloqueadas. La tensión ejercida sobre los sensibles alvéolos podría eventualmente conducir a enfisema.

TÉCNICA

Para practicar *Bhastrika* debes sentarte en una postura adecuada de meditación/*pranayama* con las rodillas en el suelo, las palmas de las manos y las plantas de los pies mirando hacia arriba y la columna vertebral, el cuello y la cabeza en línea recta, preferentemente *Padmasana*. Durante *Bhastrika*, mantén el cuerpo entero absolutamente quieto. No levantes los hombros al inhalar y mantén también la cabeza firme. No balancees el torso hacia adelante y hacia atrás o de lado a lado.

Bhastrika avanzado consiste en un ciclo de respiración yóguica completa con un volumen aumentado y una velocidad acelerada. Sin embargo, para adaptarnos al aumento de volumen, inicialmente no aumentaremos la velocidad. Toma unas cuantas respiraciones para establecerte en un ciclo de respiración yóguica completa[468]. Exhala todo el aire disponible, y exhálalo desde todas las zonas del torso. Al inhalar, llena todas las zonas disponibles del torso e inhala cerca del volumen máximo (sin rebosar ni esforzarse). Presta especial atención a los lóbulos superiores de los pulmones.

El paso siguiente es añadir una onda de respiración nativa de *Bhastrika*, la onda ascendente y descendente en dos etapas[469]. Todos los métodos de respiración rápida deben ser ejercitados usando una onda en dos etapas, ya que cuando respiras rápido no puedes aislar los tres niveles del torso[470]. Empezaremos con *Bhastrika* lentamente, y te puede parecer que podrías utilizar una onda en tres etapas. Que esto es imposible se volverá evidente cuando uses frecuencias respiratorias mayores. De forma diferente a *Kapalabhati*, aquí usaremos el tórax para bramar o rugir. Esto significa que expandiremos activamente el tórax para inhalar y lo comprimiremos activamente para bombear el aire fuera. Cuando se alcanza una frecuencia respiratoria alta, parece que sólo se usa el tórax, y que el abdomen permanece estático.

Utilizando la onda ascendente y descendente en dos etapas, llena el torso desde el pubis hasta las clavículas, y luego expulsa el aire empezando por la parte superior. Para

---

468 En pocas palabras, este término se refiere a la práctica de utilizar todo el volumen de la respiración en la inhalación y la exhalación, pero al mismo tiempo respirar muy lentamente.

469 Este término se refiere a tomar la primera mitad de la inhalación en el abdomen y la segunda mitad en el tórax, y revertir este orden al exhalar, es decir, exhalando primero desde el pecho y luego desde el abdomen. Para más información véase *Pranayama The Breath of Yoga*.

470 Para todas las técnicas de *pranayama* de respiración lenta, como *Nadi Shodhana*, *Chandra Bhedana*, *Surya Bhedana* y *Shitali* se usa una onda en tres etapas, compartamentalizando tres áreas separadas del torso.

CAPÍTULO 27

aprender este movimiento sin tensar es necesario ralentizarlo. Muchos estudiantes empiezan con *Bhastrika* demasiado rápido y, por lo tanto, no lo aprenden nunca adecuadamente. Si una persona media respira unas 16 veces por minuto, cada ciclo de respiración le lleva una media de 3,75 segundos.

Sugiero empezar con *Bhastrika* por debajo de eso, con respiraciones de 6 segundos (es decir, 3 segundos de inhalación y 3 segundos de exhalación), de tal modo que sólo harás 10 respiraciones por minuto. Si esto se combina con el hecho de que usas casi el máximo de tu volumen respiratorio, después de 90 segundos o 15 respiraciones, sentirás ya un efecto claro.

Al principio, incluso sólo 15 respiraciones con un volumen tan grande puede hacer que te marees, un signo de que el *prana* está entrando en la cabeza. Hay dos formas de evitar eso. Una es no respirar hasta las clavículas. En lugar de esto, puedes respirar hasta la tercera o cuarta costilla. Hazlo así hasta que el mareo cese. El otro método es contraer ligeramente la garganta, como si estuvieras haciendo *Ujjayi*, pero en menor grado. Este método, sugerido por Swami Sivananda, limitará el volumen de aire respirado y evitará así el mareo[471]. Su inconveniente es que genera tensión en los alveolos. Encontré este método útil para *Bhastrika* al principio, pero la garganta debe contraerse sólo ligeramente, con la respiración apenas discernible por el oído. También, para evitar la tensión en los alveolos, es preferible que este método desaparezca cuando tu organismo se haya adaptado al aumento de oxígeno y a la disminución de la cantidad de dióxido de carbono en la sangre.

Si cada ciclo respiratorio debe ser de 6 segundos, cada inhalación y cada exhalación durarán 3 segundos. Mientras que en circunstancias normales puede no ser tan difícil cronometrar

---

[471] Swami Sivananda, *The Science of Pranayama*, BN Publishing, 2008, p. 79.

un ciclo de respiración en exactamente 6 segundos, te encontrarás con una historia totalmente diferente cuando experimentes la embestida de enormes cantidades de oxígeno. Creo que el uso de un metrónomo hace que Bhastrika sea mucho más accesible, y te permite replicar un ejercicio determinado todos los días bajo condiciones similares sin muchas fluctuaciones. Si se ajusta el metrónomo a 20 toques por minuto, habrá un toque por cada inhalación de 3 segundos y un toque por cada exhalación de 3 segundos. Me parece que este es un buen ajuste inicial, que permite distribuir el volumen respiratorio uniformemente en los 3 segundos.

Para algunos estudiantes, será suficiente hacer 10 respiraciones completas con gran volumen de esta manera para alcanzar su capacidad. Si es así, quédate en este nivel pero haz el ejercicio todos los días. Otros estudiantes estarán cómodos con 15 respiraciones. No vayas más allá de la marca de 2 minutos en los primeros días. Al principio, los músculos intercostales pueden doler, y debes prepararlos lentamente para este vigoroso ejercicio. En la segunda semana, puedes llegar a 2,5 minutos de práctica, en la tercera semana a tres minutos, pero también puedes progresar mucho más lentamente si lo prefieres. En este punto temprano, el límite de una sesión ininterrumpida de *Bhastrika* debe ser de 3 minutos.

Cuando puedas practicar 3 minutos de *Bhastrika* con una duración del ciclo respiratorio de 6 segundos, hay varias formas de intensificar la práctica. El primero y más evidente es expandir el volumen respiratorio respirando más en el pecho y asegurándote de que todo el aire es exhalado después. El segundo paso es aumentar la frecuencia respiratoria. En una frecuencia respiratoria de 10 respiraciones por minuto, estamos ante una práctica de *Bhastrika* muy introductoria. Sugiero

CAPÍTULO 27

incrementarla lentamente y paso a paso. Debes tener un maestro que compruebe tus progresos y determine si estás listo para aumentar la velocidad.

El siguiente paso es aumentar la frecuencia respiratoria durante el bramido. Hasta ahora, hemos trabajado con una duración del ciclo respiratorio de 6 segundos, dejando 3 segundos para cada inhalación y exhalación, respectivamente. Esto equivale a 20 toques del metrónomo por minuto. Cambia ahora el metrónomo a 21 toques. Esto reduce el ciclo respiratorio de 6 a aproximadamente 5,7 segundos, y quiere decir que puedes, por ejemplo, ajustar a 10,5 ciclos de respiración en lugar de sólo a 10 en 1 minuto. Esto es sólo un pequeño incremento, pero si continúas a este nivel, tus aumentos eventualmente se convertirán en una práctica increíble, mientras que de lo contrario, podrías interrumpir tu práctica por una razón u otra. Lo que es importante es que no sacrifiques el volumen respiratorio por la velocidad; de otro modo, no tiene sentido aumentar la frecuencia respiratoria. Mantén tu volumen y aumenta la velocidad en pequeños incrementos. Si aún no estás listo para aumentar la cuenta, quédate aquí y espera hasta que puedas acelerar otra vez la frecuencia respiratoria. Ajustando el metrónomo a 22 toques por minuto, cada inhalación o exhalación será ahora de 2,73 segundos de duración, y un ciclo respiratorio completo será de 5,45 segundos. Podrás ajustar ahora a 22 respiraciones de volumen completo en 2 minutos, o a 11 en un minuto. Esto es aún muy lento para *Bhastrika*, pero debes acostumbrarte a esta poderosa práctica antes de acelerar demasiado rápido.

Muy lentamente, a lo largo de meses de práctica, aumenta la frecuencia de la respiración hasta llegar a 60 golpes/respiraciones por minuto, e incrementa en consecuencia la cuenta de la respiración. La cuenta respiratoria máxima para *Bhastrika* se dice que es de 120 golpes por minuto, pero yo creo que esto es poco realista a menos que permitas que la respiración se vuelva superficial. Esto, de todos modos, será contraproducente. El arte está en incrementar gradualmente la velocidad manteniendo el volumen respiratorio. Cuando usamos *Bhastrika* en una práctica convencional de *pranayama* combinada con *kumbhakas*, se brama durante 2 minutos y luego se realiza una sola ronda de respiración nasal alterna combinada con *kumbhakas*. Repetiríamos este ciclo varias veces. Otra forma poderosa de usar *Bhastrika* es practicarla durante 3-5 minutos justo después de *Kapalabhati,* y luego hacer una sesión extensa de *Nadi Shodhana* o de uno de sus medio ciclos con ambos tipos de *kumbhakas*. Esta es la forma en que yo prefiero usar *Bhastrika.* En el caso actual en el que usamos *Bhastrika* como un elemento de *Shakti Chalana,* sin embargo, usaremos una única e ininterrumpida sesión de mamut de *Bhastrika* para suministrar el elemento aire al fuego que ya está presente, acumulado mediante *Nauli.* Podríamos empezar otra vez desde una práctica base de *Bhastrika*, que puede ser de 5 minutos de bramido ininterrumpido a aproximadamente 60 golpes o pulsaciones por minuto. Se requieren varios años de práctica para alcanzar este nivel. Cuando se ha alcanzado este nivel, la práctica puede aumentar rápidamente en una situación de retiro de varias semanas o meses de duración. Se debe ser sensible para no exceder la capacidad propia y ajustar adecuadamente los otros componentes (*Nauli, Maha Mudra, Shitali, kumbhaka,* meditación *chakra-Kundalini,* etc.) para alcanzar el efecto deseado. Un buen indicador de la propia capacidad es vigilar si hay deterioro de la calidad del sueño, dolores de cabeza, agitación, falta de energía, etc.

SECCIÓN 5:

SAMADHI MUDRAS

Necesito empezar esta sección con un atenuante. A pesar de su nombre extravagante, *Samadhi Mudras*, este grupo de *mudras* logrará poco en una persona cuya mente no gravita ya hacia *samadhi*, una cualidad generada mediante una *sadhana* continua. Los *mudras* de este grupo carecen de propensión alguna para conducirnos a *samadhi*, si la mente del practicante que los usa no gravita ya hacia *samadhi*. Esa gravitación es común en el tipo de mente denominado *nirodha* (suspendida). Como afirman los *Yoga Sutra*: "sólo una práctica de larga duración, ininterrumpida, con una actitud devocional, puede tener éxito" [en el cultivo de *samadhi*][472]. En un novato estos *mudras* pueden hacer poco o nada, mientras que cuando son utilizados por un alma antigua, el ímpetu que aportan puede ser suficiente para empujarnos al borde de *samadhi*[473]. He descrito las cualidades de los ocho *samadhis* de Patanjali en mi texto de 2015 *Samadhi The Great*

---

[472] *Yoga Sutra* I. 14.

[473] El término "alma antigua" es una forma abreviada de describir a una persona que ha madurado a través de su *sadhana* a lo largo de muchas vidas.

Freedom. Profundizar aquí en ellos va más allá del alcance de esta investigación.

El enfoque que dan los *Yoga Sutra* a los ocho miembros, incluido el *samadhi*, es el de describir su resultado, pero no el método exacto por el cual se logra este resultado. El método exacto debía ser completado por cada escuela particular de yoga. Esto ha llevado a muchos malentendidos. Algunos creen que no existe ningún sistema complejo de *asana, pranayama* o meditación subyacente a los *Yoga Sutra*, ya que Patanjali no lo describe. Sin embargo, él no describe ningún método simplemente porque no está dentro del alcance de un texto que sólo comprende 195 estrofas. Se requeriría un texto mucho más grande. En el *Gheranda Samhita* se muestra un acercamiento diferente. En el capítulo 7 de este texto, se enumeran los seis *samadhis*, pero el sabio Gheranda no los diferencia según su nivel de profundidad o contemplación, sino de acuerdo con el tipo de vía de acceso[474]. Las seis formas de acceso a *samadhi* son las siguientes:

1) *Dhyana* Yoga mediante *Shambhavi Mudra*.
2) *Nada* Yoga mediante *Bhramari Mudra*.
3) *Rasananda* Yoga mediante *Khechari Mudra*.
4) *Laya* Yoga mediante *Yoni Mudra* (nombre alternativo de *Shanmukhi Mudra*).
5) *Bhakti* Yoga.
6) *Kumbhaka* (retención respiratoria).

De éstas, he cubierto ya el *kumbhaka* en mi texto anterior *Pranayama The Breath of Yoga*. Tengo intención de cubrir el tema del *Bhakti* Yoga en un volumen posterior. *Shambhavi Mudra* ha

---

474 *Gheranda Samhita* VII. 5-6.

sido descrito en la Sección 3 del presente texto. Este *mudra* puede también servir como una técnica independiente para inducir *samadhi* en una mente que ya gravita hacia él. Sin embargo, su papel como uno de los principales *pratyahara mudras*, que apoya a las técnicas de meditación y de *pranayama*, es tan esencial que debió ser cubierto en esa sección. Sin embargo, describiré aquí una extensión de *Shambhavi Mudra*, llamada *Jyoti Mudra*, que rara vez se duplica como un *pratyahara mudra*.

Esto nos deja por cubrir en esta sección los siguientes *mudras: Bhramari Mudra, Shanmukhi Mudra (Yoni Mudra), Jyoti Mudra y Khechari Mudra.*

Capítulo 28
BHRAMARI MUDRA
(Sello de la Abeja Negra)

Como ya he mencionado, este *mudra* es catalogado en el *Gheranda Samhita* como una de las vías de acceso a *samadhi*. Muchos otros textos catalogan esta técnica no entre los *mudras*, sino en la sección de *kumbhakas*[475]. Si lo hacen así, llaman entonces al método *Bhramari Kumbhaka*. El *Kapala Kurantaka Yoga* menciona la técnica brevemente bajo el nombre de *Bhramari Kumbhaka* y sólo dice sobre ella que debemos hacer el sonido de una abeja en la inhalación[476]. El *Kumbhaka Paddhati* de Raghuvira en la estrofa 169 da una descripción muy precisa de *Bhramari Kumbhaka* con retención respiratoria[477]. Debemos inhalar rápidamente, produciendo el sonido de la abeja negra, y exhalar lentamente, produciendo otra vez el mismo sonido, con retención respiratoria intercalada. El *Hathatatva Kaumudi* de Sundaradeva, en la estrofa X.18 da más detalles[478]. Define *Bhramari* como una in-

---

[475] Los textos de *Hatha Yoga* suelen referirse a las técnicas de *pranayama* como *kumbhakas* más que como *pranayamas*. Esta tendencia persiste hasta cierto punto entre los ascéticos hindúes contemporáneos.

[476] Swami Maheshananda et al (edición y traducción), *Kapalakurantaka's Hathabhyasa-Paddhati*, Kaivalyadhama, Lonavla, 2015, p. 78.

[477] Dr. M. L. Gharote, *Kumbhaka Paddhati of Raghuvira*, Instituto Lonavla de Yoga, Lonavla, 2010, p. 56.

[478] Dr. M. L. Gharote et al (edición y traducción), *Hathatatvakaumudi*, Instituto Lonavla de Yoga, Lonavla, 2007, p. 126.

halación enérgica, produciendo el sonido de la abeja macho, combinada con una exhalación muy lenta que emula el sonido de la abeja hembra. Nos estamos acercando ahora, pero todavía no hemos escuchado cómo se produce ese sonido. La edición de diez capítulos del *Hatha Yoga Pradipika* nos aporta finalmente esta pista perdida[479]. Mientras que la estrofa IV.59 da la misma información con respecto a la inhalación enérgica/abeja macho, *versus* exhalación lenta/abeja hembra, aprendemos en las notas a la estrofa que se produce un sonido nasalizado como el que se produce en la palabra "ganga" durante la inhalación y la exhalación[480]. En su propio libro, *Pranayama,* el Dr. Gharote recomienda pronunciar un sonido como en la palabra inglesa "king" para producir el sonido de la abeja durante la inhalación y exhalación[481]. He experimentado con varios sonidos "ng" y casi todos funcionan, siempre y cuando sean nasalizados. Sin embargo, nuestra técnica *Bhramari* está aún incompleta. En las estrofas V.73-77 del *Gheranda Samhita* encontramos a *Bhramari* descrito como un *kumbhaka* en el que los oídos se tapan con ambas manos[482]. Entonces debemos escuchar los sonidos interiores (*nadanusandhana*), que inducirán *samadhi.* La asociación de

---

479 Dr. M. L. Gharote et al (edición y traducción), *Hathapradipika* of *Svatmarama (10 chapters),* Instituto Lonavla de Yoga, 2006, p. 92.

480 Dr. M. L. Gharote et al (edición y traducción), *Hatharatnavali of Shrinivasayogi*, Instituto Lonavla de Yoga, Lonavla, 2009, p. 50.

481 Dr. M. L. Gharote, *Pranayama: The Science of Breath*, Instituto Lonavla de Yoga, Lonavla, 2003, p. 75.

482 James Mallinson, *The Gheranda Samhita*, YogaVidya.com, Woodstock, 2004, p. 107-8.

Bhramari con la escucha del sonido interior también es mencionada en el *Jogapradipyaka* de Jayatarama[483].

TÉCNICA

Como estamos usando aquí la técnica simplemente como un *mudra* para inducir *samadhi* más que como una técnica de *pranayama* en toda regla, no debemos preocuparnos de la parte del *kumbhaka*. Las escrituras están de acuerdo en que el *mudra* consiste en la producción del sonido de la abeja negra macho durante la inhalación y de la abeja negra hembra durante la exhalación. Esta es una técnica muy diferente de *Ujjayi*, un sonido sibilante o susurrante que se produce cerrando ligeramente la glotis. En *Ujjayi* se evita la contracción de las cuerdas vocales. Sin embargo, aquí en *Bhramari* se comprometen las cuerdas vocales. Empecemos con la exhalación; es mucho más fácil. Haz un sonido nasalizado "ng", como el que se produce en "ganga", o al final de la palabra francesa "garçon", o al final de las palabras inglesas "gong" o "king". En sánscrito, este sonido se llama *anushvara*, que quiere decir nasalización. Se entona el sonido usando como pista una de las palabras anteriores y luego se continúa tarareándola a lo largo de la exhalación. Este es el sonido de la abeja hembra.

---

[483] Swami Maheshananda, et al. (edición y traducción), *Jogapradipyaka of Jayatarama*, Kaivalyadhama, Lonavla, 2006, p.101.

MUDRAS SELLOS DEL YOGA

Bhramari Mudra

Cuando se ha completado la exhalación, continua el sonido "ng", pero esta vez inhalando enérgicamente. El sonido continuará sólo si aspiras rápidamente el aire, lo que significa que no podrás sostenerlo por mucho tiempo porque los pulmones se llenarán rápidamente. Cuando produzcas el sonido, notarás que tiene un tono mucho más alto. Este representa el sonido de la abeja negra macho. El sonido de la abeja negra macho es más débil que el de las hembras. Esto podría deberse a que las hembras hacen todo el trabajo duro manteniendo la colmena, mientras que los machos sólo funcionan como mujeriegos. No creo que podamos extrapolar este estado de cosas a la especie humana en general, o a los yoguis en particular, aunque he visto evidencia anecdótica de eso.

Tápate los oídos con los pulgares, pon los dedos índices en la frente para la resonancia, y pon el resto de los dedos sobre los ojos cerrados y los pómulos. Produce ahora el sonido continuamente en la inhalación y la exhalación, mientras que mantienes bloqueada cualquier impresión visual o auditiva. Para practicar el *mudra* durante un periodo extenso, puede ser de ayuda sentarse en el suelo y descansar los codos en una silla o en una mesa baja en frente de ti para que no se te cansen los brazos.

Concentra tu mente completamente en este sonido y sigue el sonido hacia dentro, dejando ir cualquier concepto y recuerdo del mundo exterior. Siguiendo el sonido hacia el interior hasta el centro de tu ser, los recuerdos del mundo se desprenderán rápidamente, y llegarás a un estado del ser puro y primordial. Obviamente, esto depende de si la fuerza de introversión e internalización de la mente es ya fuerte. La mayoría de las prácticas yóguicas son preparaciones para ese estado y este *mudra* es un buen indicador de lo lejos que hemos llegado. Por sí mismo, *Bhramari Mudra* sólo funcionará si ya existe una fuerte preponderancia kármica o subconsciente para la internalización.

Otra forma de practicar el *mudra* durante un tiempo largo es la de usar tapones para los oídos en lugar de los pulgares, y, en vez de usar los dedos para cerrar los ojos, se puede mirar a la salida de la luna llena. La luna es el símbolo del *prana* lunar- el poder que internaliza y revierte la mente hacia el interior. Este método funciona también para aquellas personas que encuentran difícil progresar en yoga debido a una excesiva extroversión.

Capítulo 29
SHANMUKHI MUDRA
(Sello de las Seis Cabezas)

Este *mudra* también se conoce por el nombre de *Yoni Mudra*, pero yo lo aprendí como *Shanmukhi Mudra*, bajo cuyo nombre es también enumerado en muchas escrituras. *Shanmukhi* significa "con seis cabezas", y el nombre se refiere al *mudra* que es ideal para aventurarnos en la meditación sobre los seis *chakras*. Los *chakras* son habitualmente enumerados siendo seis, ignorando el loto de mil pétalos, que se añadió más tarde porque es supracraneal y está fuera del ciclo respiratorio. En el *Jogapradipyaka* de Jayatarama, por ejemplo, encontramos a *Shanmukhi Mudra* usado explícitamente en la meditación en los seis *chakras* para elevar la Kundalini[484]. Esto también está confirmado en las estrofas III.33-38 del *Gheranda Samhita*, pero aquí el método se llama *Yoni Mudra*[485]. Debemos tapar los oídos con los pulgares, los ojos con los dedos índices, las fosas nasales con los dedos corazón, y poner el resto de los dedos en los labios superiores e inferiores. La inhalación se realiza ahora mediante *Kaki Mudra*, descrito en la Sección 2, *Mudra* 14, y luego se realiza la meditación secuencial en los seis *chakras*.

---

[484] Swami Maheshananda, et al. (edición y traducción), *Jogapradipyaka of Jayatarama*, Kaivalyadhama, Lonavla, 2006, p.127.
[485] R. B. S. Chandra Vasu, (traducción), *The Gheranda Samhita*, Sri Satguru Publications, Delhi, 1984, pp. 37-44.

También, aprendemos del *Hathatatva Kaumudi* de Sundaradeva que, cuando practiquemos *Shanmukhi Mudra*, debemos inhalar por la boca y realizar *kumbhaka*[486]. La inhalación por la boca se realiza aquí mediante *Kaki Mudra*, que el *Kaumudi* llama *Kaka Cancuka*, pico de cuervo. La boca debe ponerse en posición puntiaguda y la lengua debe sobresalir de ella de forma similar a como se hace en *Shitali pranayama*. *Kaki Mudra* forma una parte intrincada de *Shanmukhi Mudra*, y, según el *Hatha Tatva Kaumudi* la práctica de ambos eleva la Kundalini[487]. Que *Kaki Mudra* es parte de *Shanmukhi Mudra* es también confirmado por T. Krishnamacharya en el *Yoga Makaranda*[488].

En la edición de diez capítulos del *Hatha Yoga Pradipika* encontramos que adoptar *Shanmukhi Mudra* conduce a que el sonido interior se manifieste en el canal central de energía (*Sushumna*)[489]. Este constituye la vía principal del *Pradipika* para acceder a *samadhi*. La misma afirmación aparece también en la estrofa IV.68 del *Hatha Yoga Pradipika* con el comentario de Jyotsna[490]. En el *Shiva Samhita* encontramos una introducción bastante extraña de *Yoni Mudra*. En la estrofa IV.3 somos introducidos en la meditación en los *chakras*, pero *Yoni Mudra*,

---

[486] Dr. M. L. Gharote et al (edición y traducción), *Hathatatvakaumudi*, Instituto Lonavla de Yoga, Lonavla, 2007, p. 683.

[487] Dr. M. L. Gharote et al (edición y traducción), *Hathatatvakaumudi*, Instituto Lonavla de Yoga, Lonavla, 2007, p. 684.

[488] T. Krishnamacharya, *Yoga Makaranda*, Media Garuda, Chenai, 2011, p. 108.

[489] Dr. M. L. Gharote et al (edición y traducción), *Hathapradipika* of *Svatmarama (10 chapters)*, Instituto Lonavla de Yoga, 2006, p. 234.

[490] Kunjunni Raja (edición), *The Hathayogapradipika of Svatmarama with the Commentary Jyotsna of Brahmananda*, The Adyar Library, Madrás, 1972, p. 74.

como nombre de la técnica, es sólo mencionado en la estrofa IV. 5[491]. ¡En las estrofas que siguen a continuación, nos informan de que este *mudra* es tan poderoso que incluso nos protege del contragolpe kármico que sigue después de asesinar a nuestro maestro espiritual o de fornicar con su esposa! Quiero poner en duda la exactitud de este pasaje para que los lectores no se hagan ideas dudosas. Éste y otros pasajes similares alaban el poder de una técnica concreta en lugar de instruirnos en cómo alejarnos del asesinato. El *Shiva Samhita* describe la técnica real del *mudra* un capítulo más abajo de la estrofa V.22, y, peculiarmente, sin mencionar más el nombre del *mudra*[492]. Un caso típico de escrituras que transmiten cosas veladas. A menos que sepas lo que estás buscando, esos pasajes raramente tienen sentido. Esto no es accidental, sino intencionado. A menudo las escrituras son más útiles como apuntes para los maestros que como manuales independientes para los estudiantes. La posición exacta de la mano durante *Shanmukhi Mudra* para el *Shiva Samhita* es idéntica a la del *Gheranda Samhita*, pero no se da aquí ninguna instrucción con respecto a la inhalación, al *kumbhaka*, o al objeto de meditación. Sólo unas cuantas estrofas después aprendemos que el resultado del *mudra* es la percepción del sonido interior, que se usa aquí como una llave de acceso a *samadhi*[493].

El *Mandala Brahmana Upanishad* en la estrofa 2.22. también enumera a *Shanmukhi Mudra*, pero sólo informa de que se debe

---

491 R. B. S. Chandra Vasu, (traducción), *The Gheranda Samhita*, Sri Satguru Publications, Delhi, 1986, pp.41-42.

492 R. B. S. Chandra Vasu, (traducción), *The Gheranda Samhita*, Sri Satguru Publications, Delhi, 1986, p.57.

493 R. B. S. Chandra Vasu, (traducción), *The Gheranda Samhita*, Sri Satguru Publications, Delhi, 1986, p. 57.

hacer con los dedos de ambas manos[494]. Nos instruyen para hacer *kumbhaka* y se nos dice aquí que esto conduciría a concebir el sonido interior, sacándonos de las cadenas del *karma*. Sin embargo, esta vez no se dan detalles escabrosos sobre los actos que podríamos realizar sin el recurso kármico, si se nos indemniza así. *Yoni Mudra* es también enumerado en el *Yoga Chudamani Upanishad* y se usa aquí para la revitalización después de que el *prana* lunar es quemado en el fuego gástrico[495]. Tampoco aquí se dan detalles técnicos. El *Trishikhi Brahmana Upanishad* alaba a *Shanmukhi Mudra* por poner la mente bajo control, pero nos cuenta sobre la técnica sólo que consiste en cerrar los oídos y otros orificios sensoriales con los dedos de las manos[496].

El *Jogapradipyaka* de Jayatarama recominda *Shanmukhi Mudra* en caso de que el *pranayama* se obstruya[497]. Aquí se menciona el cierre con los dedos de las siete puertas, es decir, los ojos, los oídos, las fosas nasales y la boca. Entre los textos Védicos de yoga, *Shanmukhi Mudra* se describe en el *Yoga Yajnavalkya* en las estrofa VI.50-53, incluyendo la posición precisa de las manos, pero con concentración adicional en la coronilla[498]. Esa concentración, según dice el sabio Yajnavalkya, nos llevará a la dicha. He discutido la concentración en la coronilla cuando analicé el caso de Gopi Krishna y sus experiencias adversas

---

494 Dr. M. M. Gharote (ed.), *Mandalabrahmanopanisad and Nadabindupanisad*, Instituto Lonavla de Yoga, Lonavla, 2012, p. 87.

495 *Yoga Chudamani Upanishad*, (p. 142 en la traducción de Satyadharma, p.253-5 en la edición Lonavla).

496 Dr. M. M. Gharote et al (edición y traducción), *Critical Edition of Selected Yogopanisads*, Instituto Lonavla de Yoga, Lonavla, 2017, p. 77-78.

497 Swami Maheshananda, et al. (edición y traducción), *Jogapradipyaka of Jayatarama*, Kaivalyadhama, Lonavla, 2006, p.131.

498 A. G. Mohan (traducción), *Yoga Yajnavalkya*, Ganesh &Co., Madrás, p.83.

con la Kundalini. Este es un buen momento para revisar brevemente el tema. El sabio Yajnavalkya enseñó en su tratado la concentración en la coronilla a dos tercios del capítulo 6. El capítulo uno trata de los prerrequisitos del yoga, mientras que el capítulo 2 enumera unas normas éticas. El capítulo 3 está dedicado a los *asanas*, tratando el capítulo 4 la anatomía sutil y los aspectos teóricos del *pranayama*. En el capítulo cinco encontramos el método de Yajnavalkya de purificación de los *nadis*, sin lo que, según él, nadie debería empezar con *pranayama*. Este es el mismo método que he enseñado en *Pranayama The Breath of Yoga*, citando a los sabios Yajnavalkya y Vasishta como autoridades antiguas. Quiero asegurarme de que ningún novato se tome la estrofa anterior del *Yoga Yajnavalkya* como una excusa para concentrarse en la coronilla. La posición de la estrofa en la que el sabio Yajnavalkya instruye sobre la concentración en la coronilla, el capítulo seis, identifica claramente la técnica como una práctica muy avanzada.

El *Vasishta Samhita*, sin mencionar su nombre, cita a *Shanmukhi Mudra* en las estrofas III. 37-38, y, sin embargo, describe la posición requerida de las manos con exactitud[499]. También aquí el resultado es catalogado como el sonido interior (*nada*), que sucede cuando el *prana* entra en el *Sushumna*. *Shanmukhi Mudra* también es mencionado en *The Serpent Power*, de Sir John Woodroffe, donde es combinado con *Ashvini Mudra* (Sección 4, *Mudra* 24 en este texto) y *Nauli* en *Siddhasana* para ejecutar *Shakti Chalana*[500]. Hay variaciones muy interesantes

---

499 Swami Digambarji et al (edición y traducción), *Vasishta Samhita*, Kaivalyadhama, Lonavla, 1984, p. 39 (por favor, tened en cuenta que los números de página de esta edición aparecen dos veces, y esta es la segunda vez que aparece este número de página).

500 Sir John Woodroffe, *The Serpent Power*, Ganesh & CO, Madrás, 1995,

de *Shanmukhi Mudra*. Yogeshvaranand Paramahansa, aparte de ofrecer las variaciones convencionales[501], también muestra modificaciones en las que la inhalación se hace por las fosas nasales en lugar de por la boca[502], y una en la que la respiración por fosas nasales alternas es integrada en el *mudra*[503]. Yogeshvaranand Paramahansa sostiene que el *mudra*, si se hace con retención interna de la respiración (*antara kumbhaka*), requiere que apliquemos *Jalandhara Bandha*. Esta regla se aplica uniformemente a todos los *kumbhakas* internos de duración superior a diez segundos. *Jalandhara Bandha* nos proteje de la presión del aire que se genera en la cavida torácica durante la retención respiratoria, y que puede entrar en la cavida craneal donde puede ser nociva. Esta regla es, a veces, descuidada por algunos maestros contemporáneos que creen que, sólo por cerrar todas las puertas sensoriales con *Shanmukhi Mudra*, estamos de algún modo protegidos del *vayu* ascendente (aire vital). No caigas en esa enseñanza. Es negligente.

TÉCNICA

Tápate los oídos con los pulgares, los ojos con los índices y las fosas nasales con los dedos corazón. Pon ahora los dedos anulares en el labio superior y los meñiques en el labio inferior. El método principal para realizar la inhalación es *Kaki Mudra*,

---

p. 207.

501 *First Steps to Higher Yoga*, Yogeshvaranand Paramahansa, Yoga Niketan Trust, Nueva Delhi, 2001, p. 384.

502 *First Steps to Higher Yoga*, Yogeshvaranand Paramahansa, Yoga Niketan Trust, Nueva Delhi, 2001, p. 342.

503 *First Steps to Higher Yoga*, Yogeshvaranand Paramahansa, Yoga Niketan Trust, Nueva Delhi, 2001, p. 337.

que incluye sacar la lengua, preferentemente enrrollada, para humedecer el aire inhalado. Este método aumentará *kapha* en nuestro sistema, y no es el ideal para aquellos con exceso de *kapha*. *Kapha, vata y pitta* son los tres humores corporales de acuerdo con el *Ayurveda*. Son a veces traducidos como flema, viento y bilis, respectivamente, pero estos términos están tan truncados y son tan tendenciosos que es mejor seguir usando los términos sánscritos, que nos recuerdan que no hemos entendido aún completamente el tema.

Si ya comprendes los tres *gunas, tamas, rajas y sattva*, esto puede ayudarte a manejarte también con los humores. Los *gunas* pueden traducirse de forma bastante correcta como la masa de las partículas, la energía de las partículas y la inteligencia de las partículas. También constituyen las tres cualidades de la mente, que cristalizan en el cuerpo porque la mente forma el cuerpo. El cuerpo también inlfuye en la mente, pero la mente va primero, porque la evolución funciona de dentro hacia fuera, de lo sutil a lo burdo. *Tamas* (la masa de las partículas), cristalizada en el cuerpo da lugar a *kapha*. *Rajas* (la energía de las partículas) si se aplica al cuerpo da lugar a *vata*. *Sattva* (la inteligencia de las partículas), cuando se manifiesta en el cuerpo da lugar a *pitta*. Recuerda que los *gunas*, cuando se aplican al cuerpo se vician, es decir, ya no están más en su forma elemental. La mayoría de las técnicas yóguicas, y las enseñadas en este libro no son una excepción, aumentan *agni* (fuego), que puede llevar a una deplección de *kapha* o, si no se tiene cuidado, a una exacerbación de *pitta*. El exceso de *kapha*, creado potencialmente por *Kaki Mudra*, no es habitualmente un obstáculo, sino una ayuda para equilibrar cualquier exacerbación de *pitta*.

MUDRAS SELLOS DEL YOGA

Shanmukhi Mudra

Retira los dedos anulares del labio superior y los meñiques del labio inferior, haz *Kaki Mudra* e inhala. Cuando la inhalación se completa hasta el 80-90% de la capacidad respiratoria, pon de nuevo los dedos en la boca, eleva el pecho, deja caer la barbilla en el pecho, traga, y, contrayendo la garganta, haz *Jalandhara Bandha* y retención interna de la respiración. Cuando hayas mantenido el *kumbhaka* hasta tu capacidad, levanta la cabeza, levanta los dedos corazón que tapan las fosas nasales, suelta el *bandha* y exhala por la nariz. Esto constituye una ronda, y puede continuarse hasta que se alcanza el efecto deseado.

En cuanto al trabajo interno, destacan dos enfoques. El primero es bajar por la avenida de *nadanusandhana*, es decir, escuchar el sonido intetior. Una vez que el sonido interior se manifiesta, te enfocas en él, lo que conduce a *samadhi* (en una mente que ya gravita hacia *samadhi*). La segunda vía es contemplar los seis *chakras* en orden secuencial, pronunciar las sílabas de raíz apropiadas y, finalmente, elevar la Kundalini a los *chakras* superiores. Describí estas técnicas en mi libro anterior *Yoga Meditation*. Este es un ejercicio complejo en múltiples etapas, y la descripción va más allá del alcance de este libro. Para dar lugar al desbloqueo de la Kundalini, se puede añadir un movimiento rotacional de los músculos abdominales tipo *Nauli* mientras que estás en *kumbhaka*.

EFECTOS

Eleva la Kundalini e induce el trance en *samadhi*.

Capítulo 30
JYOTI MUDRA
(Sello de la Luz)

Jyoti Mudra está estrechamente relacionado con *Shambhavi Mudra*. Se le podría llamar una extensión del mismo. *Shambhavi Mudra* ya se incluyó entre los *pratyahara mudras*, por lo tanto, no está incluido en la sección actual. Es, sin embargo, catalogado en el *Gheranda Samhita* como un *samadhi mudra*. *Shambhavi Mudra* es descrito en las estrofas IV.35 del *Hatha Yoga Pradipika*[504]. El *Hatha Yoga Pradipika* adopta un enfoque diferente a otros textos al describir *Shambhavi Mudra* como mirando aparentemente hacia afuera, mientras que la mente está absorta en un objeto interno. Este objeto interno, de acuerdo con el comentario *Jyotsna* de Brahmananda, es el *chakra* del corazón[505]. En la estrofa IV.39 del *Hatha Yoga Pradipika*, *Jyoti Mudra* se describe como dirigir los ojos hacia la luz y levantar las cejas[506], mientras que la mente aún está concentrada en el *chakra* del corazón. Encontramos una descripción similar en la edición de diez capítulos del *Hatha*

---

504 Kunjunni Raja (edición), *The Hathayogapradipika of Svatmarama with the Commentary Jyotsna of Brahmananda*, The Adyar Library, Madrás, 1972, p. 67-68.

505 *Jyotsna Commentary to the Hatha Yoga Pradipika* estrofas 37 y 38.

506 Kunjunni Raja (edición), *The Hathayogapradipika of Svatmarama with the Commentary Jyotsna of Brahmananda*, The Adyar Library, Madrás, 1972, p. 69.

Yoga Pradipika, estrofas VII. 40-42[507]. Nos dicen que dirijamos la visión interna hacia la luz (*jyoti*) levantando las cejas, mientras que, por lo demás, mantenemos *Shambhavi Mudra*.

El mismo enfoque se muestra en el *Hathatatva Kaumudi* de Sundaradeva estrofa XLIX.28[508]. También aquí nos enseñan que, mientras que estamos en el estado de *Shambhavi,* mirando aparentemente hacia fuera, dirijamos la visión hacia la luz interna levantando un poco las cejas. La estrofa 30 del mismo capítulo nos dice que esa mirada suspende *Ida y Pingala* (los canales de energía lunar y solar, que potencian la dicotomización de la mente), y nos permite ver la última realidad en esa luz interna intensamente luminosa. Así se alcanza *samadhi* (si la mente ya gravita alrededor de este estado).

Jyoti Mudra también recibe una amable mención en el *Amanaska Yogah,* un texto Vedántico que, aunque su nombre incluye el término yoga, por el contrario, presta poca atención a la técnica de yoga[509]. La estrofa 1.8 del *Amanaska Yogah* enseña a fijar la mirada en la luz interior (cuyo significado es aquí el *Sushumna,* el canal central de energía) y a levantar las cejas

---

[507] Dr. M. L. Gharote et al (edición y traducción), *Hathapradipika* of *Svatmarama (10 chapters),* Instituto Lonavla de Yoga, 2006, p. 221.

[508] Dr. M. L. Gharote et al (edición y traducción), *Hathatatvakaumudi*, Instituto Lonavla de Yoga, Lonavla, 2007, p. 615.

[509] Sólo porque el yoga esté escrito en él, no quiere decir que haya yoga en él. Otro texto que sigue este patrón es el ilustre *Yoga Vashishta*. También este texto se refiere al yoga en su título, pero el contenido es realmente Vedántico. Esto no hace a estos textos erróneo o inferiores, pero significa que el lector y yogui moderno debe ser consciente de que en los elementos vitales estos textos se salen de la *yoga darshana* de Patanjali (el sistema filosófico clásico del yoga).

un poco[510]. Esto da lugar al estado *unmani*. *Unmani*, el estado supramental, es un término que los textos *Hatha* medievales usan a menudo en lugar de *samadhi* sin objeto, es decir, un *samadhi* en la consciencia misma. Esto es confirmado en la estrofa II.7 del *Amanaska Yogah*, que afirma que la luz en la que debemos concentrarnos (*jyoti*) está en el centro del *Sushumna*[511]. Cuando *Ida y Pingala* son suspendidos y el *prana* es inducido dentro del *Sushumna*, entonces el *samadhi* en la consciencia es posible. Encontramos un entendimiento parecido en el *Shandilya Upanishad*[512]. También nos dicen aquí que, mientras estamos en *Shambhavi Mudra*, nos concentremos en la luz levantando las cejas un poco para entrar en el estado de *unmani*.

TÉCNICA

Primero, asume *Shambhavi Mudra*, como está descrito en la Sección 3, *Mudra* 16. Aquí aprendemos gradualmente a hacer rodar los globos oculares hacia arriba y hacia atrás en las cuencas hasta que la mirada se dirija hacia el *chakra* del tercer ojo. Por favor, ten en cuenta que esto es un proceso gradual y no puede hacerse todo a la primera. Los músculos oculares deben ser entrenados lentamente para mantener los ojos en esta posición tan exigente. Cuando este paso te resulte fácil, levanta las cejas, arrugando así la frente. Esto aporta un ímpetu adicional para elevar el *prana* a los *chakras* superiores. Al mismo tiempo nos concentramos en la luz del *Sushumna*. En los *Upanishads* originales, como

---

510 Dr. M. M. Gharote et al (edición y traducción) *Amanaska Yogah-A Treatise On Laya Yoga*, Instituto Lonavla de Yoga, Lonavla, 2019, p. 8.
511 Dr. M. M. Gharote et al (edición y traducción) *Amanaska Yogah-A Treatise On Laya Yoga*, Instituto Lonavla de Yoga, Lonavla, 2019, p. 61.
512 *Shandilya Upanishad* estrofa 34.

el *Chandogya Upanishad*, los términos *hrt* (para centro, núcleo o corazón), el *chakra* corazón, y el *Sushumna* aún no estaban diferenciados. Hasta cierto punto no son diferentes, pero hablan del mismo fenómeno desde un ángulo diferente. Cuando el sabio indio Ramana Maharishi hablaba del corazón, no se refería al corazón romántico, sino a nuestro centro, el *Sushumna*, que, en términos psicológicos, representa la consciencia.

Jyoti Mudra

Capítulo 31
KHECHARI MUDRA
(Sello del Movimiento Espacial)

Khechari Mudra es la reversión de la lengua sobre sí misma y su dirección hacia atrás y hacia arriba a lo largo del paladar blando hacia el orificio nasofaríngeo. La lengua es otra salida de la actividad subconsciente. Deteniéndola, se detiene también la actividad subconsciente relacionada con la lengua y también el gusto. El *mudra* detiene el *prana* en el *chakra* de la garganta (*Vishuddha*) y en el *chakra* del tercer ojo (*Ajna*). Como *Shambhavi Mudra*, debe ser introducido lentamente. La aparición de dolor de cabeza podría ser un síntoma precoz de tensión. Un enfoque integrado usaría ambos *mudras* simultáneamente para intentar el acceso a *samadhi*. Incluso cualquier forma avanzada de la meditación *chakra-Kundalini* debería venir con ambos *mudras*. *Khechari Mudra* reduce la velocidad respiratoria, permitiendo *kumbhakas* más largos. Esto estabiliza el *prana*, estabilizando así la mente.

El nombre de este *mudra* (*kha*=espacio y *chari*=movimiento) originalmente se refería al movimiento de la lengua hacia el espacio que hay por encima y por detrás del paladar. Así dice el *Dhyana Bindu Upanishad* que cuando, por medio de *Khechari Mudra*, la lengua entra en el espacio (*kha*) encima del paladar, entonces la mente se mueve en el elemento espacio (*akasha*)[513].

---

513 *Dhyana Bindu Upanishad* estrofas 81 (b)-83 (a).

El significado de esto es que la mente se expande en la infinitud, que es la definición del quinto *samadhi* de Patanjali (*ananda samadhi*). Sin embargo, en los siglos posteriores, el yoga se fue mitificando más y más, y se incluyó el pensamiento mágico, acercándolo a la brujería y la hechicería. Se entendió entonces que, al emplear este *mudra*, se podría volar a través del espacio. El *Hatha Yoga Pradipika* dice que, mediante *Khechari Mudra*, tanto la mente como la lengua alcanzan *akasha*[514]. *Khechari Mudra* es un *mudra* importante que puede dar acceso a *samadhi*. Desafortunadamente, de forma parecida a *Vajroli Mudra*, el lenguaje crepuscular y el intento de velar el significado real de la instrucción a los ojos indiscretos de los no iniciados cobró vida propia, y las enseñanzas confusas introducidas originalmente para ocultar la enseñanza correcta comenzaron a tomarse al pie de la letra.

DESAMBIGUACIÓN

Khechari Mudra es como *Nabho Mudra* y *Jihva Bandha* con respecto a que los tres constituyen una manipulación de la lengua. Algunos textos y escuelas no marcan claramente las delimitaciones de las tres técnicas. Después de consultar extensamente los *shastras* y las enseñanzas tradicionales, me he decantado por estas definiciones: *Jihva Bandha* es un simple giro de la lengua sobre sí misma y su inmovilización contra el paladar blando. Es como una técnica auxiliar de apoyo al *pranayama* y a la meditación al detener el *prana* gustativo. *Jihva Bandha* es descrito en la Sección 3, *Mudra* 15. *Nabho Mudra* es una técnica independiente que normalmente implica *kumbhaka* y absorbe las secreciones de

---

514 *Hatha Yoga Pradipika* III. 41.

la llamada luna, el almacén pránico lunar. De forma parecida a *Jihva Bandha*, no incluye la elongación de la lengua.

El propósito de *Nabho Mudra* es *sthirata*, fortaleza. Es descrito en la Sección 1, *Mudra* 5. Como *Nabho Mudra*, así también *Khechari Mudra* es normalmente una técnica independiente, pero su propósito es el acceso a *samadhi*. Implica métodos para elongar la lengua, y, a veces, incluye *kumbhaka*. Está considerado como *rasananda yoga*, es decir, el acceso al éxtasis mediante el gusto. Esto no significa ingerir comidas suntuosas, sino la recolección de las secreciones del almacén lunar de *prana*.

EVIDENCIA TEXTUAL

Khechari Mudra es uno de los *mudras* más ampliamente descritos. Es catalogado en *Dattatreya's Yogashastra*[515], *Mandala Brahmana Upanishad*[516], *Yoga Chudamani Upanishad*[517], *Yoga Kundalini Upanishad*[518], *Kapala Kurantaka Yoga*[519] y *Yoga Gorakshataka*[520],

---

515 Dr. M. M. Gharote (ed.), *Dattatreyayogasastram*, Instituto Lonavla de Yoga, Lonavla, 2015, p. 66.

516 Dr. M. M. Gharote (ed.), *Mandalabrahmanopanisad and Nadabindupanisad*, Instituto Lonavla de Yoga, Lonavla, 2012, p. 91, 95, 96.

517 Dr. M. M. Gharote et al (edición y traducción), *Critical Edition of Selected Yogopanisads*, Instituto Lonavla de Yoga, Lonavla, 2017, p. 206.

518 Dr. M. M. Gharote et al (edición y traducción), *Critical Edition of Selected Yogopanisads*, Instituto Lonavla de Yoga, Lonavla, 2017, p. 139-144, también p. 148-154.

519 Swami Maheshananda et al (edición y traducción), *Kapalakurantaka's Hathabhyasa-Paddhati*, Kaivalyadhama, Lonavla, 2015, p. 94.

520 Swami Kuvalayananda (ed.), *Goraksasatakam*, Kaivalyadhama, Lonavia, 2006, p. 297.

Gheranda Samhita[521], *Hatharatnavali of Shrinivasayogi*[522], *Shiva Samhita*[523], *Hathatatva Kaumudi* de Sundaradeva[524], *Jogapradipyaka* de Jayatarama[525], *Hathayoga Manjari* de Sahajananda[526], *Hatha Yoga Pradipika* con el comentario de Jyotsna[527], *Yoga Makaranda*[528], la edición de 10 capítulos del *Hatha Yoga Pradipika*[529], *Shandilya Upanishad*[530] y *Dhyana Bindu Upanishad*[531]. Casi el segundo capítulo entero del *Yoga Kundalini Upanishad* trata de Khechari, y hay incluso un *shastra* que trata exclusivamente de él, el *Khechari Vidya of Adinatha*[532].

---

521 *Gheranda Samhita* III.25-32, pp. 24, 25 en la traducción de Chandra Vasu, pp. 68-69 en la traducción de James Mallinson.

522 Dr M. L. Gharote et al (edición y traducción), *Hatharatnavali of Shrinivasayogi*, Instituto Lonavla de Yoga, Lonavla, 2006, p. 85.

523 *Shiva Samhita* IV.31.

524 Dr. M. L. Gharote et al (edición y traducción), *Hathatatvakaumudi*, Instituto Lonavla de Yoga, Lonavla, 2007, p. 159.

525 Swami Maheshananda, et al. (edición y traducción), *Jogapradipyaka of Jayatarama*, Kaivalyadhama, Lonavla, 2006, p.126.

526 O. P. Tiwari (publ.), *Hathayoga Manjari of Sahajananda*, Kaivalyadhama, Lonavla, 2006, p. 43.

527 Kunjunni Raja (edición), *The Hathayogapradipika of Svatmarama with the Commentary Jyotsna of Brahmananda*, The Adyar Library, Madrás, 1972, p. 31.

528 T. Krishnamacharya, *Yoga Makaranda*, Media Garuda, Chennai, 2011, p. 104.

529 Dr. M. L. Gharote et al (edición y traducción), *Hathapradipika* of *Svatmarama (10 chapters)*, Instituto Lonavla de Yoga, 2006, p. 115 & 125.

530 *Shandilya Upanishad* estrofas 32-62.

531 *Dhyana Bindu Upanishad* estrofas 1.79-86.

532 James Mallinson (edición y traducción), *Khecarividya of Adinatha*, Indica Books, Varanasi, 2010.

OPINIONES DIFERENTES

Queda claro, por lo tanto, que éste es uno de los *mudras* principales; sin embargo, las opiniones sobre él difieren mucho. El *Gheranda Samhita* en la estrofa III.25 lo cataloga como uno de los seis caminos para entrar en *samadhi*. Debido a esto, se ha incluido aquí en la Sección 5. La edición de diez capítulos del *Hatha Yoga Pradipika* considera a *Khechari* como el *mudra* más importante[533]. El *Hatha Yoga Pradipika* con el comentario de *Jyotsna* considera a este *mudra* igualmente digno de elogio, afirmando que, cuando se ejecuta adecuadamente, conquista la muerte en 15 días[534]. En otro sitio, la edición de cuatro capítulos del *Pradipika* afirma que, incluso girar la lengua brevemente te salva de la enfermedad, la muerte y la vejez, y te libera del hambre, el sueño y el *karma*[535]. Estos efectos son completamente exagerados y la razón de mencionarlos es simplemente conseguir que los yoguis lo practiquen. Por ejemplo, la estrofa III.44 del *Pradipika* afirma que *Khechari* te protegerá del veneno de las serpientes. Yo no lo probaría. Desde el punto de vista actual consideraríamos esas afirmaciones contraproducentes, ya que inevitablemente la práctica no cumplirá con las expectativas.

El *Shiva Samhita* argumenta que, incluso la práctica breve de Khechari Mudra nos reservaría un renacimiento en una familia de aristócratas y, que si se practica con diligencia, nos haría

---

[533] Dr. M. L. Gharote et al (edición y traducción), *Hathapradipika* of *Svatmarama (10 chapters)*, Instituto Lonavla de Yoga, 2006, p. 134.

[534] Kunjunni Raja (edición), *The Hathayogapradipika of Svatmarama with the Commentary Jyotsna of Brahmananda*, The Adyar Library, Madrás, 1972, p. 44.

[535] *Hatha Yoga Pradipika* III. 38-40.

casi inmortales[536]. Sin embargo, no todo el mundo comparte la alegría que el *Yoga Makaranda* de T. Krishnamacharya recomienda para practicar *mudras*, con la excepción de *Khechari y Vajroli*[537]. El rechazo de T. Krishnamacharya por *Khechari* está basado en el peculiar desarrollo de la historia del *mudra*, que es, según sugieren muchos *shastras*, cortar el tendón (frenillo) de la lengua. El *Jogapradipyaka* de Jayatarama advierte sobre esta acción, afirmando que cortar el frenillo puede dejarte mudo[538]. Además, Jayatarama argumenta que los sabios han declarado que uno tiene que pasar 12 años de sufrimiento al cortar la lengua[539]. James Mallinson, traductor y editor del *Khechari Vidya of Adinatha*, cuando investigó en el *mudra* encontró que la mayoría de los que lo practicaban decían que cortarse el frenillo era innecesario[540]. De forma sorprendente, esta opinión era sostenida incluso por los que se habían cortado la lengua. Y Sir John Woodroffe, académico tántrico y autor de muchos libros importantes sobre el *tantra* mantenía que cortarlo interfería con la retracción de la lengua.

Se podría pensar que cortarse una parte del cuerpo con una hoja o un cuchillo constituye una forma de auto-violación y, por lo tanto, que contradice a *ahimsa*, el principio de no violencia.

---

536 *The Shiva Samhita* IV. 33-35.

537 T. Krishnamacharya, *Yoga Makaranda*, Media Garuda, Chennai, 2011, p. 104.

538 Swami Maheshananda, et al. (edición y traducción), *Jogapradipyaka of Jayatarama*, Kaivalyadhama, Lonavla, 2006, p.18.

539 Swami Maheshananda, et al. (edición y traducción), *Jogapradipyaka of Jayatarama*, Kaivalyadhama, Lonavla, 2006, p.123.

540 James Mallinson (edición y traducción), *Khecarividya of Adinatha*, Indica Books, Varanasi, 2010, p. 201.

Así afirma, por ejemplo, Lord Krisna en la Bhagavad Gita: "los ignorantes y de naturaleza demoníaca, hipócritas y egoístas, llevados por el deseo y el apego, practican severas austeridades sin seguir las escrituras, y torturan su cuerpo de forma insensata, incluyéndome a Mí, que habito dentro del cuerpo"[541]. Esto es una referencia del hecho de que la *Gita*, un diálogo entre Krishna y Arjuna, a nivel psicológico es un diálogo entre el ser superior o verdadero (representado por Krishna), y el ser inferior fenoménico (representado por Arjuna). Entonces, si hay opiniones tan fuertes contra la autolesión ¿cómo se llegó a que el consejo de cortar la lengua se tomara literalmente?

LENGUAJE CREPUSCULAR

Otra vez tenemos aquí un caso de lenguaje crepuscular y doble sentido contraproducentes. Al principio, los *shastras* eran escritos intencionadamente con un contenido opaco y un lenguaje confuso, no fuera que alguien circundase la comunidad de los iniciados y practicase simplemente la *sadhana* como se la encuentra en algunos textos que consiguió accidentalmente. Como ya se ha dicho, el ejemplo famoso es la estrofa III.46 del *Hatha Yoga Pradipika*, que afirma que los nobles son los que comen carne de vaca y beben el lícor inmortal diariamente. Las estrofas 47-48, sin embargo, explican que el sánscrito que se usa para "vaca" también significa "lengua", y que comérsela significa insertarla en el orificio nasofaríngeo. Además, nos informan de que el lícor inmortal es sólo el *prana* exudando desde la luna *(Chandra)*, el almacén lunar de *prana* en el centro del cráneo. El *Dhyana Bindu Upanisahad* añade que cuando logra *Khechari*, el yogui no perderá su esencia vital aunque sea abrazado por una

---

541 *Bhagavad Gita* XVII.5-6.

mujer apasionada[542]. Igual que nos encontramos en el caso de *Vajroli Mudra*, estos términos describían originalmente un proceso místico interno. El "abrazo de la mujer apasionada" era una clave para la elevación de la Kundalini, una manifestación de la divinidad femenina. Cuando se compuso el pasaje anterior, nadie creía seriamente que se iniciaría una moda según la cual el yoga se identificaría con la fornicación desenfrenada. Esa interpretación, en los días de antaño, se consideraba inviable porque el yoga originalmente se construyó firmemente sobre la base de *yama y niyama* (restricciones y observancias, código de conducta). Una parte importante de éste era *brahmacharya*, definido según el sabio Vashista como mantener relaciones sexuales sólo con la pareja legal[543].

Así pues, vamos a ver si podemos encontrar un camino entre las múltiples instrucciones diferentes con respecto a *Khechari*, y discernir lo que es esencial y lo que son añadidos confusos posteriores. El Dr. M. L. Gharote escribe que hay cuatro o incluso cinco tipos distintos de *Khechari Mudra*[544]. Algunos incluyen *kumbhaka* o se enfocan en llevar el *prana* al tercer ojo[545]. Hay incluso una versión en la que debemos elevar el *prana* sólo al *chakra* de la garganta, pero además meditando en Shakti con la

---

542 *Dhyana Bindu Upanishad*, estrofa 83 (b)-84.

543 Swami Digambarji et al (edición y traducción), *Vashista Samhita*, Kaivayadhama, Lonavla, 1984, p. 9 (por favor, tened en cuenta que los números de esta edición aparecen dos veces y que esta es la segunda vez que este número aparece).

544 Dr. M. L. Gharote et al (edición y traducción), *Hathapradipika* of *Svatmarama (10 chapters),* Instituto Lonavla de Yoga, 2006, p. Xxvii

545 Dr. M. L. Gharote et al (edición y traducción), *Hathapradipika* of *Svatmarama (10 chapters),* Instituto Lonavla de Yoga, 2006, p. 115.

cara hacia arriba[546]. La descripción más seminal la encontramos en la edición de cuatro capítulos del *Hatha Yoga Pradipika*, que define *Khechari* como doblar la lengua hacia atrás, insertándola en la cavidad que está encima del paladar, y fijar la mirada entre las cejas[547]. El *Shiva Samhita* enseña que *Khechari* es sentarse en *Padmasana*, en un lugar apartado, fijando la mirada en el entrecejo, y colocando la lengua cuidadosamente en la cavidad por encima del paladar, realizando así *kumbhaka*[548]. El *Jogapradipyaka* de Jayatarama es más elaborado[549]. Este texto insiste primero en la importancia de hacer florecer los seis *chakras*. Este es un término metafórico que alude al hecho de que los *chakras* son a menudo etiquetados como flores de loto. Se conciben como capullos cerrados cuando están inactivos y como flores florecientes cuando su potencial está activado y disponible. La importancia de *Khechari*, según el *Jogapradipyaka*, es que el *Sushumna* es el *nadi* que pertenece a la lengua. El *Sushumna* es llamado *Khechari* en la región de la lengua y *samadhi* se puede obtener cultivando la lengua, según Jayatarama. Cultivar es un bonito término. Ni una palabra sobre cortársela.

La conexión de *Khechari* con los *chakras* también es confirmada por el *Shandilya Upanishad*[550]. Según este *Upanishad*, *Khechari Mudra* está en el *Akasha Chakra* de la cabeza, entre el sol y la luna. Sol y luna son aquí claves para los *nadis*, que empiezan

---

546 Dr. M. L. Gharote et al (edición y traducción), *Hathapradipika* of *Svatmarama (10 chapters)*, Instituto Lonavla de Yoga, 2006, p. 132.

547 *Hatha Yoga Pradipika* III.32.

548 *Shiva Samhita* IV. 31.

549 Swami Maheshananda, et al. (edición y traducción), *Jogapradipyaka of Jayatarama*, Kaivalyadhama, Lonavla, 2006, p.158.

550 *Shandilya Upanishad* estrofa 59.

en las fosas nasales derecha e izquierda, respectivamente. La lengua, cuando está colocada en *Khechari,* puede manipular el flujo del *prana* a través de estos *nadis* según sea requerido. El *Akasha Chakra* es un sub-*chakra* del *Ajna,* por encima del paladar blando. Hay seis sub-*chakras,* pero su conocimiento no es esencial y, normalmente, por simplicidad, se agrupan juntos como el *Ajna chakra* (tercer ojo). El *Shandilya Upanishad,* como otros *shastras,* también confirma la conexión entre la mente y la lengua, que están juntas para ser trasladadas al *Akasha* (refiriéndose al espacio sobre el paladar cuando se relaciona con la lengua, y al elemento espacio cuando se relaciona el término con la mente).

EFECTOS

El *Shandilya Upanishad* afirma que *Khechari* trae consigo el estado supramental (*unmani*)[551]. Lo mismo proclama el *Hatha Yoga Pradipika*, que añade que es experimentada la consciencia pura, llamada *turiya* en el *Upanishad,* el cuarto estado[552]. James Mallinson, traductor y editor del *Khechari Vidya of Adinatha,* encontró que, entre sus temas de investigación, *Khechari Mudra* se usaba para *samadhis* extensos[553]. Uno de los efectos importantes de *Khechari* sucede en la respiración. Así, dice Swami Sadhananda Giri que *Khechari* reduce la velocidad respiratoria[554]. Theos

---

[551] Shyam Sundar Goswami, *Laya Yoga,* Inner Traditions, Rochester, 1999, p. 87.

[552] *Hatha Yoga Pradipika* IV. 46-47.

[553] James Mallinson (edición y traducción), *Khecarividya of Adinatha*, Indica Books, Varanasi, 2010, p. 233.

[554] Swami Sadhananda Giri, *Kriya Yoga,* Jujersa Yogashram, Howrah, 2005, p. 103.

Bernard va incluso más allá diciendo que supera la urgencia de respirar[555].

ASPECTOS TEMPORALES

Esta sección trata de cuándo y durante cuánto tiempo debe practicarse *Khechari*. El *Hathatatva Kaumudi* de Sundaradeva afirma que el éxito en *Khechari* se obtiene al cabo de 12 años[556]. Esta es una afirmación importante, ya que, a menudo, este *mudra* se promociona como un atajo. Pero existe un atajo al atajo de doce años de duración. El *Jogapradipyaka* de Jayatarama confirma que tener éxito con el *mudra* es, realmente, muy largo, pero que, añadiendo el *mantra* adecuado, es posible en 6 meses[557]. Pero Swami Rama enseñó que *Khechari* sólo podía ser practicado después de haber dominado el *pranayama*[558]. Esta es de nuevo una afirmación que debería disuadirnos de creer que *Khechari* es una solución rápida. Como medida de éxito, el *Yoga Kundalini Upanishad* promete que sacando la lengua durante seis meses, llegaría externamente al tercer ojo, es decir, que al sacar la lengua, podríamos subirla directamente hasta el tercer ojo[559]. En las siguientes tres estrofas, el *Upanishad* hace las afirmaciones extravagantes de que la lengua en tres años llegaría hasta la línea del pelo, y después de otros tres hasta la coronilla. Más

---

[555] Theos Bernard, *Hatha Yoga*, Rider, Londres, 1950, p. 69.

[556] Dr. M. L. Gharote et al (edición y traducción), *Hathatatvakaumudi*, Instituto Lonavla de Yoga, Lonavla, 2007, p. 159.

[557] Swami Maheshananda, et al. (edición y traducción), *Jogapradipyaka of Jayatarama*, Kaivalyadhama, Lonavla, 2006, p.126.

[558] Swami Rama, *Path of Fire and Light*, vol. 1, Himalayan Institute Press, Honesdale, 1988, p. 138.

[559] *Yoga Kundalini Upanishad* II. 33.

adelante volveremos a plantear la cuestión de cuál podría ser el objetivo de eso, si es que lo hay.

EL CORTE

El *Hatha Yoga Pradipika* argumenta que para conseguir *Khechari*, la lengua debe ser alargada cortando el frenillo (es decir, el tendón que fija la lengua al suelo de la boca)[560]. Como ya hemos oído, esta es una de las razones de la pérdida de valor del *Pradipika* a ojos de algunas autoridades, siendo T. Krishnamacharya una de ellas. El *Pradipika* recomienda el uso de un instrumento afilado, suave y limpio para cortar el frenillo de la lengua al grosor de un pelo cada vez. Esto debe repetirse cada siete días, con un proceso total, después del cual el tendón debe estar completamente cortado, que dura seis meses[561]. Nos encontramos con el mismo procedimiento y los mismos marcos temporales también en el *Yoga Kundalini Upanishad*[562]. El *Hathayoga Manjari* de Sahajananda incluso habla de seis etapas (*shatangas*) de *Khechari*, que son sacar, cortar, insertar, meditación, batido y *mantra*[563]. Los *shastras* sugieren la aplicación de distintas hierbas y minerales al corte. Así dice, por ejemplo, el *Hatha Yoga Pradipika*, que debe usarse una mezcla de sal de roca y mirobalan[564], mientras que el *Yoga Kundalini Upanishad* confía en una mezcla de sal de roca y sal marina[565].

---

560 *Hatha Yoga Pradipika* III. 33.
561 *Hatha Yoga Pradipika* III. 35-36.
562 *Yoga Kundalini Upanishad* II. 29-31.
563 O. P. Tiwari (publicación), *Hathayoga Manjari of Sahajananda*, Kaivayadhama, Lonavla, 2006, p. 43.
564 *Hatha Yoga Pradipika* III. 35.
565 *Yoga Kundalini Upanishad* II. 30.

Escudriñando los relatos prácticos, Theos Bernard utilizaba una cuchilla de afeitar para cortar el frenillo, pero también sus propios dientes sacando la lengua y llevándola a izquierda y derecha sobre los dientes[566]. James Mallinson confirma que también se puede raspar el frenillo usando los dientes inferiores, pero la mayoría de estos informadores, incluyendo los que lo han hecho, afirman que el corte o el raspado es innecesario[567]. De forma similar, sir John Woodroffe no estaba a favor del corte, ya que interfiere con la retracción de la lengua. Mallinson también se dio cuenta de que algunas personas podían insertar la lengua en la cavidad superior del paladar sin preparación, y encontró casos en los que el corte dio lugar a dificultades al comer y en el habla[568]. La gran pregunta, como inquiere Mallinson, es que, si la lengua puede insertarse en la cavidad superior con poca preparación ¿a qué lugar se supone que debe llegar internamente una lengua que puede alcanzar externamente la coronilla?[569]. La cavidad superior del paladar está rodeada de huesos por todas partes. No hay ningún lugar al que llegar en el interior de la cabeza que requiera una lengua de una longitud tan enorme.

TIRAR E INSERTAR

Un aspecto importante de *Khechari Mudra* es el tirón y estiramiento de la lengua para elongarla. El *Khechari Vidya of Adinatha*

---

566 Theos Bernard, *Hatha Yoga*, Rider, Londres, 1950, p. 67.

567 James Mallinson (edición y traducción), *Khecharividya of Adinatha*, Indica Books, Varanasi, 2010, p. 201.

568 James Mallinson (edición y traducción), *Khecharividya of Adinatha*, Indica Books, Varanasi, 2010, p. 202.

569 James Mallinson (edición y traducción), *Khecharividya of Adinatha*, Indica Books, Varanasi, 2010, p. 206.

sugiere para esto coger la lengua con una toalla de lino y luego tirar de ella[570]. Esto no sucede todo al mismo tiempo. Al principio se progresa poco. Theos Bernard aconseja practicar el tirón de la lengua dos veces al día hasta que es lo suficientemente larga que puede tragarse durante todo el día[571]. Con "tragarse", Bernard se refiere a que puede insertarse en la cavidad por encima del paladar blando. La lengua no puede tragarse realmente, un término que implica su inserción en el esófago.

Cuando se inserta la lengua en el orificio nasofaríngeo, el pasaje de entrada es muy estrecho, ya que está diseñado sólo para el paso del aire. Lo ideal es que el paladar blando se afloje y se empuje hacia delante para dejar espacio para que la lengua entre. El *Khechari Vidya* sugiere usar el pulgar derecho para aflojar el paladar blando. Para hacerlo, se engancha el pulgar derecho detrás del paladar blando y se lleva éste hacia delante para facilitar la entrada de la lengua[572]. No sé qué tal les irá a mis lectores, pero mi pulgar derecho es un instrumento demasiado largo y engorroso para este propósito y provoca una respuesta de náuseas muy rápidamente. A Theos Bernard se le enseñó a usar una cucharadita doblada para este propósito, lo que no puedo recomendar por si alguien se traga la cuchara. Cuando el paladar blando está suficientemente estirado o arrastrado hacia delante, se usan los dedos de la otra mano para empujar la

---

570 James Mallinson (edición y traducción), *Khecharividya of Adinatha*, Indica Books, Varanasi, 2010, p. 203.

571 Theos Bernard, *Heaven Lies Within Us*, Charles Scribner's Sons, Nueva York, 1939, p. 39.

572 James Mallinson (edición y traducción), *Khecharividya of Adinatha*, Indica Books, Varanasi, 2010, p. 201.

lengua hacia atrás hasta que se puede insertar en la abertura[573]. Esto sólo es posible si la lengua es lo suficientemente larga. El *Jogapradipyaka* de Jayatarama aconseja un curso de acción similar, usando los pulgares y los dedos de ambas manos[574].

AMRTA Y RASA

Algunos textos ponen mucho énfasis en los distintos sabores (*rasas*) degustados por la lengua en la cavidad. Así dice, por ejemplo, el *Gheranda Samhita*, que *Khechari Mudra* conduce a *samadhi* a través del gusto[575]. El *Shiva Samhita* afirma que el practicante debe beber diariamente el néctar ya que, mediante esta absorción de *amrita*, se obtienen todos los poderes yóguicos[576]. El *Khechari Vidya* entra en más detalle describiendo los distintos sabores como un sabor lechoso helado, o como un sabor dulce y fresco parecido al del zumo de la caña de azúcar[577]. Me tomo estos sabores como expresiones metafóricas. Si te fijas en las cualidades de helado, lechoso, suave, fresco, son todos adjetivos que describen las cualidades del *prana* lunar mantenido en el *chakra* del tercer ojo. Como ya he argumentado en mi texto anterior sobre *pranayama*, el término *amrita* es sólo una clave poética para el *prana* lunar, que potencia la introversión, etc.

---

573 James Mallinson (edición y traducción), *Khecharividya of Adinatha*, Indica Books, Varanasi, 2010, p. 127.
574 Swami Maheshananda, et al. (edición y traducción), *Jogapradipyaka of Jayatarama*, Kaivalyadhama, Lonavla, 2006, p.124.
575 *Gheranda Samhita* VII. 5-6.
576 *Shiva Samhita* IV. 32.
577 *Khechari Vidya of Adinatha* II. 65.

MUDRAS SELLOS DEL YOGA

MANTRA

Ninguna discusión sobre *Khechari Mudra* estaría completa sin los *Khechari mantras*. Como afirma el *Jogapradipyaka* de Jayatarama, sin el *mantra*, *Khechari Mudra* se tarda mucho en conseguir. El *Jogapradipyaka* enseña como *mantra* apropiado *Hram Hrim Hrum Hraim Hraum Hrah*[578]. Las enseñanzas sobre *mantras* del *Khechari Vidya* son complejas, ya que los *mantras* sólo se mencionan de forma oblicua, y hay que deducirlos como cuando jugamos a los detectives. Después de un largo análisis, James Mallinson concluye que el *Khechari bija* (*mantra* corto) es *Hrim o Kraum*[579]. El *mantra* largo es descrito en las estrofas de la 30 a la 40 del primer capítulo de la *Vidya*, pero una vez más, no se trata simplemente de una lista, sino de una descripción, por lo que está muy abierta a la interpretación. Mallinson hace un gran intento, procurando descifrar la clave del *mantra* largo, pero incluso los ascéticos indios que entrevistó no se ponían de acuerdo sobre ella. Sin embargo, podría ser algo como *gam sam nam mam pham lam* o *ham sam mam yam sam ksham*, ni de lejos el *mantra* del *Jogapradipyaka*. Para otras opciones, por favor, estudiad el texto de Mallinson[580].

TÉCNICA

Después de aceptar el mandato de la *Bhagavad Gita* en contra de la autolesión, el rechazo de T. Krishnamacharya hacia *Khechari*

---

[578] Swami Maheshananda, et al. (edición y traducción), *Jogapradipyaka of Jayatarama*, Kaivalyadhama, Lonavla, 2006, p.127.

[579] James Mallinson (edición y traducción), *Khecharividya of Adinatha*, Indica Books, Varanasi, 2010, p. 199.

[580] James Mallinson (edición y traducción), *Khecharividya of Adinatha*, Indica Books, Varanasi, 2010, p. 200.

CAPÍTULO 31

debido a su inclusión del corte, y la advertencia de Jayatarama de que cortarse la lengua puede llevar al idiotismo, he resumido aquí los pasos que pueden seguirse para elongar la lengua hasta la longitud requerida sin recurrir a cortársela. Como Mallinson escuchó de sus subordinados, la cavidad del interior del cráneo no es realmente tan profunda que requiera una lengua extraordinariamente larga.

Paso 1
Algunas escuelas llaman a este primer paso *Rajadanta*, pero no es idéntico al método *Rajadanta* que constituye una versión diluida de *Jihva Bandha*. En esta técnica, estamos usando la succión para adherir la lengua a los dientes frontales superiores y al paladar duro justo detrás de los dientes. Aplica tanta succión como puedas para que la lengua se adhiera a los dientes y al paladar. Cuando lo hayas conseguido, deja caer lentamente la mandíbula inferior mientras mantienes la succión. Sentirás ahora un estiramiento del frenillo lingual, que puede ser bastante incómodo dependiendo de su longitud existente. Esta longitud fluctúa mucho entre los individuos. En algún punto, cuando dejes caer la barbilla lo suficientemente lejos, la lengua se desconectará con el sonido de un golpe. A medida que progreses en *Rajadanta*, mantendrás mejor la conexión de la lengua y los dientes frontales superiores/paladar duro justo en el punto antes de que se pierda la adhesión. Aún así, debes practicar diariamente *Rajadanta* de forma exhaustiva para que tenga un impacto.

Paso 2
Saca la lengua y cógela usando una toalla de algodón pequeña, como un paño de cocina. B. N. S. Iyengar me sugirió que me

engrasara la lengua con mantequilla y que luego la cogiera con un alicate y tirara de ella. Encontré esto poco realista, porque la lengua es demasiado resbaladiza, y la mantequilla no hace nada para aliviarlo. Y hace falta aplicar una presión firme con el alicate, lo que puede fácilmente hacernos daño. La toalla, sin embargo, funciona. Tira lentamente de la lengua, sujetándola con la toalla, y, cuando hayas llegado al máximo punto de estiramiento que puedes tolerar, manténlo todo el tiempo posible. La lengua es, sorprendentemente, no elástica, y si tiras de ella demasiado provocarás náuseas muy rápido. Evita la autoagresión y la actitud autolesiva. No tires agresivamente de la lengua, sino con suavidad y constancia. Recuerda que, finalmente, el objetivo a largo plazo de toda práctica espiritual es ser consciente de Dios como un amor ilimitado por todos los seres. Cualquier forma de auto tortura por engrandecimiento del ego sólo te hará retroceder. Repite varias veces hasta tu capacidad. Combina los pasos 1 y 2 para lograr un máximo efecto y practica ambos diariamente.

Paso 3

El paladar blando es muy rígido y la abertura en su forma normal es, normalmente, muy pequeña para recibir a la lengua. Prepara y ablanda el paladar blando masajeándolo con el pulgar. Para este propósito, debes guiar el pulgar tan atrás como puedas tolerar. Inevitablemente, esto inducirá un reflejo de náuseas, al que debe desarrollarse cierta tolerancia.

Paso 4

Cuando el paladar blando se ha empujado hacia delante suavemente con los dedos de una mano, usa los dedos de la otra para empujar con suavidad la lengua hacia atrás, e insertarla en el orificio.

Recuerda, esto es una técnica de inducción de *samadhi* que sólo funciona si la mente se ha hecho samádica. No es una técnica milagrosa, y no es apta para novatos. La estructura anatómica de la lengua también varía ampliamente entre los individuos. Para alguna persona puede ser relativamente fácil insertar la lengua donde otra persona, incluso después de años de preparación, podría tener dificultades para hacerlo. Esto debe considerarse cuando se esté trabajando en esta técnica. A ese respecto, *Khechari Mudra* es como algunos grupos avanzados de *asana*, como las flexiones profundas hacia atrás ("backbending") o las posturas con la pierna detrás de la cabeza. Hay beneficio en realizar estas posturas, pero para muchos estudiantes son estructuralmente tan inaccesibles que se obtendría un escaso rendimiento del tiempo y el esfuerzo invertidos si se siguiera trabajando en ello. El frenillo puede estirarse hasta cierto punto, pero si empiezas con un frenillo extremadamente corto nunca serás capaz, incluso tras años de estiramiento, de poner la lengua en la posición correcta. Date cuenta también de que colocar simplemente la lengua en el lugar correcto no garantiza el progreso espiritual. De nuevo existe similitud con el tema de *asana* aquí. Y, siempre que el frenillo no esté realmente cortado, se volverá a contraer cuando no sea estirado ni alargado regularmente. También a este respecto el *mudra* es como ciertos *asanas* avanzados.

EFECTOS

Khechari Mudra reduce la velocidad respiratoria, permitiendo así *kumbhakas* más largos. Estabiliza el *prana*, estabilizando así la mente. Puede servir como un punto de entrada a *samadhi*.

Epílogo

Utiliza este libro sobre *mudras* como una compañía mientras te gradúas lentamente a través de las ocho ramas del yoga. Los *mudras* no son una de las ramas del yoga, pero para casi cada rama hay *mudras* que pueden profundizar y acelerar su práctica. Los *mudras* constituyen elementos integrales estructurales de *pranayama* y de *pratyahara*, sin los que la práctica de estos dos pasos sería inútil. Las prácticas de *asana* y *dharana* pueden acelerarse significativamente complementándolas con los *mudras* independientes descritos en este texto. Con diferencia, los *mudras* más importantes descritos aquí son los *mudras* para desbloquear la Kundalini, los *dharana mudras*. Recuerda que antes de abordar estos temas debe haber una práctica significativa de yoga.

Unas palabras sobre el secreto. Hoy, muchos de los *shastras* de yoga citados aquí pueden descargarse de la red y hay sitios web que describen los *mudras*, a menudo basándose sólo en una única fuente de información. Las descripciones habitualmente carecen de los detalles vitales. Se espera que el enfoque científico que se ofrece aquí de dar tantos detalles como sea posible, incluyendo la discusión de los peligros potenciales, hace que la práctica de los *mudras* sea más segura.

En este siglo veintiuno, la humanidad se enfrenta a una crisis que ella misma ha provocado al dar la espalda a la naturaleza, la espiritualidad y el *dharma* (la acción correcta). La idea Védica es que la abundancia a todos los niveles no viene de ser inteligente, astuto y competitivo, sino de actuar de forma dhármica, es decir, que en todas las acciones estés motivado por el bien común, y por dar más que por recibir. Podemos encontrar la motivación para hacer esto a través de un regreso a la espiritualidad basada en la tierra, donde nuestras acciones beneficien a toda vida sobre La Tierra, y no sólo a nosotros mismos, y no sólo a la vida humana. Para esto debemos evolucionar espiritualmente, y en este contexto el yoga en general y, específicamente, los *mudras* pueden ser de gran ayuda.

Bibliography

Aranya, H., Sw., *Yoga Philosophy of Patanjali with Bhasvati*, 4th enlarged edn, University of Calcutta, Kolkata, 2000.
Aurobindo, S., *A Synthesis of Yoga*, Lotus Press, Twin Lakes, 1993.
Bernard, T., *Hatha Yoga*, Rider, London, 1950.
Bernard, T., *Heaven Lies Within Us*, Charles Scribner's Sons, New York, 1939.
Bhagwan Dev, A., *Pranayama, Kundalini & Hatha Yoga*, Diamond Books, New Delhi, 2008.
Chandra Vasu, R.B.S. (transl.), *The Gheranda Samhita*, Sri Satguru Publications, Delhi, 1984.
Chandra Vasu, R.B.S. (transl.), *The Shiva Samhita*, Sri Satguru Publications, Delhi, 1986.
Chapple, C. (transl.), *The Yoga Sutras of Patanjali*, Sri Satguru Publications, Delhi, 1990.
Das, S.K., *Divine Light*, New Age Books, New Delhi, 2002.
Desikachar, T.K.V. (transl.), *Nathamuni's Yoga Rahasya*, Krishnamacharya Yoga Mandiram, Chennai, 1998.
Desikachar, T.K.V. (transl.), *Yoga Taravali*, Krishnamacharya Yoga Mandiram, Chennai, 2003.
Desikachar, T.K.V., *Health, Healing & Beyond*, Aperture, New York, 1998.
Deussen, P. (ed.), *Sixty Upanisads of the Veda*, transl. V.M. Bedekar & G.B. Palsule, 2 vols, Motilal Banarsidass, Delhi, 1997.
Digambarji, Sw. (ed. & comm.), *Vasishta Samhita*, Kaivalyadhama, Lonavla, 1984.
Evans-Wentz, W.Y. (ed.), *The Tibetan Book of the Dead*, Oxford University Press, London, 1960.

Digambarji, Sw. et al (eds. & transl.), *The Gheranda Samhita*, Kaivalyadhama, Lonavla, 1978.

Fitzgerald, E. (transl.), *Rubaiyat of Omar Khayyam*, Bloomsbury, 2016.

Gambhirananda, Sw., *Bhagavad Gita with Commentary of Sankaracarya*, Advaita Ashrama, Kolkata, 1997.

Gharote, Dr M.L., *Pranayama: The Science of Breath*, Lonavla Yoga Institute, Lonavla, 2003.

Gharote, Dr M.L., *Yogic Techniques*, Lonavla Yoga Institute, Lonavla, 2006.

Gharote, Dr M.L. (ed. & transl.), *Kumbhaka Paddhati of Raghuvira*, Lonavla Yoga Instititute, Lonavla, 2010.

Gharote, Dr M.L. et al (eds & transl.), *Yuktabhavadeva of Bhavadeva Mishra*, Lonavla Yoga Institute, Lonavla, 2002.

Gharote, Dr M.L. et al (eds. & transl.), *Brhadyogiyajnavalkyasmrti*, Kaivalyadhama, Lonavla, 1982.

Gharote, Dr M.L. et al (eds. & transl.), *Hatharatnavali of Shrinivasayogi*, The Lonavla Yoga Institite, Lonavla, 2009.

Gharote, Dr M.L. et al. (eds & transl.), *Hathatatvakaumudi of Sundaradeva*, Lonavla Yoga Institute, Lonavla, 2007.

Gharote, Dr M.L., et al (eds. & transl.), *Hathapradipika of Svatmarama (10 chapters)*, Lonavla Yoga Institute, Lonavla, 2006.

Gharote, Dr M.M. (ed.), *Dattatreyayogasastram*, Lonavla Yoga Institute, Lonavla, 2015.

Gharote, Dr M.M. et al (eds. & transl.) *Amanaska Yogah- A Treatise On Laya Yoga*, Lonavla Yoga Institute, Lonavla, 2019.

Gharote, Dr M.M. et al (eds. & transl.), *Critical Edition of Selected Yogopanisads*, Lonavla Yoga Institute, Lonavla, 2017.

Gharote, Dr M.M. et al (eds. & transl.), *Mandalabrahmanopanisad and Nadabindupanisad*, Lonavla Yoga Institute, Lonavla, 2012.

Gharote, Dr M.M. et al. (eds), *Therapeutic References in Traditional Yoga Texts*, Lonavla Yoga Institute, Lonavla, 2010.

Gosh, S. (transl., ed. & comm.), *The Original Yoga*, 2nd rev. edn, Munshiram Manoharlal, New Delhi, 1999.

Goswami, S.S., *Laya Yoga*, Inner Traditions, Rochester, 1999.

Gupta, R.S., *Pranayama: A Conscious Way of Breathing*, New Age Books, Delhi, 2000.

Krishnamacharya, T., *Yoga Makaranda*, rev. English edn, Media Garuda, 2011.

Krishna, G., *Kundalini The Evolutionary Energy in Man*, Shambala, Boston & London, 1997.

Kuvalayananda, Sw., *Pranayama*, 7th edn, Kaivlayadhama, Lonavla, 1983.

Kuvalayananda, Sw. & Shukla, Dr S.A. (eds and transl.), *Goraksasatakam*, Kaivalyadhama, Lonavla, 2006.

Kunjunni Raja (ed.), *The Hathayogapradipika of Svatmarama with the Commentary Jyotsna of Brahmananda*, The Adyar Library, Madras, 1972.

Madhavananda, Sw. (transl.), *The Brhadaranyaka Upanisad*, Advaita Ashrama, Kolkata, 1997.

Maheshananda, Sw. et al. (eds & transl.), *Jogapradipyaka of Jayatarama*, Kaivalyadhama, Lonavla, 2006.

Maehle, G., *Pranayama The Breath of Yoga*, Kaivalya Publications, Crabbes Creek, 2012.

Maehle, G., *Ashtanga Yoga: Practice and Philosophy*, New World Library, Novato, 2007,

Maehle, G., *Ashtanga Yoga: The Intermediate Series*, New World Library, Novato, 2009,

Maehle, G., *Chakras, Drugs and Evolution – A Map of Transformative States,* Kaivalya Publications, Crabbes Creek, 2021.

Maehle, G., *How To Find Your Life's Divine Purpose,* Kaivalya Publications, Crabbes Creek, 2020.

Maehle, G., *Samadhi The Great Freedom,* Kaivalya Publications, Crabbes Creek, 2015.

Maehle, G., *Yoga Meditation: Through Mantra, Chakras and Kundalini to Spiritual Freedom,* Kaivalya Publications, Crabbes Creek, 2014.

Maheshananda, Sw. et al (eds. & transl.), *Kapalakurantaka's Hathabhyasa-Paddhati,* Kaivalyadhama, Lonavla, 2015.

Maheshananda, Sw. et al. (eds & transl.), *Jogapradipyaka of Jayatarama,* Kaivalyadhama, Lonavla, 2006.

Mallinson, J. (ed. & transl.), *Khecarividya of Adinatha,* Indica Books, Varanasi, 2010.

Mallinson, J. (ed. & transl.), *The Gheranda Samhita,* YogaVidya.com, Woodstock, 2004.

Mohan, A.G. (transl.), *Yoga-Yajnavalkya,* Ganesh & Co, Madras. Mohan, A.G.,

Krishnamacharya: His Life and Teachings, Shambala, Boston & London, 2002.

Mohan, A.G., *Yoga for Body, Breath, and Mind,* Shambala, Boston & London, 2002.

Muktibodhananda, Sw., *Swara Yoga,* Yoga Publication Trust, Munger, 1984.

Muktibodhananda, Sw. (transl. & comm.), *Hatha Yoga Pradipika,* 2nd edn, Yoga Publications Trust, Munger, 1993.

Muller, M. (ed.), *The Sacred Books of the East,* 50 vols, Motilal Banarsidass, Delhi, 1965.

Niranjanananda, Sw., *Prana and Pranayama,* Yoga Publications Trust, Munger, 2009.

Niranjanananda, Sw., *Yoga Darshan*, Sri Panchadashnam Paramahamsa Alakh Bara, Deoghar, 1993.

Radhakrishnan, S. (ed.), *The Principal Upanisads*, HarperCollins Publishers India, New Delhi, 1994.

Radhakrishnan, S. (transl. & comm.), *The Bhagavad Gita*, HarperCollins Publishers India, New Delhi, 2002.

Rama, Sw., *Path of Fire and Light*, vol. 1, Himalayan Institute Press, Honesdale, 1988.

Rama, Sw., *Path of Fire and Light*, vol. 1, Himalayan Institute Press, Honesdale, 1988.

Ramaswami, S., *Yoga for the Three Stages of Life*, Inner Traditions, Rochester, 2000.

Sadhananda Giri, Sw., *Kriya Yoga*, Jujersa Yogashram, Howrah, 2005.

Satyadharma, Sw., *Yoga Chudamani Upanishad*, Yoga Publications Trust, Munger, 2003.

Satyananda Saraswati, Sw., *Moola Bandha*, 2nd edn, Bihar School of Yoga, Munger, 1996.

Satyananda, Sw., *A Systematic Course in the Ancient Tantric Techniques of Yoga and Kriya*, Yoga Publications Trust, Munger, 1981.

Satyananda, Sw., *Asana, Pranayama, Mudra and Bandha*, Yoga Publications Trust, Munger, 1969.

Shrikrishna, *Essence of Pranayama*, 2nd edn, Kaivalyadhama, Lonavla, 1996.

Sinh, P. (transl.), *The Hatha Yoga Pradipika*, Sri Satguru Publications, Delhi, 1915.

Sivananda, Sw., *The Science of Pranayama*, BN Publishing, 2008.

Tiwari, O.P. (publ.), *Hathayoga Manjari of Sahajananda*, Kaivalyadhama, Lonavla, 2006.

Tiwari, O.P., *Concept of Kundalini*, DVD, Kaivalyadhama, Lonavla.

Tiwari, O.P., *Kriyas and Pranayama*, DVD, Kaivalyadhama, Lonavla.

Van Lysebeth, A., *Die Grosse Kraft des Atems*, O.W. Barth, Bern, 1972.

Vimuktananda, Sw. (transl.), *Aparokshanubhuti of Sankaracharya*, Advaita Ashrama, Kolkata, 1938.

Woodroffe, J., *The Serpent Power*, Ganesh & Co., Madras, 1995.

Yoga Mimamsa - A Quarterly Research Journal, Kaivalyadhama, Lonavla, 1924-2004

Yogeshvaranand, P., *First Steps to Higher Yoga*, Yoga Niketan Trust, New Delhi, 2001.

Información sobre el autor

Gregor comenzó con el Raja Yoga a finales de los 70 y añadió el Hatha Yoga a principios de los 80. Poco después inició viajes anuales a la India, donde aprendió de varios maestros yóguicos y tántricos, sadhus indios tradicionales y ascetas. Vivió muchos años recluido, estudiando sánscrito y escrituras yóguicas y practicando técnicas yóguicas.

La serie de libros de texto de Gregor, compuesta por Ashtanga Yoga: práctica y filosofía, Ashtanga Yoga: la serie intermedia, Pranayama: la respiración del yoga, Meditación del yoga: A través del Mantra, los Chakras y la Kundalini hacia la Libertad Espiritual, Samadhi: La gran libertad, Cómo encontrar el propósito divino de su vida, Chakras, drogas y evolución y Mudras: Los sellos del yoga, ha vendido más de 100.000 ejemplares en todo el mundo y se ha traducido a ocho idiomas. Los artículos de su blog se pueden encontrar en www.chintamaniyoga.com.

En la actualidad, Gregor integra todos los aspectos del yoga en su enseñanza siguiendo el espíritu de Patanjali y T. Krishnamacharya. Su alocado sentido del humor, sus múltiples experiencias personales, su vasto y profundo conocimiento de las escrituras, las filosofías indias y las técnicas yóguicas se combinan para hacer que las enseñanzas de Gregor sean fácilmente aplicables, relevantes y accesibles para sus alumnos. Ofrece talleres, retiros y formación de profesores en todo el mundo.

Póngase en contacto con Gregor a través de
www.chintamaniyoga.com
www.8limbs.com
www.facebook.com/gregor.maehle.

www.ingramcontent.com/pod-product-compliance
Lightning Source LLC
Chambersburg PA
CBHW032122160426
43197CB00008B/489